好爸爸养育好孩子

全参与型父亲指南

方刚 / 著

知识产权出版社
全国百佳图书出版单位

图书在版编目（CIP）数据

好爸爸养育好孩子：全参与型父亲指南/方刚著. —北京：知识产权出版社，2019.6
ISBN 978-7-5130-6239-8

Ⅰ.①好… Ⅱ.①方… Ⅲ.①家庭教育 Ⅳ.①G78

中国版本图书馆 CIP 数据核字（2019）第 084251 号

内容提要

本书是一位学者父亲的育子手记，从孩子出生之前，直到孩子 18 岁去美国读书，记录了养育孩子 18 年间的点点滴滴，通过一个个成长中的小故事，引导我们一起思考关于快乐、成长、规训、亲情和爱的话题。其中充溢着浓浓的父爱，更充满对亲情、生命、教育的思考，通篇洋溢着独特的见解与激情。

责任编辑：张水华	责任校对：谷 洋
封面设计：王江凤 熊仁丹	责任印制：刘译文

好爸爸养育好孩子——全参与型父亲指南
方刚 著

出版发行： 知识产权出版社 有限责任公司	网　址：http://www.ipph.cn
社　　址：北京市海淀区气象路 50 号院	邮　编：100081
责编电话：010-82000860 转 8389	责编邮箱：46816202@qq.com
发行电话：010-82000860 转 8101/8102	发行传真：010-82000893/82005070/82000270
印　　刷：三河市国英印务有限公司	经　销：各大网上书店、新华书店及相关专业书店
开　　本：720mm×1000mm 1/16	印　张：19
版　　次：2019 年 6 月第 1 版	印　次：2019 年 6 月第 1 次印刷
字　　数：291 千字	定　价：69.00 元
ISBN 978-7-5130-6239-8	

出版权专有　侵权必究
如有印装质量问题，本社负责调换。

我在阳光里种下一条河
——写给儿子

方刚

我在阳光里种下一条河
引潺潺流水汇入
用整条银河滋养
拍浪花吟唱诗歌
拿激流规划远方

不忍它成为循规蹈矩的运河
所以不砌石头的河岸
更不能成为危险的地上悬河
所以不断清理沉积的隐患

时而湍急
时而平缓
有时以瀑布的形态飞泄
有时蜿蜒成宁静的风景
即使不得已成为冻河
暗流仍然汹涌

我刮成一股先行的风

打探前程
但不会强迫它的流向
没有自由的河
只是居民小区的一道布景

有时它选择了危险的朝向
即将摔成一潭死水
我警示的呐喊也被激流吞没
唯有奔到它即将跌倒的前方
等着扶起一条河的尊严

它终将闯出我的疆域
独立与冒险是河的灵魂
但我只能祈祷
不能束缚一条河

阳光里种下一条自由的河
我遥送它一路奔腾向大海
独自守着夜晚
思念与祝福
这条河

序 言
送你成熟、坚定地远去

整理完这本书稿，写这篇序的时候，正是儿子将从美国放寒假回国的日子。写完它，我就要去机场接儿子了。这本书，算我送给他的回家礼物吧。

开学时他独自前往美国。有人问我们：你们放心？无论对于他的学习还是生活，我们都非常放心。近年出国旅行的时候，也都是我们跟着他走。儿子的自我决策、自我负责能力，超出了我的预期与期望。

他已经离家三个多月了，这是他出生以来我们最长的分别。我和妻子时常会在家里念叨起关于他的一件件开心的记忆，那时便是我们想念他的时候。我常自问：怎么就养了这么一个让我时常感到幸福的儿子呢？

答案，也许就在这18年的点点滴滴中。

不是刻意为之，完全是自然而然，在孩子成长的18年中，我每隔6年有一个对教育的思考，分别是：宠爱孩子、"中等生"最优秀、赋权型教育。3个6年，3个阶段，陪伴孩子一步步成长。

他上小学那年，我出版了《宠爱孩子》送给他；他上初一那年，我出版了《我的孩子是"中等生"》送给他；现在，他读大学了，我将本书送给他。

三个六年，三个主题。作为父母的我们也在变化，唯一不变的是：对孩子的爱。

本书在整理出版时，做了一些删改。从中可以看出，我们的思考也在不断地完善中，最初的一些想法有变化，另一些想法则变为现实。

孩子在成长，父母也在成长。有时我会想：如果父母更早地成长，就可以少犯一些错误，少走一些弯路。人生无法重新来过，只能希望我们的经历可以帮其他父母少走弯路。

许多读过我前两本书的人会说：你们是非常好的父母。

但是，整理这本书稿的时候，我屡次陷入深深的内疚与自责中。我本来可以做得更好！

我有两个最大的悔恨：

1. 我曾对儿子大吼大叫地发脾气，甚至还打过他几次，虽然只是举手重、落手轻的几下，但性质是一样的。他15岁的时候我开始研究家庭暴力，才知道这些家暴对孩子可能造成的伤害。我屡次对他道歉，他也屡次表示早已完全忘记，并没有留下阴影。但当我整理这本书稿回忆往事的时候，仍然深深地自责。如果我早些了解家庭暴力，如果我能够有机会学习如何更好地做父母，这些都是可以避免的。

2. 我原本应该投入更多的时间和精力陪伴儿子。虽然我貌似陪儿子已经很多了，陪他玩，陪他学习，陪他旅游，陪他成长……但是，我仍然有很多时候忙于自己的工作，而疏忽了他。如果我早年便更深地了解亲情的意义，如果能够重新来过，我一定会更多地陪伴他，更多地放弃自己的所谓事业。

我发现自己对儿子做过那么多"恶事"，但他竟然仍然爱着我。

我无法让生命重新来过，唯一能做的是：此后余生，不再对孩子做"恶事"。

所幸，儿子一直非常快乐、幸福。

我寄希望于其他孩子的父母，不要再犯我们犯过的错误。

这本书的内容在写作的当时，更多的是希望作为儿子成长的私人记录。虽然转变成公共阅读的对象，但仍然保存着原汁原味的亲情，保存着父母与孩子共同成长过程中的喜悦、忧伤、欢笑、泪水……

　　这不是刻意而为的一本书，所以它最真实、最亲切、最温暖……

　　这是一个家庭的成长，也映射出非常多的中国家庭的现状。

　　本书，很可能是我写的关于儿子的最后一本书了。孩子大了，此后不一定愿意我写了；他也离我们远了，我无法走进他的日常生活，以后的相处估计最多能写几篇关于他的短文了。

　　已经成年的孩子离我们远去，步履坚定而成熟。这已经足够让我们幸福。本书记载的18年的努力，全都是为了这一天。

　　也希望所有的孩子，在成年后离开父母的时候，都能够步履坚定而成熟。

　　过去18年，我多次说过，这里再说一次：仅仅因为儿子的存在，我的生命也已经足够幸福与辉煌！

2016年12月11日

/ 目 录 /

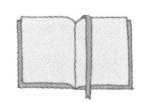

序 篇

给尚未出生的女儿的信：做一个快乐、智慧的女性主义者　　004

CHAPTER 1
宠爱孩子

0~6岁，我们对孩子更多强调的是"宠爱"的态度。

宠爱不是溺爱。

宠爱不是没有原则，而是强调给孩子充分的爱，给他快乐和自由。

如果孩子不接受一种规则，那么一定是这规则本身有问题。

好孩子都是宠爱出来的。

导言　　020
给初生儿子的信：做一个男性解放主义者　　022
0~2岁：怎么宠爱都是对的　　028

宠爱的核心是理解	031
给孩子一面墙，让他随意画吧	036
入托前后：父母和孩子经历的另一种考验	038
死是睡着了吗	045
读懂孩子的"谎言"	047
爸爸陪孩子"瞎玩"好处多多	051
爱阅读的孩子是这样养成的	054
小小人儿需要理解、鼓励和赞美	058
小小少年的维权意识	063
把不喜欢的事变成游戏	065
"告诉我，但不要打我"——孩子的心声	067
我们一起经历"非典"	069
科学的性观念与性知识不容回避	073
虚荣心也值得鼓励	076
小宝贝的社交生活	078
亲子之情可以治愈心理疾病	081
教育不能标准化	083
告别幼儿园生活	086
开心时刻	088

CHAPTER 2
"中等生"

凭借学习成绩的中等，就可以说一个学生是"中等"吗？孩子的思考能力、创造力、人格整体素质，又该如何划分呢？

6~12岁，我的儿子是一个"中等生"，我很自豪：这是一个对生活充满爱的"中等生"，是一个快乐的"中等生"，是一个以思考的眼光看世界的"中等生"……

被爱的孩子早晚有出息！

导言	096
学前"混乱的一天"	098
入学前和爸爸来一次约会	101
课堂上的"野"孩子	104
爱和信任是营养素	106
分床：顺其自然+小策略	109
"中等生"如何平衡自由与规训	111
"曝露法"的作用	115
长板的带动作用	117
评"三好学生"：帮孩子种下愿望	120
阅读的潜力	123
发现别人优点的孩子自带光芒	128
和孩子一起行万里路	130
小学生的日记	133
儿子教会我游泳	135
课外班，该如何选	137
比荣誉更重要的是自己的进步	141
以平等身份"谈人生"	143
爱劳动的"专家"	145
循环日记是面快乐的多棱镜	147
奥数课：持续爱你不容易	150
浸泡式方法：学好英语不是难事	152
流感与数学的趣味结合	157
儿子的"食物联合国"	159
露台上的男孩	161

享受孩子的恶作剧	163
中年老父亲的伤感	165
给后代的告诫	168
开心时刻	170

CHAPTER 3
增能与赋权

12~18岁，这个阶段，我强调对孩子进行赋权教育。赋权教育，将是最有效的教育，因为它关注青少年个体的成长，它的目标在于使他们有能力，而不是使他们"听话"。提供给他们相关的资源，帮助他们获得选择的权利。这是更高的负责任的态度。

导言	178
初一：活泼孩子遇上严"规范"	180
呵护孩子的自尊心	183
鼓励可以创造奇迹	185
正面引导很重要	188
上进心 PK 名次	190
找到对的点，爱上读英文书	194
移民，适合我们的孩子吗	197
你的牢骚，我都懂	200
厨房小达人	202
美德的感召力	204
留存快乐瞬间待回忆	206
如何面对贫富差异	208

父母是孩子的榜样	211
告诉孩子："我难过"	214
爱孩子，也爱父母	217
爱的家书	222
行孝道，从眼前做起	226
"中等生"上北大附中了	229
最理想的学校	233
游戏不是洪水猛兽	236
道尔顿里"显得很成功"的孩子	240
去支教——感受爱，给予爱	243
这样恋爱是可以的	245
病中感受浓浓亲情	248
难忘的亲子互动活动	253
有分歧时，父母可以这样做	260
不断地增能与赋权	265
做父母要学会放手	268
一封申请书助梦想起飞	271
引导孩子做出负责任的选择	274
毕业礼与成人礼	278
给儿子的告别信	280

开心时刻　　285

序篇

1997年10月，妻子怀孕了。

这时我们已经结婚多年了，但一直没有做好要一个孩子的心理准备。而到了1997年，我们已经很渴望要一个孩子了。我们相信，只有在这种心情下，我们才能更好地爱这个孩子，为他付出，带给这个孩子更幸福的家庭。后来有多位刚结婚的朋友问我什么时候要孩子最好，我都回复说："在你做梦都想要孩子的时候！"

1997年，我们正住在北京六铺炕租来的房子里。当时我们已经在北京郊区买下一套130多平方米的复式住宅，正计划着装修。由于妻子怀孕，这些事后来便都由我独自处理了。

10月底，妻子出现了流产的症状，在北京妇产医院没有得到确诊。妻子给老家天津的一位朋友打电话，那朋友认识天津妇产医院的一位老专家。老专家听了症状后说，需要立即住院保胎。

我们决定回天津住院，因为所有的亲戚都在那里，便于照顾。妻子便辞了职。在我们的计划中，孩子生命中前三年的时光，都应该和母亲一起度过。

因为妻子不能在路上颠簸，我当时供职的单位便派了一辆车，将我们直接送到天津妇产医院。

此后约半年间，我在天津、北京之间奔波。妻子出院后分别在娘家、婆家静养。她每天喝两次中药，直到产前两周。

1998年春节后，妻子的情况很稳定了，我们在北京郊区的房子也装修好了。朋友开车将我们送到自己的家。

那之后，我们一直住在那里，享受着郊区清新的空气、闲暇的生活，静静地等待孩子的出生。

我们每天晚上在小区里散步，小区环境很好，有一处湖水，可以荡舟。到后来，孩子在肚子里越长越大，妻子便很少下楼了，幸好我们的住宅附带一个20多平方米的露台，足够散步和晒太阳。

6月临产前，我们再次回到了天津。6月26日，妻子实施剖腹产，用那位老专家的话说："我们把孩子请出来吧！"

从怀孕到生产这段时间里，我们感受着孩子的存在，他虽然还没有出生，却已经影响着我们的生活与思想。

在那几个月里，我开始了最早的关于育子的思考，写下许多对孩子未来的希望。

那几年，我正在狂热地阅读女性主义，我幻想自己的孩子是一个女儿，能够实践所有我关于女性主义的理想。所以，我写下的第一篇给孩子的文章便是《给尚未出生的女儿的信：做一个快乐、智慧的女性主义者》。儿子降生后，我又立即写下一封《给初生儿子的信：做一个男性解放主义者》，来说明我并不因为自己的孩子是男孩而失望，同时也说明，男孩子同样应该为实践性别平等的理想做出努力。

因为孩子还没有出生，所以，那时的思考，多是停留在思想上的。而其中，又以性别意识的思考为主。

但即使在孩子没有出生的时候，他已经给我们带来无数的快乐记忆……

给尚未出生的女儿的信：做一个快乐、智慧的女性主义者

妻子孕育孩子的时候，我的身份是一名自由作家，已经出版了十多本书，并将性与性别问题选定为自己终生关注的目标。

而性别问题，恰是我当时最感兴趣的。在做"准父亲"时，我幻想自己的孩子是一个女儿，并将关于未来女性的理想寄托在她的身上。在这组我写给尚在母腹中的女儿的信中，初步表达了我对于生育、子女教育，特别是理想女性的个人思考。许多观点与观念在后面章节中已经有了很大的改变，也与现实不符。这种对比也正好说明了一个父亲在与孩子一起成长过程中的变化。这组信在一些报刊发表时，编者加评语道："行文直爽大胆，引人深思。"

为什么生你

医生告诉妈妈，她怀孕了。爸爸那一刻的心情，是十分复杂的。

爸爸和妈妈谈恋爱时，我们说：一生不要孩子。养育一个孩子是十分繁重的工作，我们自觉无力承担。生命短暂，我们向往二人世界的轻松与快乐，更想多做些事业。

人在年轻时的许多想法，随着年龄增长会慢慢改变。妈妈过了 30 岁，开始向往平凡、祥和的人生。而这时，爸爸还很犹豫。

爸爸一直没有想明白，生育到底有什么意义。

这个世界上的绝大多数人是不会探讨生育的意义的，生育就是为了生育，这无须回答，也无法回答。一些常规的想法，如养儿防老，早已经过时了。为了增加生命的乐趣？我们又何必通过这种对人力、财力、精力都极为耗费的事情来寻找乐趣呢？为了避免晚境的凄凉？在世界大同的未来社会，我们又有什么权利将孩子圈在身边？即使将他圈在身边，我们又怎能保证他不是一个逆子，不会使我们感到更多的凄凉呢？更何况，这些想法不都是很自私的吗？这不是将孩子当作一个工具了吗？

为了人类的发展与延续？地球不是已经人满为患了吗？

还有一种古怪的说法：为了延续自己的生命。在爸爸看来，这绝对是自欺欺人，根本无法减轻我们面对死亡时的恐惧，我们生育的生命是全新的生命，与我们有天壤之别，而且他也会结束，他再生育的生命也会结束，人类这一物种注定是宇宙的过客，如此脆弱的生命何必延续又怎么能够延续呢？

妈妈是这样劝爸爸的：你就当作增加一种生命体验吧。但是，我们在短暂的生命中未能体验到的事物实在是太多了，为了体验做父母的感受，我们将失去多少呢？！

在爸爸看来，盲目生育，特别是多子多福的生育观，是典型的未开化的农业社会的产物。而在技术时代，人的许多工作正在被机器取代，个体生命的价值应该受到更多的推崇。

但是，爸爸还是决定生育你。爸爸最初做出这一决定的理由只有一个：因为妈妈想生育你。生育是两个人的事情，爸爸不能为了自己的快乐便牺牲你妈妈的快乐。

那么，爸爸是否很不情愿地等待你的出生呢？恰恰相反，爸爸一旦决定要你，便开始了全身心的期待。爸爸要做一个最优秀的爸爸，要让你成为最幸福的孩子。

你纯净的目光会成为我看世界的另一双眼睛，使我从这个混浊的世界中另外有所发现。

希望你是女孩儿

爸爸一直无法肯定自己更喜欢男孩儿，还是女孩儿。你妈妈怀孕被确证后，我立即清楚了：我想要一个女儿。

你即将来到的这个世界，本质上仍是一个重男轻女的农业社会。这个社会中流行着一种无须言说的共识：生男孩儿比生女孩儿好。也难怪，男人的价码高于女人，自然希望自己的后代是男性了。一个做"准父亲"的，竟希望自己的孩子是女孩儿，是难以被主流社会理解的。

爸爸是这个社会的叛逆者，极少受这个社会流行的规范左右，更多的是听从自己内心声音的召唤。此时，我内心的声音告诉我：希望自己有个女儿。

爸爸的考虑是：我不知道该怎样培养一个儿子，却清楚应该怎样培养一个女儿。

作为男人的爸爸，经常感到困惑：男人应该如何生存？爸爸选择现在的生存方式，是生命历程自然形成的，但是，我仍不知道自己的选择是对是错，自己是否算得上一个优秀的男人。爸爸在事业上刻苦、勤奋，关心人类的整体利益而不仅仅是个人的名利，为此爸爸放弃了生命中的许多乐趣。爸爸无法肯定的是，这算不算是对自我的一种残害。

爸爸的一个重要的学术主张和社会变革理想便是"男人解放"，你长大后可以看到很多本爸爸论述这个问题的书。而且，爸爸自认为是一个在许多方面解放了的男人，但是，爸爸仍然无法肯定，男人到底解放到何种程度才算得上优秀，抑或男人原本便不应该解放。

爸爸自己做男人便做得很糊涂，被一种惯性逼迫着向前走，长期以来很难形成关于男性的种种理想。爸爸又该如何去影响一个儿子呢？在这个男性社会里，男人和女人一样是受害者，因为男性受害的一面被掩饰着，所以他们是更深刻的受害者，出路也更模糊。

女人则不同了。爸爸满脑子都是关于理想女人的构想，而这些构想都在完成着对传统社会性别角色的反抗。爸爸相信，如果你是一个女儿，我可以很好地给你一些引导。虽然爸爸永远不会强迫你成为什么样的人，但爸爸可以告诉你哪种生活是我不欣赏的。

在我们这个社会中，女人们被塑造成了文化的奴隶，而文化是男人的文化。爸爸希望以自己一生的努力对建造一个真正自然、自由、公正的性别世界有所贡献，那么，爸爸自然希望你能成为我最出色的作品了。

爸爸将这想法告诉给妈妈，妈妈说："你将咱们的孩子当成试验品了。"

"试验品"三个字听起来怪残酷的,但问题是,女人们往往被当成牺牲品了。爸爸不会让你成为牺牲品。

爸爸关于理想女人的理想,无法以男性之躯去实现。你则能够去实现爸爸无法实现的愿望。爸爸把你带到这个世界上,就是要让你为这个世界增加光彩的。

教养

出生之后,你将由谁来抚养的问题,对爸爸而言是一个需要认真考虑的难题。

我和妈妈不可能将你交给老人抚养,他们都没有那份精力和体力了,我们也担心他们对你过于骄纵。我们自己抚养你,又确实要耽误我们很多的工作。交给社会?我们的社会抚养机制又十分不健全。

一些女权主义者拒绝生育,生育了也拒绝抚养。爸爸妈妈却觉得,既然将你带到这个世界上,就要给你的成长提供最好的环境。爸爸妈妈是一个貌似适合的组合,爸爸把工作看得重于一切(这并非优点),而妈妈更愿意过传统女人的平常人生(这也是文化的性别塑造)。所以,妈妈是很乐于牺牲自己几年工作时间,亲自抚养你的。

一岁之前,爸爸妈妈便会锻炼你自己去抓取水瓶;一岁之后,你便需要自行从桌面取饭菜了。我们不会把什么都喂到你的嘴里。

我们甚至也不会总抱着你,学会走路后,你便只能跟在爸爸妈妈身后去散步,而不可能享受怀抱的温暖了。你可能蹒跚,可能跌倒,我们将在前面等着你,而不会去扶起你,因为我们在训练你更早地自立。

请原谅我们不可能像其他父母那样"闻哭而动",如果你一哭便去哄你,是会养成你通过哭声来达到目的的坏毛病的,而最终,还是会使你远离自立。

爸爸对你的影响,也许会随着你年龄的增长而加大。四五岁的时候,爸爸会鼓励你独自到住宅小区的花园里玩耍,鼓励你主动结交陌生的小朋友和成人。其他父母向孩子们灌输的种种防备他人的观念,爸爸认为是会毒害你的心灵的。

这个郊外住宅小区有配套的游泳池,爸爸的一个遗憾便是不会游泳,我希望你从小在水里长大。初通水性后，我便会鼓励你自己去游泳池。我将自由与风险同时交给你，我相信你能够独自承担这一切。

你也会被送进幼儿园，但回家的时候，爸爸会把全部时间都给你，和你做游戏、聊天，给你讲故事，带你出去玩。爸爸相信，两天全身心地投入，不会逊于终日的相处。

爸爸鼓励你在自己房间的墙壁上随意涂抹，尽情挥洒。爸爸将为你的每一件创作而喝彩。墙壁涂满后，爸爸只需要再刷一次浆就好了，而你童年的心灵，却被赋予了自由、想象和创造。

爸爸同样会鼓励你将各种玩具拆掉，爸爸相信你的求知欲从中可以得到滋养。

爸爸永远不会对你讲什么"大灰狼"的故事，爸爸只会告诉你，你应该成为战无不胜、所向无敌的。在漆黑的夜晚，爸爸会让你独自到小区的收发室替爸爸取信件。

爸爸会鼓励你从小与各种恶势力做绝不调和的斗争，帮助你区分哪些是可以宽恕的过错，哪些是绝不能宽恕的罪恶。爸爸会告诉你，维护真理可能需要付出个人一生的平静，但是，对真理的追求无比美好，无比幸福。

上小学之前的某一天，爸爸会领你去学校走一走，看一看，向你讲述爸爸留在学校里的许多未竟的求学之梦。开学第一天，爸爸便会让你自己去上学。当其他孩子被父母的小轿车接送的时候，我将很自豪自己的女儿是背着书包独自走进学校的，就像我自己当年一样。爸爸会告诉你，不是爸爸和妈妈不疼爱你，而正因为我们格外疼爱你，才为你选择了这种成长方式。很小的时候，爸爸便会让你为自己与众不同的生活状态而自豪。

你会像爸爸一样制订各种计划，并总赶在预定时间之前完成它们，同时制订一份新的计划。你的进取心和时间观念将得以完善。

爸爸不会逼你上各种辅导班，不会强迫你学钢琴或者绘画，爸爸甚至不会因为你考试不及格而责怪你。爸爸鼓励你在课余时间自由地玩耍，享受生命本真的赐予。爸爸更关注你精神的成长，爸爸相信一个精神富足的人会自觉地投入自己热爱的某项事业。

上学后，你便是大孩子了，爸爸希望你能够独自坐火车回天津看奶奶、姥爷姥姥……

当爸爸坐在电脑前敲出上面文字的时候，妈妈怀着你，站在爸爸身后偷看。她忽然笑了，说："你在编造神话。"爸爸就是想创造一个神话。爸爸告诉妈妈："你如果不放心，可以在后面偷偷跟着她，却不可以让她发现。"

爸爸坚信，人类的进步正是因为有神话。

爸爸还有太多的设想，这些设想都将在你身上"试验"。

爸爸相信，有了幼年时的铺垫，你便可以在成年之后成长为一个爸爸心目中的理想女性。

读什么书

从七八个月开始，你便会经常在爸爸书房的地毯上爬来爬去了。从八点到十六点，满室阳光照着你，你兴奋地抬起头，发出童稚的呀呀声。你会看到爸爸俯案的背影，然后再高抬起头，便会惊异地看到那整面墙一直通到屋顶的特制书架。你向那书架爬去，挥着你的小手，随着你的成长，你就可以看到书架更高处的书了。

爸爸和妈妈买下这套公寓时，有一个房间是为你准备的，但是爸爸当时说，你的童年将更多地在爸爸宽大的书房里度过。爸爸和妈妈都坚信，在那满室藏书中长大的你，看着爸爸工作的背影长大的你，将不再需要任何关于求知的教导。

有什么言传能够胜于身教呢？有什么身教又能够胜于那满室藏书自幼小时便开始的熏陶呢？你是幸福的，出生在一个并不阔绰却能够自足的家庭，而这个家庭竟是一个充满现代气息的文人的家。

你的房间里也会有自己的书架，爸爸相信你在三四岁时便拥有自己的藏书，这将影响你的一生。但是，当你能够自觉选择阅读的时候，显然会到爸爸的书架里寻找。那时，爸爸将向你推荐一些书。

爸爸的第一套藏书，是十四岁生日时，你的姑姑送给爸爸的生日礼物。那是一套"青年修养丛书"，爸爸自己点名要的。十多年后，爸爸不得不开始借助另外一些书，来一点点冲洗掉那套书加给我的腐朽的道德教化。爸爸不希望你重蹈覆辙。

爸爸不鼓励你读太多的文学书。在中国，最优秀的作家被理解为最优秀的文学家，而在爸爸的心目中，他应该是最优秀的思想家。作家应该是真正的知识分子，无论他写作何种体裁，他都应该成为当时社会最独立、最进步的声音。但是，中国的文学家，有几个人能够做到这一点呢？这不怪他们，我们生活在一种"存天理，灭人欲"的文化中，个人的生命欲求被完全否定，伦理、道德、规范成为至高无上的尊崇。

有一些西方的经典文学是可以读的，但爸爸更希望你多读一些西方思想家的著述。西方的思想家也不全是重人道的，但是在爸爸的藏书中，只有那些重视人的价值的西方思想家的著作。爸爸希望你通过阅读，不是成为一个知识渊博的人，而是成为一个智者，成为一个生活得真实、自由、快乐的人。

西方的东西便全都好吗？也不尽然。但你出生、成长在一个东方国度，即使爸爸个人再多的日常影响，也不可能使你完全逃脱文化的束缚。所以，你需要另一种文化进入你的思维。爸爸相信你成年后的自我判断能力，但在成年之前，爸爸要帮助你听到这个世界上更多的声音，而不是像爸爸以及爸爸的爸爸那样，年少时只能接受一种声音。中国的儿童，最大的悲剧便是在一种声音下长大，失去了比较、思考、选择的机会。

爸爸自己写的一些书，是被某些人群认为"毒害青少年"的。但是，爸爸却希望你能够选择它们读。爸爸知道你会相信，爸爸写它们的目的，恰恰是为了有助于一代更健康的"新人"的成长。如果爸爸不是最热情地将它们推荐给你，那爸爸便也太虚伪了。

爸爸有很多性学藏书，爸爸绝不会把它们藏起来不让你发现，恰恰相反，爸爸希望你在很小的时候便会选择它们。如果一个人不先把自己身体上的事情搞通，怎么能让他去搞懂这个世界呢？

爸爸也要藏起一些书，那些虚伪的道德说教，那些塑造奴才的政治灌输，那些把这个世界描写成一片歌舞升平的痴人呓语。请原谅爸爸的"专制"，爸爸目睹太多人被这样的书毒杀了、吃掉了。

你生活的时代，电视和电脑充斥在生活中，真正读书的人、读真正的书的人将越来越少。电视使我们丧失思想，电脑使我们成为机器，你有幸在爸爸的书房中长大，也许将成为最后一代思考的人类。

如何当学生

爸爸对于自己的许多"非主流"设想,都十分自信。然而,涉及建议你如何做学生的问题时,爸爸却很矛盾。

不是爸爸不知道理想的世界应该是什么样子的,爸爸的担心在于,你尚未到达理想世界,便在现实的世界中牺牲了。

我们现行的教育模式,在爸爸看来,对人的天性潜能尽情发挥是有害的。我们忽视对个体的考察,对个体独特潜能的挖掘,而用一套完全相同的既定教材,对整个国家不同地区、不同背景的孩子进行同一模式的教育灌输。进行这种灌输的教师,便是被同一模式塑造出来的,如今,他们又用同样的方法塑造新的一代人。

更为滑稽可笑的事情是,那些完全一致的教材本身,又在传达怎样的信息,培养怎样的人才呢?仍然不是启发智慧,而是刻板灌输。比如背下一些人物的生卒年月,我不知其意义何在。即使我们成年后有机会用到这些数字,也完全可以到人物辞典里查找。但是,如果你不背熟此类数字与文字,你便可能无法小学毕业,无法进入高中,更无法走进名牌大学。

这种对人的筛选方式,是清朝科举考试在今天的变种。

它最大的优点是:抹杀个体性,强调集体性。其培养出来的是尊崇权威的顺民,而不是具有独立思考、判断能力与精神的智慧型人才。我们的社会中到处充斥着所谓的"人才",幸运的是,尚有一些这种教育模式的反叛者成为独立的思考者,所以,人类才会一点点地进步。

爸爸因此坚信,是否能够成为一个优秀的人才,绝对不在于上学期间拿过几个第一名,而在于你的课外时间是否更多地进行了自己的阅读。这种阅读自然是远离书本的,抛开那些死板的教材,进入一种自由的精神天堂。

如果说,一个科学工作者可以通过这种科举考试的方式造就,那么,一个真正优秀的人文学者,是绝对要通过自我的修炼完成的。实际上,即使从事自然科学,如果想成为其领域中的顶尖人物,往往也需要同时是一个人文学家。

爸爸理想中的你,求学阶段应该是这样的:学习时注重能力,不求过高的分数,每门功课80分便足矣。你更多的时间,将用于独立的阅读与思考,同爸爸就各种问题进行讨论甚至争论。

同时，爸爸将鼓励你自由地享受生命赐给你青少年时期的娱乐机会，不要整天扎在书堆里。我的担心只是，在一个除了阅读、思考与写作便完全没有其他生活乐趣的父亲身边长大，你是否还有可能成为一个全面发展的人才。

然而，爸爸又十分担心，如果你不成为我们教育体制下的怪胎，我们的教育便很可能将你排除在大学校门之外。爸爸便是这样被排除的，只接受了高中教育的爸爸，为自己建造了一个精神家园。爸爸相信你也会这样做的，但是，正如爸爸因为未能进入高等学府而走了许多弯路一样，爸爸担心你的求学之旅也难免曲折。可转念一想，如果你不具备对智慧的超凡向往与顽强追求，即使进入高等学府，不是同样要成为更高等的一元化教育模式的牺牲品吗？

爸爸喜欢的思想家罗素，曾尝试建立一所与众不同的小学，采取与主流社会背道而驰的教育方式，启发孩子们的自由天性与生命潜能，可惜，这所学校十分短命。罗素的教育理想仍是理想，即使在你那一代，爸爸也看不到它完全实现的希望。那么，下一代呢？我们都无法预言，但我们可以为之努力。

性问题

爸爸相信，我们这个社会尊崇的主流性观念本质上是错误的。从幼年起，你便会接受一种"离经叛道"的性教育。首先，你对异性的裸体不会感到陌生，性的神秘感从一开始便不会出现在你的意识中，你看两性的差别，就像看一幅图画和另一幅图画一样。

爸爸对我们传统的社会性别角色定位深恶痛绝，所以我不会告诉你什么是一个女人应该做的，而只会告诉你什么是一个人应该做的。爸爸不担心你成为"同性恋者""易性癖者"……爸爸要让你知道的是，生物学意义上成为可能的选择，都是最正常不过的。

很小的时候，爸爸便会告诉你，我们这个世界流行的贞操观念是男人们用来控制女人的，是对女人的毒害。女人在性问题上不是被动者，不是受害者，更不是附属者。女人同样可以成为性的主动者、占有者、获益者。性绝不是罪恶、丑恶的事情，性是大自然为每一个人准备的最美妙的礼物。

在你初通男女之情后，爸爸会告诉你，你有说"要"的权利，也有说"不要"的权利。选择说哪一个，你只需要问自己的心便可以了。这个社会上流行的所谓道德，往往是置生命个体的自由与利益于不顾的。你只需要对自己的心灵负责，而无须考虑其他。只要是不伤害他人的个人选择，任何人、任何社会都无权干涉。

因为爸爸不会藏起那些性学藏书，所以爸爸相信你很早便会懂得自我保护的方法。在广泛阅读下长大的女孩子，不需要父母过于操心。

社会是否会伤害你这样的女性呢？任何时候，爸爸都是你最坚强的后盾。令爸爸气愤无比的是，即使在今天，仍时常听到大学女生因怀孕而被"劝退"的事情。我对这样的教育者愤恨无比。但我知道这不是他们的错，仍然是他们处于其中的文化的过错。希望这样的事情不会在你的时代继续存在，如果存在，我们就联手彻底打倒它！

打猎去？

爸爸很少看电视，除非为了调整疲惫的身心。

那天午饭时打开电视作为一种消遣，电视里正好在播一个儿童节目，可能是因为你即将出生的关系吧，爸爸便兴味盎然地看了起来。

正播的是一首MTV，配画面的儿童歌曲，曲名便叫《打猎去》。一群六七岁的少年，背着玩具枪，兴高采烈地在森林中穿行，大唱着："打猎去，打猎去，我们打猎去。不打兔子和山羊，专打狐狸和豺狼……"

爸爸当时傻傻地盯着电视，真怀疑自己的眼睛和耳朵有问题了。媒体一向被各种纪律严格地要求着，但是，那些管理媒体的纪律竟然让这样不可理喻的歌曲一遍遍地毒害着青少年。

首先，在这个保护自然、保护动物已成全球共识的现代社会，竟然让一群孩子到森林里去打猎，这首儿童MTV的编导真敢"顶风作浪"。更重要的是，还自作聪明地告诉孩子：不打兔子和山羊，专打狐狸和豺狼。仿佛只要是去打"凶恶"的动物，便是可以的。词作者真的不知道吗：许多种类的狐狸和狼都是国家保护动物，而豺的数量已经很少了，更是国家一级保护动物。在这种歌曲熏陶下长大的少年，再对他们进行动物保护教育，岂不难上加难吗？

我们的电视传媒人士的用意也许是好的，向少年儿童灌输对"恶人"斗争的信念，但是以狐狸、豺、狼做象征，十分不妥。除了有碍动物保护精神的弘扬外，将食肉动物归于"恶"的逻辑本身便是不科学的、有害的。每种动物都在为了自己的生存努力着，人类才是对其他动物危害最大的动物。

更让爸爸无法容忍的还在后面。MTV放完后，是一个探讨儿童教育方法的系列节目，每天一个话题，十分钟，近百名家长带着孩子坐在一个大演播厅里，一位男主持人故作顽皮地提出一个话题，如"孩子不听话父母该不该打他"，让家长和孩子各抒己见。于是，你说东，他说西，有的笑，有的哭，热闹非凡。

爸爸的质疑首先在于：这种关于家庭教育的"百家争鸣"，有儿童在场是否适宜？家长们思维的差异，观点的混乱暴露无遗，争执针锋相对，让孩子何适何从？孩子们的头脑被弄乱了，大人世界原来并不存在一定的规则，这对于进入青春期的孩子的心智成长也许是好的，因为那个年龄的孩子应该学会自己思考和判断了，但电视现场却都是些四五岁的孩子，你让他们怎么抉择？如果效仿？到底听谁的？

最可耻的是，通过画面中的人物着装和座位等，任何一个成年人都能看出来，那是一个连续做下来的节目，只不过按话题被剪辑成每天十分钟了。而我们的主持人竟还在那里故弄玄虚地说什么："昨天我们讨论了""今天我们接着讨论""大家明天见"，诸如此类。成人对这种造假已经习以为常了，看电视的儿童不会发现这种造假，那么，演播厅里的孩子们呢？大人世界上演虚伪的闹剧也就罢了，却要将这些孩子也带进剧中，他们在没有自主权的情况下也成为这虚伪闹剧的演员，岂不是太可恶了吗？人们是否会想到，那些孩子听着主持人"今天""明天"大白天说瞎话时，还会有什么关于真实的理想呢？还会对这个世界有多少信任呢？

尽管孩子的天真与纯净，早晚会被这个社会剥夺。但是，我们也不要剥夺得太早了，更不要在这样的儿童节目里剥夺吧！

我的女儿，将来爸爸不让你看这样的电视节目，你可不要怪爸爸呀。

布老虎

孩子，你的预产期是农历虎年五月中旬。你生肖属虎。

爸爸和妈妈已经开始有意识地收集一些有虎的形象的物品，我们相信，等到你自己接管这些收藏时，会很高兴的。

我们保留下老虎的艺术照片、绘有百虎图的台历，还邮购了一些国家发行的虎年纪念邮票。而且，当你在妈妈肚子里只有三个月的时候，爸爸便买回来一个将近一米长的布老虎。

那个布老虎威风凛凛，最重要的是，它的肚子里有一个机关，装上电池后，便会发出威严的吼叫声，两只虎眼还会闪着亮光。元旦那天晚上，爸爸在奶奶家拿出来展示，关了灯，让它大展虎威，吓得所有成人都皱着眉头，身体向后仰，连声说："快拿走，快拿走。"奶奶更是警告说："孩子小的时候千万别拿出来，会吓着孩子的。"

爸爸不怕吓着你。如果你被一个玩具布老虎吓着，也太让爸爸失望了。

荣格说，人有集体无意识，因为我们的祖先怕蛇，所以我们幼年即使还没见过蛇呢，也开始怕蛇，甚至怕类似蛇的绳子。依此类推，老虎也是一样。爸爸信了荣格的很多话，但不信他对集体无意识的这种解释。爸爸坚信，我们怕蛇或者怕老虎，是社会文化造成的。如果没有成年人用"老虎来了，吃人了"之类的话吓唬儿童，儿童怎么可能害怕老虎呢？

如果爸爸不告诉你老虎是可怕的，即便把一个再大的老虎娃娃送到你面前，甚至把你抱到一个真老虎面前，你又怎么可能感到恐惧呢？仅仅因为它大吗？对大的恐惧也是成人培养出来的；仅仅因为它的吼叫和闪亮的眼睛"阴森"吗？关于阴森的概念也是成人加给儿童的。所以，我的孩子，我相信你不会怕那个布老虎，因为爸爸不允许有人对你施加先入为主的教化。

像在老虎问题上表现出来的一样，爸爸也不会因为一些人自我选择的与众不同便告诉你：他们是罪恶的、有病的，而只会告诉你，哪些是我们社会主流人群认同的，哪些是少数人的个人选择。

顺便说一下，女人属虎可能会被人与一个词联系起来，这便是"母老虎"。你长大后如果表现得严厉一些，难免被人称为"母老虎"，你将发现这三个字极具贬义色彩。爸爸愿意提前告诉你的是，"母老虎"充满了对女人的性别歧视，是对背叛传统女性社会性别定位者的一种惩罚，是这个社会两性不公正的又一种表现。你不要去管别人怎样说、怎样想，自己想严厉的时候便严厉好了。雄老虎是威风与尊贵的象征，母老虎也是，至少爸爸这样看。

你将是"精神贵族"

当你开始独立地批评这个世界，并发表自己的声音时，爸爸对你加以引导、建议的职责便该结束了。作为上一代人，这个时候，爸爸应该更多地听取作为新生代的你的建议了。

无论你最终成为何种女性，爸爸都会为你感到自豪。但是，爸爸知道，你无疑会成为传统的背叛者。

你在爸爸的思想影响下长大，对人生、社会，乃至这个世界的思考与理解都将不可避免地打上爸爸思想的烙印，并在爸爸思考的尽头继续延伸。你注定将比爸爸更出色、更成熟，具有更彻底的背叛性与革命性。你的精神世界将高度富足，你一生都将处在对智慧、真理、公正的追求中。你爱全人类，你会比爸爸有更远大的理想去追求，有更伟大的事业来建造。

你将比爸爸更为珍爱短暂的生命，利用这生命有所创造。无论爸爸多么不希望你的精神痛苦，但你在爸爸的书房里长大，注定将困苦于生命意义的模糊不清，注定将愤懑于这个世界上所有不公正的人奴役人的事实，于是，你又怎么可能不将自己的一切用于追求人类最美好的生活境界呢？

作为在爸爸书房里长大的一代新人，你将意志坚定，所向披靡。

与你告别

在你经济自立之际，爸爸和妈妈便要与你告别了。那以后，我们只是你的可以随时探访的朋友，而不再是你生活中无法离开的人。

传统的父母，特别是独生子女的父母，一个最大的问题便是将孩子当作自己生活中不可缺失的一个组成，甚至是自己的财产。他们投入了大量的情感、精力和物质，耗费了生命中一段重要的时光，才将一个生命从无带到有，从小带到大，这个生命寄托了他们太多的梦想，也凝聚了他们太多的现实。孩子是父母生命的一部分，所以，即使这个生命已经长大成人了，做父母的还会说:"他是我的孩子。"

在现代社会,城市里的父母往往不再要求孩子的经济回报,但是,他们要求一份精神回报。他们认为自己有充分的理由要求孩子经常回来看他们,甚至和他们住在一起,陪他们聊天,帮他们做一些家务。同样,父母总是想知道关于自己儿女的一切,甚至于想指点他们,控制他们。老年人精神的孤独,生活的贫乏,更使得孩子在身边的日子成为一种节日。这便也难怪,何以忙碌得没有时间陪父母的子女也有了孩子时,那些做祖父母的会再次焕发光彩,因为他们又有一个可以整天陪伴在身边的孙女或孙子了。

有意思的是,我们的社会也鼓励父母的这一期望,将其视为子女对父母的一份孝心。而许多种类的动物,包括老虎,成年的儿女都要远离父母,并且再也不回来的。

爸爸完全理解人的这一社会心态。人与其他动物不同,人的幼年期过于漫长,生物学上将此称为"幼态成熟",这便使得父母和子女间有一种双向的强烈依恋。

爸爸在这点上不想与主流社会作对,因为爸爸深深理解人的弱点。爸爸只是想说:我不会做那样的长辈。你将生活在一个技术时代,技术时代将越来越显示其个体独立、人际疏远的一面,爸爸不视其为一种过错,而只视其为人类发展中的人性变迁。爸爸愿意尊重这一变迁。

对于爸爸和妈妈而言,你将是我们生命中的一个过客。在你未成年之际,爸爸和妈妈会做最出色的父母,让你受到最好的关怀、疼爱与教育。随着你的成年,特别是你的自立,我们便要慢慢退出你的生活。你的生活中不再需要我们太多的引导与扶助,而我们也不愿意因为曾经对你付出很多,便要求你的回报,即使是精神的回报。我们要给你一份最轻松、自由的时空,让你没有任何负担地发展自己。

爸爸更不敢用一个老年人的头脑,去影响你这个一代新人的思想。即使爸爸自认为将是思维永远走在时代前列的人,我又怎么能肯定,作为你那一代中的精英(你肯定是的),你的思想不会比爸爸更先进呢?

你可以一个月看一次父母,甚至一年看一次。我们会要求你,只在需要一个可以谈心的朋友,或者一个温馨的忆旧人的时候回来,而不要为了尽所谓的义务回来。父母对子女尽所谓"义务"、孝心的要求,实质上是在要求回报，是一种自私的表现。

爸爸和妈妈仍会时常想起你，你虽然从我们的生活中淡去了，但是，你是我们最美好的回忆，因为你给了我们一段最美好的时光。

爸爸认为，抚养的意义，能够归结到这里，才是未来社会的趋势。

Chapter1 📖
宠爱孩子

导 言

0~6岁，我们对孩子更多强调的是"宠爱"的态度。

宠爱不是溺爱。

宠爱不是没有原则，而是强调给孩子充分的爱，给他快乐与自由。

让孩子真正拥有快乐与自由，其实绝不比塑造出一个"天才儿童"容易。

天才儿童也好，快乐儿童也罢，都需要我们加倍宠爱，他才有可能有所成就。

孩子其实从来不会犯错误，犯错误的总是成人。如果孩子不接受一种规则，那么一定是这规则本身有问题……

孩子从来不会说谎，说谎往往是上进心的表现，而成人误读了他们……

世界上没有"问题孩子"，认为孩子有"问题"本身便说明有问题的恰恰是这些成人……

孩子不会"淘气"，也不会"捣乱"，成人斥之为"淘气"与"捣乱"的行为，都是因为没有真正读懂孩子的心……

要鼓励孩子的虚荣心，虚荣心同样是成长的动力之一……

……

好孩子都是宠爱出来的，所以，让我们充分地宠爱自己的孩子吧！

愿世上所有的孩子，都能够生活在被宠爱的幸福中。

1998年6月26日的下午3点30分，盼望已久的人儿，终于来到人间，来到我们的面前。从此时起，每当想到或看到他，都是我们生命中最开心的时刻。

儿子生命中的第一年，主要是在我母亲家度过的。我母亲特意在自己的住房不远处买了一套一居室，这样，既方便了她帮助我们带儿子，我们一家又有自己的住处，不至于都挤在她家。经常是，每天早晨妻子抱着儿子到我母亲家——这只需要步行五分钟,而我在那套一居室看书和写作,就餐的时候,我也到母亲家去。

妻子临产前我们便雇了阿姨帮忙,先后换了好几任。后来我们回到北京,也雇了几任阿姨。从只干过一天的,到干了一年多的,儿子在不少于十个阿姨的关怀下成长起来。儿子三岁上幼儿园之后,便再也没有雇过阿姨。但六岁时,儿子还能偶尔说出当年熟悉的阿姨的名字。

这一年,我仍然经常是北京、天津两地奔波。当时就职的一本刊物,组织上照顾我,每周只需要坐一天班。

妻子后来经常说,我那时远不如后来那样爱儿子,因为远不如后来那样经常哄儿子玩。我直喊冤。那时儿子太小了,我无法与他进行精神交流,似乎显得"疏离"。到儿子三四岁之后,妻子便常幸福地感叹说:"你们父子现在感情真深呀!"

即使在儿子无法与我"你有来言,我有去语"地交流时,我也一直在关注着儿子的成长。儿子刚刚出生,我便写下一组"给初生儿子的信",我关于男性解放的思想开始成形。

同时,我也开始记录儿子成长中的每一个开心时刻、精彩瞬间……

最重要的是,也正是在这一年,我开始写作性教育文章,试图颠覆旧的性教育理念,提出许多发人深思,甚至在某些人看来将是"触目惊心"的观点。我写它们的时候,满脑子想的都是我的儿子,正所谓"幼吾幼以及人之幼"。

儿子出生后,我开始写作一本叫作《男人解放》的书,我相信我有能力帮助他成为一个快乐、自由的新男人。

给初生儿子的信：做一个男性解放主义者

男人这个性别

当护士将你抱出产房，对焦急地等在门外的爸爸说"是个男孩儿"的时候，爸爸的第一反应便是：这个世界上又多了一个要承受种种负荷的男性。

爸爸做了30年的男人，似乎直到近几年才开始对自己的性别有了清楚的认识。这个世界仍是一个父权世界，表面上看，一切都是为了男人的利益存在的，运行规则也是男性的规则。所以，男性对自己作为的性别角色实践往往视而不见。

但是，将近30岁的时候，种种际遇却使爸爸开始深刻地反思男性这一性别角色。爸爸进而发现，这个打着"为男人"旗号的社会，实际上在做着剥削与伤害男人的事情。男人被加诸太多的责任，男权文化却不允许他们自由地宣泄情感，文化对男人有太多的规定，而轻视每一个男性作为一个生命体的个性。男人享受着种种"特权"的过程，也是被伤害的过程。

做男人真是一件特别累的事情，爸爸做男人已经很累了，所以，当妈妈怀上你后，我便希望你是一个女孩子。爸爸满脑子都是关于理想女性的幻想，爸爸相信能够帮你找到一条通向健康、快乐、自由的人生之路。

然而，你是一个男孩子。爸爸知道，没有选择的余地，爸爸必须为你思考出一条同样通向健康、快乐、自由的人生之路，而超越现有文化对男性的种种奴役。这将是一条通向男性解放的路，也将是男性与女性最能够和谐相处的路。

名字的寓意

爸爸为你起的名字是"一"。几乎所有听到这个名字的人的第一反应都是："争第一，好！"

这真的把爸爸吓坏了，这绝不是爸爸的本意，爸爸最恨的就是"争第一"。这个世界为男性规定的最重要的一条准则便是：成功。而成功需要争强好胜。为此，男性放弃了许多自然赋予的快乐，而变成角逐成功的机器。这种角逐，伤害自己，也伤害着他人。爸爸不愿意你为了几个考分，为了名次，而失去人生的天然快乐，特别是在你未成年的时候。

爸爸心目中的"一"，具有三层含义：首先，它是《易经》中阳爻的象征，寓示着男性，爸爸希望你为自己是一个男人而自豪，同时以自己的人生探索出一条真正的男性快乐之路；其次，"一"是一切事物的根基与起源，是万物的最初状态，而最初的状态，是最自然、本真的状态。最后，最重要的一个原因是，"一"意味着"这一个"，它强调着个体生命的意义与价值，成为"独一无二"的"这一个"，符合爸爸对人本思想的理解。我们的文化，一直做着抹杀个性的事情，而强调个体与社会的整体化一，其间便不可避免地伤害着个体的权利。作为一个男性，爸爸希望你尊重、保持自己个体的选择与权利，不被强势所诱，自然便也不会成为传统男性社会性别角色的牺牲品。

游戏无模式

一岁左右的时候，你便将接触各种玩具，两三岁的时候，你便会参与到游戏中。你刚刚降临的这个世界，在一个人出生之始，便依其性别而制定了种种游戏的规范。有些玩具是专为女孩子准备的，有些游戏则只鼓励男孩子参与。从这一刻起，文化便按自己的需要，将你往一个圈子里套。这个圈子，便是所谓的社会性别角色，即男女在社会中需要扮演的不同角色。社会性别角色的制定自然有其合理与必需的一面，但是，当任何事物变得僵死而强制之际，便难免对个体构成伤害。最重要的是，社会对于违反社会性别角色的人，往往采取一种蔑视甚至敌视的态度。而在幼年时期，各种基于性别的规范，很可能使你失去自由成长的多元机遇。

爸爸会为你提供没有模式的游戏。文化通过洋娃娃鼓励女孩子的温柔与细腻，而通过玩具手枪鼓励男孩子的勇敢与刚强，但是，如果温柔与细腻是一种美德，为什么男孩子不能同样拥有呢？为什么男孩子一定要被塑造成粗心大意的物种呢？玩具手枪培养出的勇敢与刚强后面，可能是对战争与强力的推崇，而这不是有违于人类对和平与友爱的向往吗？为什么我们一方面指责男人好斗，另一方面又从幼年起便培养他们对武力的向往呢？

如果你不愿意，爸爸不会强求你去踢足球，爸爸活了30年只在7岁的时候踢过一次足球，但这并没有影响爸爸作为一个男人对这个社会做出贡献。如果你愿意，你可以和女孩子一起做手工、跳绳，玩任何一种被社会大众认为只应该属于女孩的游戏。爸爸不相信这一切会改变你作为一个男性的种种特质，而坚信这些会使你成为一个感觉更敏锐、思维更活跃、更具有爱心的人。同样道理，爸爸不会将任何针对社会性别角色塑造的模式强加给你，而鼓励你作为一个生命体能自由选择与自由发展。

"好爸爸"

主流社会认同的理想父亲的形象，是庄严、冷漠、不苟言笑的，正所谓"严父慈母"。父亲是孩子模仿和崇拜的对象，是他们的行为指针。通过观察父亲，孩子们形成了对男性的理解：男人不像女人那样需要感情，他们的情绪反应较为冷漠，缺少人情味。

男人被视为天生不会照顾孩子的人，抱孩子是男人不该干的事，他们的责任只是洗尿布。照顾孩子不是被当作一种技巧，而被视为女人的本能。男人被剥夺了学习与实践的机会，他们被强迫与自己的孩子分开。其实，男人同样可以是细腻温柔的人，同样可以是充满爱心的人，并且同样有权利通过各种方式——包括照顾孩子表达这种细腻与爱心。

爸爸对"好爸爸"标准的理解有所不同。爸爸将一直是你的一个玩伴，我们将一起趴在地毯上，以同样的高度开始游戏，而这种平等的姿态，将延伸到我的生命终止。我们会一起笑,一起打闹,一起沮丧,一起恶作剧,一起对传统的父子交往模式提出挑战。

爸爸从来就不是一个主流社会眼中的"成熟男人",但爸爸对自己"永远长不大"的状态心存一份感激。我不会成为你的一个庄严、"厚实"的榜样,但可以提供给你一种更自然、自由、随心所欲的生存状态的参考。爸爸相信你能够从这种状态中获得生命的快乐。

父亲,至少是中国的父亲,在孩子略大一些之后,便不会再拥抱他了。我们是一个不习惯于通过身体语言表达感情的民族,男人间尤其如此。拥抱孩子的,多是他们的母亲。对于男孩子的爱抚更是在很早的时候便停止了,男孩子被要求比女孩子更早地独立。这一切会将你推入孤立无援的境地,仿佛亲密、爱、安慰与受关注是男性所不需要的。但爸爸会一直拥抱你,我相信父子间紧紧地拥抱不仅可以加深我们的感情,还可以使我们双方均获得力量。假想来日,当我垂暮于病榻的时候,你的一个强有力的拥抱会使我泪流满面。

想哭就哭

男性从小便被告知:你天生是和女孩子不同的,你要比女孩子坚强。仿佛,男性是用特殊材料做成的一样。男孩子被看作不会像女孩子那样感觉痛苦。

你很小的时候,便会有人告诉你:你是男孩子,不该像女孩子那样爱哭泣。你应该坚强,受伤害了要自己撑着,有泪自己往肚子里咽,应该能够自己"消解"苦痛。但是,告诉你这话的不会是爸爸。作为一个成年男人,爸爸仍然想哭就哭,自然不会将那些对男性的奴役思想灌输给你。爸爸希望你很小的时候便清楚地认识到:这个社会关于男人的许多"美好"定义,其实都是在伤害着我们。

流泪、发抖、哭、倾诉、愤怒,所有这一切,都是人的自我疗伤过程,在我们受到伤害的时候,我们需要通过这些方式来释放精神的紧张,以帮助我们从伤害中恢复平静。

在你还是一个婴儿的时候,这一过程是自然完成的。但是,在你的成长过程中,这种自然康复的机会被一点点剥夺了,人们会告诉你:男性不需要这种"软弱"的表现。而如果你仍坚持这一康复过程,便可能引来嘲弄。但是，男人也是肉体凡胎，也会生病，自然也需要治疗。

社会会向你灌输这样的思想：男人对痛苦的感受力与承受力都强于女性。这种观念不仅是对男人的伤害，也是对女人的伤害。它否定了一个最重要的事实：我们的神经系统与女人是相同的。所以，爸爸会始终如一地捍卫你感觉痛苦并通过任何一种方式化解痛苦的权利。

抛弃性别歧视

你出生后不久，得知你是个男孩子的人们都向爸爸道喜："太好了，生了个男孩儿！"爸爸被这种赞赏的表现弄得哭笑不得，为什么生男孩子便一定要比生女孩子优越呢？你来到的这个世界，仍然是充满性别歧视的世界，农业社会下形成的重男轻女的观念根深蒂固。但是，千万不要以为对男性的重视都是对男性有利的，它往往成为伤害男性的武器。因为，它同时加给男人的，是太多的责任与期望。

当你的性别被人们以赞赏的声音夸奖时，你要知道，你在这个世界上的同伴女性便受到伤害了。而且，在你很小的时候，社会便鼓励你去伤害女性。人们会告诉你：男性是优越于女性的，男性是强大的，女性是弱小的。

顽皮的小伙伴中，男孩子欺负女孩子的现象十分常见，这被看作男子汉气概的一种表现。男人就是这样一点点被训练成压迫者的，成年男女间的压迫与被压迫关系，便由此开始。如果在女孩子受欺负的时候你表现得对她们过于关爱，或者你平时很喜欢和女孩子一起玩，你便可能被指责为没有男子气，过于阴柔。我们的社会做出了许多男孩子应该如何、女孩子应该如何的规定，所有这些规定都是以性别为出发点，无视个体的差异与多元的选择，是对性别差异的强化，本质上是性别歧视。

爸爸希望你不要相信人们已经习以为常的关于男人的种种谎言，同样不要相信关于女人的种种谎言。任何基于性别的界定，都会成为对你自然天性的伤害。爸爸希望成年后的你是一个真正爱女人的人，而不是将女人作为工具，作为猎物，或作为附属。我们这个世界上自称爱女人的男人，往往骨子里充满了对女人的蔑视，他们意识不到，对任何人类成员的轻视，都是一种病态的表现。

卸掉期望的重轭

你略大一些便会发现，做父母的通常会对孩子有很多期望。如果是一个男孩子，他承受的期望便会更多、更大。他会被要求学业优秀、事业有成，至少要比父辈出色。甚至你幼儿园中的一些小伙伴，都会自豪地重复着父母对他们的要求："我将来要读哈佛。"

而这一切在爸爸和妈妈看来，是可悲的。将一个目标从小强加给你，无论你将来是否有能力实现它，都会成为你心灵的重轭。作为外力的强加而非你自己的选择，在你追求它的过程中，它会使你时时刻刻感到不快乐，时时感到责任的负担；如果你无法实现它，你会认为自己的人生是失败的；即使你能够实现它，它的意义也被贬值了。

在爸爸看来，对"成功"的追逐是人类病态的一种表现。我和你妈妈不会强迫你学习任何你不渴望学习的东西，我们将鼓励你轻松地面对学业，鼓励你享受生命本身的赐予，寻求人生真正的快乐源泉。

我们认为，人的一切行为应该是基于兴趣、基于乐趣，而不应该基于对功名、利禄、成功的贪求。如果你的兴趣在于学识，那么你不妨为了这兴趣孜孜以求，成为一个学者；如果你的兴趣在于美味，那么你也可以仅仅做一个在旁人看来无所事事的"美食家"……

如果女人选择任何一种"无所事事"的兴趣作为生活方式，她不会受到任何指责，甚至会被羡慕。而如果男人做这样的选择，便会受人讥笑。但是，谁规定了男人一定要担负重轭？只要他有选择和承担的能力，男人为什么不能选择另一种生活方式？男人已经累了几千、几万年了，可以放下担子歇歇了。

成为一个从男性传统模式中解放出来的男人，成为一个快乐自由的男人，这便是爸爸对你唯一的期望。

0~2岁：怎么宠爱都是对的

儿子出生前的某一天，我去朋友家吃饭，他家的小男孩儿在沙发脊上爬来爬去，他爸爸训斥他。我便劝："他想爬就爬呗，这也不太危险。"那朋友便笑我："将来你有了孩子还不知道怎么娇惯呢。"

也许是因为读过太多的精神分析学著作，我坚信对幼小的心灵应该格外呵护，尽可能满足他的欲求，我还断章取义地找来阿德勒的一句话逢人便讲："三岁之前怎样娇惯也不会惯坏一个孩子的。"而这一开始被妻子视为过分的宠爱了。但她似乎很快也接受了我的观点，于是我们俩人便使着劲儿地娇宠儿子，常常让亲友们看了目瞪口呆。

儿子有一张自己的儿童高椅，那就成了他的腿，整天推着在屋里跑来跑去，然后飞快地爬上去，踩到上面拿他想拿到的任何东西。有时还要爬到桌子上，爬到窗台上，最夸张的一次是要往冰箱上爬，吓得来串门的一位朋友连喊头晕。

有段时间儿子对手纸发生了兴趣，一卷刚拿出来的手纸会被他迅速抖开，拉着满屋跑，于是铺得满地都是。有一次让他奶奶看到了，抢着不让他浪费，我和妻子都说："别管他，他玩完我们再卷起来，先让他高兴高兴吧。"儿子喜欢玩尿桶的时候，我们就给他专门买回一个新尿桶当玩具，玩家里的水桶的时候，我们又去买了水桶回来。我们相信，任何能够带给儿童快乐的"玩具"，都将促进他智力的发展和对生命的热爱。

儿子喜欢给人开门，有人敲门他便大叫着跑过去。可有一次还是让正在门边的妻子先开了门，儿子便哇哇大哭，我们则只好请那位来拜访的朋友先出去，重新敲门，让儿子开。事后我们自己都觉得好笑，这也太惯孩子了。但是又一想，这又不是什么原则性问题，为什么要让他为此而哭呢？何况，他毕竟只有两岁呀！

约一岁半的时候，儿子学会了翻我的提包，每逢我回家，他便翻包。为了给他一个惊喜，我每次出门都买一些食物带给他，那后来儿子便开始盼着我出门了，因为我一出去，他便又有好吃的了。儿子的胃口越来越好，我的娇宠也越来越甚，每次外出都要变着花样给他买各种食品，看着他一样样翻出来时那快乐的表情，我们也快乐。

但在另外的一些方面，我们又比许多家庭更不娇宠他。比如，从儿子很小的时候开始，儿子便同我们吃同样的饭菜了，妻子坚持不给他单独做饭菜。妻子的理论是：看到爸爸妈妈也吃一样的饭菜，孩子才会有兴趣，才不会拗着不吃饭。越是特意给他做，效果越不好。

还是有朋友说，你们太娇宠他了，将来会被宠坏的。但我以为一个**缺点太多的孩子不是被宠坏的，而是父母自身有很多缺陷，上行下效的结果。我不相信爱心可以使人变坏**。还是等时间证明吧。

某天，我们正在吃早饭，已先吃完饭的儿子忽然跑进屋，把我的枕巾一把抓起扔到了地上。妻子没有训斥，只是平静地对他说："这样做不对，你应该捡起来给爸爸放回去。这道理你明白，好孩子不应该这样做。我们爱你。"儿子想了想，便一声不吭地照做了，然后跑过来说："方一不淘气，妈妈爱方一。"

妻子立即对我总结说："这事你也可以写到文章里，孩子做错了事情，不要训斥他，要告诉他什么是对的，什么是错的，他全都会明白的。"

千万不要以为训斥是好的教育方法，训斥只会使孩子产生逆反心理，产生自卑感，产生挫败感。孩子的心是绝对善的，如果他们做了什么错事，那一定是因为他们不知道那是错的，所以，你只要告诉他什么是对的便可以了。你还要告诉他，做了对的事情，他便是好孩子，爸爸妈妈就会爱他。

"爱"也许是我们同儿子相处时使用得最多的语言了,我们会因为一点很小的事情便对他说:"爸爸爱你,妈妈爱你,奶奶爱你……"而如果他坚持做错事,我们会说:"再这样,我们就不爱你了。"当不断重复"爱"的时候,"爱"的力量自然就会被提升,然后,你就可以用爱的名义要求孩子遵守他不得不遵守的某些规则。

埃里克森将个人心理的成长划分为八个阶段,他认为,每个阶段都有需要解决的问题,若问题解决不好,便会影响其人格的健康成长。而从**出生到2岁之前,是一个人获得信任感的时期。这时如果孩子能够从父母那里得到足够的爱护,他便会对他人和社会产生信任感**,反之,则会影响他整个的社会化进程。

2000年年底,我给儿子写了一张贺卡,然后放到信封里,写上儿子的大名,从家里送到邮局,邮递员盖个章又送回了家。

我和妻子商定,这信不拆封,直到儿子长大了,让他自己拆。因为信已经封死了,所以记不清准确的内容了,大意是:"儿子,在这新的一年到来之际,你又长大了一岁。你的存在带给我们太多的快乐,我们以欣喜的目光注视着你的成长。我们将这世纪之交的祝福投送给未来的你,等待成年的你亲自开启。我们希望成年的你是这样的:热爱生活,追求智慧,崇尚真理,拥有一颗博爱的心。我们将为你而骄傲,我们将为你而感到幸福。永远爱的你的:妈妈、爸爸。"

我说,今后每年都要给儿子寄一张"不开启的贺卡",等待他长大后开启,看看父母对他的期望实现了多少。

宠爱的核心是理解

一位朋友来访,送给妻子几个小包装的口红。我们正在客厅里聊天,正值3岁的儿子已悄然研究起那几个口红,将盖子揭开,抹在手指上,然后在墙上画起了画。

最先注意到正在"创作"的儿子的是朋友,他大叫起来:"这可怎么办呀?墙上都弄红了?!"

我笑笑,说:"没有什么,随他画吧。"

儿子先是被朋友的惊叫吓了一跳,怔怔地看着他,见我这样表态,立即放松下来,笑了。但他的兴趣便由墙壁转到了这朋友身上,张着两只已艳红的小手,就要过来摸那朋友。吓得朋友从沙发上跳了起来,连连后退,同时向妻子呼救:"快,快,我最怕小孩儿了!"

儿子见他这样子,更来了精气神儿,嘎嘎大笑着,追着要用那红手去摸他的裤子……

这朋友后来每次通电话和见面的时候,都不忘记说一句:"你们家那小孩子,哎!"一个"哎"字,包含了无法言尽的太多内容。这朋友还多次告诫我们:"我也反对严厉地管孩子,但孩子不管还是不行的,千万不能宠坏了!"

我笑笑,礼貌地回应着。

这朋友不知道,对于儿子,我实行的是"宠爱教育"。我的一个口头禅就是:"使劲儿地娇宠他吧!"

中国历史上,"宠爱"一向不是一个好词。旧有"棍棒底下出孝子"的古训,新有"千万不要把独生子女宠坏了"的告诫。只是没有人告诉我们这样一个真相:小孩子生来就是让人娇宠的!永远不要怕宠坏了孩子,关键在于你是不是真的会宠孩子。

精神分析学大师阿德勒曾说:"小孩子在3岁之前无论如何也是宠不坏的。"

我却想说:如果你真的"宠爱有道",你便可以永远宠爱你的孩子而不必担心他被"宠坏"。

所谓"宠坏了"的告诫,换一个角度看实在是混账话:我们总是尽力地宠爱自己,宠爱女人,甚至宠爱宠物,为什么不能宠爱弱小、纯净、天真、可爱的孩子们呢?女人和我们自己都会被宠坏,猫狗也会被宠得非肉不吃非奶不喝,但小孩子是绝对不会被宠坏的。因为,小孩子是可画可改的白纸,你只要对他认真讲道理,他就会听你的。如果是一个一直宠爱他也因此被他所爱的人对他细心讲道理,他更会言听计从。

尽可能地呵护、疼爱、抚慰你的孩子;

尽可能满足你的孩子提出的所有要求;

尽可能不批评孩子,必须批评的时候要紧跟着表扬几句;

尽可能让孩子自由地行为,对他想做的事在不伤害他自身的前提下不加任何限制;

尽可能避免打骂你的孩子,实在气急时打骂了,事后要向他道歉和解释;

……

宠爱孩子的关键在于你真的理解孩子。绝大多数的父母并不真的理解孩子,他们总是俯视着孩子。只有当你蹲下来,将自己的心置换成孩子的心时,才能真正理解他们,宠爱便自然产生了。

也就是说,我这里提倡的宠爱教育不是一种过于感性的简单的溺爱,而是基于理解的一种理性选择。

儿子之所以去玩弄那口红,甚至将其涂抹到墙上,完全是好奇心使然,而好奇心是人类进步的原动力,任何一位伟大人物的一生都会充斥着旺盛的好奇心。如果我们保护了口红、白墙,伤害的却是孩子的好奇心,得失孰重孰轻呢？

凡有客人来访的时候，无论生熟，儿子总是极其疯狂。他会围着客人嬉戏，而不理会人家反感的脸色与回避的姿态。某日，有位小姐姐由她母亲陪着来访，妻子拿儿子的书给小姐姐看，儿子却不断地夺下来；还有一次来客人时，他挥舞着棒子在沙发上跳来跳去，还爬到了餐桌上，吓得客人惊叫："这孩子，这孩子……"

我相信客人们最大的吃惊还在于：孩子这么淘气，他的父母怎么不管呢？有时看儿子实在太惹得客人惊恐了，我们也会象征性地呵斥几句。我们清楚，此时无论我们说什么，儿子都不会理会的。因为他的经验告诉他：爸爸妈妈并不会因此而真的严惩他。

我的这一娇宠完全是基于对他行为的理解：他在客人面前所做的一切，不仅绝无恶意，而且意在讨好。他夺下小姐姐手中的书并非出于私有财产神圣不可侵犯的信念，而是因为想和小姐姐玩，想吸引她的注意；他之所以在客人面前"疯狂"，同样是因为他想吸引客人的注意，关注他。他不喜欢被忽视。他通过淘气来讨好客人。他越淘气，来访者越惊惧，越关注他，儿子内心也越满足。

儿子的舅奶奶是退休的小学校长，每次见到儿子，她都会抱他到腿上给他讲书、讲故事，所以儿子和舅奶奶在一起时最乖，从来不淘气。如果那些陌生的来访者也能抱起儿子夸奖几句，同他说说话，我相信他同样会安静下来的。只是成人们通常缺少对别人家孩子的爱心，以及同孩子平等交流的胸怀，他们去别人家串门的时候总是忽视（至少是轻视）孩子的存在，而只顾着说成人间的事情。

孩子渴望成为众人关注的中心，这一愿望也常受到批评，有文章说这样长大的孩子社交能力差，心理会不健全。在我看来这至少有一半是胡扯。道理很简单，我们完全可以换一个角度反驳说：渴望被关注的人，自尊心、自信心都很强，在学校、工作岗位，他都会不断进取，以保证自己处于被关注的位置。

每个孩子，甚至每个成人，骨子里都是渴望被关注的。所以，问题并不在于一个孩子是否成为关注的中心，而在于成人以及社会如何对待这个"中心"，如何将他被关注的欲望正确引导。

理解了孩子渴望成为"中心",同时也要理解孩子缺少"标准"。

成人们积累了多年的成长经验,"度"的概念在我们头脑中根深蒂固。我们总是清楚什么时候应该做什么事情,做到什么分寸。比如我们同孩子开玩笑,会知道怎样做才不会过火,不会伤害他们。但是,孩子们却因为过于年幼而未能通过经验来形成"度"的概念。他也会同我们开玩笑,但是,他的玩笑许多时候在我们看来就是伤害,就是胡闹。如果这时我们不能理解他们头脑中度的概念的缺乏,而是将孩子的玩笑当成恶作剧,甚至当成"破坏"来批评和惩罚,我们就会伤害孩子的情感,甚至真正伤害他的"人际能力"。

我同儿子开玩笑的时候,有时会轻轻地用手指捅他,敲打他的脑袋,他会嘎嘎大笑。有几次,他同样会以类似的方式逗我,大笑着用木棒打我的脑袋,疼痛中的我刚要恼,想到了"度"的差别,便还之以微笑了。

小孩子习惯于舞弄棍棒砸坏东西,也是惹大人恼火的行为。这时就要理解孩子:孩子所做的一切都是对这个陌生世界的一种探索与尝试,舞弄棍棒同样如此。只不过他们头脑中尚没有轻重、距离这些微妙的概念,所以,损坏物体并非他们的本意。

但物品还是不应该损坏的,所以我们要做的是平心静气地同他讲道理。有时讲过道理还犯同样的错误,怎么办?这时就要理解,每个人的学习都有一个遗忘的过程,这也就需要一个慢慢来适应的过程。同样的道理可以讲两遍、三遍、四遍……大人们也会不断重复同样的错误,为什么要苛求孩子一次"达标"呢?

如果大人讲道理时自己先烦了,态度蛮横了,孩子便可能以他们的方式"提醒"你犯的错误。

有一次,儿子吃荔枝,将果核扔到了地上。我随口训了他两句,他看看我,又将刚吃过的果核扔到了地上。我刚要发火,立即意识到自己刚才的态度不好,转而改为同他平心静气地讲道理。儿子便乖乖地将果核放到托盘里了。

每个人对禁忌都有一种反抗的本能,禁忌越强,反抗越烈。儿子以扔果核反抗着我刚刚实施的强制禁忌,而当我改为怀柔的疏导时,他便言听计从了。

有人也许会反对说:这不就是把孩子惯坏了吗?对于习惯于强制管束方

式的家长来说，这可能是惯坏的一种表现。但是，如果从自幼培养民主精神、平等意识的角度看，这恰是孩子具有民主精神的一种表现：你可以和我平等地讲道理，但是不可以居高临下地命令和强迫我。

这便是宠爱教育的核心所在。

从另一个角度看，**宠爱就是一种欣赏，一种鼓励**。而在欣赏与鼓励下长大的孩子，会是自信的、不断追求进步的。

给孩子一面墙，让他随意画吧

儿子是在我的鼓励下开始在墙上涂画的，最早的"作品"产生于我这样的话："你在墙上画画，试试会怎么样?"儿子便立即热爱上在墙上涂画了。

所有的孩子都爱在墙上随意地画，儿子只不过是在我的启发下更早地开始了"壁画"创作。最简单的想法是：自由涂画有助于孩子成为一个画家。略高一级的看法是，用各种颜色的彩笔涂画的过程，是孩子思维自由驰骋、创造力获得充分发展的过程。但我的认识更深一层：**自由涂画有助于自由性情的形成与巩固，从而促进一个健康心灵的成长。**

一个生活中有太多条条框框、受太多束缚的孩子，他认识世界的能力，以及对世界的态度，都会受到影响。他探索生活的积极性也会受到阻碍。成年之后，他挑战未知与自我的能力都将大打折扣。

与重新粉刷一遍墙壁相比，有哪一位家长真的愿意孩子付出这样大的牺牲呢?

物业的伯伯来收水电费，看到满墙的儿子的"画"，便笑着说："你爸爸是作家，你是画家。"儿子听了美滋滋的，此后一个月都在说："我要当画家。"

物业伯伯还指着余下的一面墙说："就差这个没画了。"人家刚走，儿子便将那墙也涂满了。

胳膊够不着的地方，儿子便搬来小凳，踩在上面画。我盯着那些杂乱无章的线条凝视良久，终于说："你真是天才，你画的作品叫作'困惑的思想'……"

入托前后：父母和孩子经历的另一种考验

2001年5月，为了让儿子上幼儿园方便，我们一家三口迁到城里住，住在朝阳区的一个小区里。就是在这个月，儿子走入幼儿园小班，开始了自己的集体生活。

从儿子第一天去幼儿园，一直到三个星期后，我们终于松了一口气，这一天，儿子度过了第一天没有哭泣的幼儿园生活。甚至，他几次自言自语："方一喜欢去幼儿园。"而与他同时入园的一些小朋友，依然每天还是哭哭啼啼的。

三个星期，以及此前的日子里，我们也形成了一些关于孩子入托的经验和思考。

入托前

儿子自出生后便一步也没有离开过妻子，偶然有一天妻子要外出办事，这几个小时的分离对"留守儿童"儿子来讲也是个很难应付的问题。这种情况是最难适应入托的，如果是同保姆长大的孩子，相对来讲会好一些。所以我们一直怀着一种忧虑：上幼儿园时，儿子怎么办？

拖了又拖，儿子将满三岁了，必须上幼儿园了。妻子当了将近四年的家庭主妇，也想出去上班了。我们提前三个月便开始了一场"幼儿园运动"，旨在让儿子逐步接受去幼儿园的现实。

第一次对儿子讲去幼儿园的意义,妻子说:"每天早晨送你去,那里有许多小朋友,大家一起玩。"

儿子立即敏锐地抓住了问题的实质:"妈妈去吗?"

"妈妈早晨送你去,下午去接你……"

话未说完,儿子脸上的肌肉开始扭曲,嘴角已经咧向一边……那以后的一段时间,只要一提到去幼儿园,儿子便大声喊"不",那小脸上恐惧的表情让人看着心疼。

"幼儿园运动"的第二阶段,是妻子带着儿子去选幼儿园。从加上赞助费每月平均收费高达三四千元的"贵族园",到每月收费两百元的军队幼儿园,先后看了十几家。儿子爱打滑梯,每到一处便自己跑向滑梯,兴奋地玩起来,妻子叫时还赖着不走。妻子便伺机引导:"你想不想每天玩滑梯?"

儿子爽快地回答:"想!"

妻子再说:"你上幼儿园后,每天都可以玩滑梯了。妈妈送你上幼儿园吧。"

儿子愣一下,脑子里肯定立即回想起这便意味着一天见不到妈妈,便转而喊道:"方一不玩滑梯。"

说归说,他的小心窝儿还是活动了。

儿子偶尔到邻家小朋友家吃饭,总是吃得特别多。我也抓住机会开玩笑说:"上幼儿园后,每天吃别人家的饭,多好呀。"儿子眨眨眼,似懂非懂。

一边不断讲解着去幼儿园的道理,一边终于选准了幼儿园。儿子送托的日期确定后,我兴高采烈地向儿子祝贺:"你就要去幼儿园了,这可是件大喜事呀。你开始了人生的新阶段,爸爸真为你高兴呀。我们一起拍巴掌庆贺吧!哈哈,高兴高兴真高兴,儿子就要去幼儿园了!"

儿子看着我的样子,脸上先是困惑,后是思考状,我们知道他完全被搞糊涂了,还没有想明白何以去幼儿园是如此快乐的事情。我又一鼓作气,手舞足蹈,边笑边唱:"高兴高兴真高兴,儿子就要去幼儿园!"儿子最爱看我这样子了,早笑得喘不上气。此时,关于幼儿园的所有记忆,便也与快乐、喜事这些概念连在一起了。

只有心理暗示还是不够的,细致的思想工作仍是必需的,妻子一遍遍给儿子认真讲去幼儿园的意义:"妈妈要去上班了,上班回来可以赚钱给方一买好吃的。"

听说有好吃的，儿子进一步心动了，又试探着问："方一和爸爸在家行吗？"

"爸爸要读书呀。"妻子说，又进一步解释在幼儿园做的事情：一日三餐变着花样吃，还有水果、糖果和冰激凌，老师给讲故事、看电视，小朋友们一起做游戏……幼师毕业的妻子自己做过7年幼儿教师，对这些再熟悉不过了。而儿子也在妻子绘声绘色的描述中，对幼儿园的恐惧感没有了，渐渐产生了好奇心。终于有一天，妻子再问儿子："送你去幼儿园好不好？"儿子认真地点点头："行。"

我对儿子说，上幼儿园是一件大事，那一天，爸爸和妈妈都会去接送他，晚上爸爸还要送礼物给他做纪念。儿子的眼睛亮亮的了。

送托的日期越来越近了，妻子开始逐步进行更多的教育：不许打小朋友，如果有小朋友打他，不要还手，而要去告诉老师。

儿子每次想解手的时候，总是说自己"胃口疼"，妻子便教儿子改口，说"去厕所"，这样便可以和老师沟通了。妻子还教了儿子几句特殊场景下的"常用语"，重复得多了，儿子偶尔会冷不丁儿地自言自语冒出一句："老师，方一还要吃！"

然而，我们也不是没有犯过错误。一次儿子十分淘气，我很生气了，便吼道："你就闹吧，我把你送到幼儿园去！"话刚出口，便意识到犯了大错误，这岂不是要把去幼儿园与惩罚联系在一起吗？我忙说别的遮掩，幸好儿子没有留意。

正式入托的日子进入了倒计时，我们对儿子的新生活充满了信心。

然而，事情远远不如我们想象得那么简单，此后的三个星期里，一波三折，我们感受着一个幼小心灵所经历的初次磨砺。

入托后

毕竟是做了大量的思想工作，儿子对幼儿园的生活有心理准备，所以在最初几天，只是哭了很短一会儿，便去做别的事情了。他已经懂得，这份新生活是不可避免的。更何况，还有一份新鲜感呢。

前三天，我和妻子总是一起去幼儿园接送儿子，我是所有家长里第一个出现在教室门口的人。儿子入托的幼儿园，园长每天下午开大门时，也总是让新入托的孩子的家长先进。我们都懂得，这对孩子的心理很重要，如果他们看到别的小朋友先被接走了，心里会更难过。

儿子看到我那一瞬间的表情总是十分灿烂，让我久久回味。第三天的时候，儿子快乐地跳起来，兴奋地拍着手然后扎到我的怀里。

教师对于新生的特别关照是十分重要的。第一天入园的时候妻子将儿子交到一位姓曹的老师手里，那一整天中，儿子便紧紧跟在曹老师身后，寸步不离，还几次要求老师抱他。每天早晨到幼儿园，也总会有老师，甚至是园长走过来，一边俯下身笑着问他好，一边将他抱在怀里，说着话抱进教室。儿子以往睡觉总是要抱着妈妈的脖子，让妈妈拍。在幼儿园睡觉的时候，老师便坐在他的床边，儿子摸着老师的耳朵，在这样一种氛围中安详入睡。而我们在家中更是不断教他一首儿歌："幼儿园，真是好，老师待我，像妈妈。"所有这一切，都有助于在孩子的心目中建立对老师的亲近感觉，避免孩子突然离开妈妈身边时会产生的被抛弃感。

入托第一天，妻子便给儿子的口袋里放了一条小手绢，据老师说，他曾整天紧紧地攥着那条手绢。这时，那手绢已转化为一种来自母亲与家庭的安慰，给进入陌生环境的孩子以某种心理支持。

可以说这一切都是成功的，虽然儿子偶然也会哭几声，但没有出现强烈的反抗情绪，我们以为，儿子顺利地度过了这个过渡期。然而，事情在第一个星期五发生了突变。

那天，妻子像往常一样下午五点去接儿子，她吃惊地发现，幼儿园的门大敞着，而几间教室已经空荡荡了。妻子急步走向儿子的教室，教室里只有儿子坐在老师的膝头，听老师弹钢琴。儿子看到妻子，立即委屈得大哭起来，使劲拉着妻子要去卧室拿枕头，嘴里还一个劲儿地说："方一再也不来幼儿园了，方一再也不来了。"

原来，星期五中午便可以接孩子了，而不必像每天那样到下午五点钟。我们此前不知道这一点，以至于教室里只留下儿子，他那幼小心灵经历的煎熬可想而知。儿子哭腔着说："方一都等妈妈好几个小时了！"老师介绍说，儿子不断地问老师："妈妈几点来？"老师说："五点来。"儿子便会接着问："五点是几点？"

此后儿子每天早晨去幼儿园时都要大哭，哀求妻子不要送他去。我们曾经几次动了"恻隐之心"，想留他在家待一天。但是，我们终于还是坚持送他，一天也没有中断。我们知道，我们的一次妥协，可能就意味着此后将经历更多的曲折。要让孩子懂得，去幼儿园是一个原则，而原则是不能妥协的。

但是，我们一定要给孩子一些妥协的空间。美国一位儿童教育学家曾经说过，当你教育孩子的时候，一定要给孩子提供至少是两种方案供他选择，不要将他逼到唯一的绝路。比如，当儿子哭着不去幼儿园的时候，妻子会拿出两套衣服供他选，问他喜欢穿哪一套。孩子的心理虽然不成熟，但亦有完善的自我保护与自我调整机制。这种时候，儿子往往会突然要求穿两套之外的另一套衣服。这实际上已经说明他妥协了，而妥协的同时又给自己一种安慰："瞧，虽然妈妈坚持让我去幼儿园，但她同意我穿另一套衣服，说明她是在意我的要求的，是爱我的。"于是，他会在这欣慰与幸福感的支持下少一些伤心。

那些天，儿子总是会在寻找到某种"让步"的情况下突然不哭了，同意去幼儿园。比如他会突然要求不戴遮阳帽，或突然要求先在院子里玩一会儿。这些都可以成为孩子的条件，不妨答应他的这些"讨价还价"，因为孩子的心理正处于艰难的过渡期与适应期，他们有权利享有这些"讨价还价"。在这些非原则问题上，我们总是会顺从他，我们知道要给孩子一点回旋的余地，让他的心理有一个安慰。

孩子需要老师多多的爱

许多家长送孩子去幼儿园的重要理由往往只是：家长需要上班，幼儿园又可以学到一些东西。但是在我们看来，去幼儿园对孩子最大的益处是，使他们进入最初级的社会生活，学习与他人交往的技能，同时调整家庭生活与社会生活之间的冲突。

因为受精神分析学影响较深的关系，我们此前对儿子采取的是尽情纵容的家教政策，总是尽可能不对孩子说"不"，以免使他幼小的心灵受伤。我们不惧怕让孩子认为他是"家庭中心"，我个人反对那种认为"中心感"必将导致自我膨胀的观点。我以为如果对"中心感"正确引导，可以确立一个孩子的充分自信和自我成就意识，形成"我是唯一的，我是重要的"这种人本主义理念。

但是问题在上幼儿园之后出现了。在家庭中，儿子随时随刻都被关注着，被浓浓的爱包裹着。但到幼儿园后，一个老师面对十几个孩子，分身乏术，不可能总是盯着一个孩子。我以为缺少关注是影响儿子愉快接受幼儿园生活的最重要原因。但是，这又必须是儿子学会接受与适应的，因为社会毕竟不是家庭，我们必须让孩子懂得这之间的差别。从更深远的意义上讲，也只有这样，才能真正懂得爱的概念。

一天，幼儿园的肖老师告诉妻子，儿子中午吃饭的时候突然站起来满屋子跑，让他坐下后，他便一口不吃了，只是哭。凭着对儿子的了解，我们懂得，突然跑起来的儿子实际上是想吸引老师的注意，多给他一些关注，甚至是希望老师去喂他。这也是他平时在家里采取的方式。而当他的目的没有达到，反而被要求立即坐下好好吃饭的时候，他自然会感到强烈的失落，委屈地哭起来。

那天晚上，我和妻子的心情十分不好。我们知道老师们都是十分尽职的，问题出在我们的家庭教育态度与社会群体生活的冲突上。我甚至问自己："也许是我们的教育观点错了？"第二天，妻子去向园长请教，如何帮助孩子克服这种家庭与社会的冲突。园长安慰了妻子，并告诉我们，儿子的情况在同期入园的孩子之间还算好的呢。

那以后的几天里老师们显然给了儿子格外多的关注，妻子再接儿子的时候，儿子不哭了，快乐地笑了，甚至有几次说喜欢去幼儿园。当他奶奶问他哪个老师对他最好的时候，他竟然会说："肖老师！"但是，我们并不认为事情到此便顺利了，一个幼小心灵的成长是需要经历多种反复的，而且还会遇到各种各样的新问题。但我们开始学会平静地接受这一切，我们知道这都是儿子成长所必需的。

有意思的是，妻子一直不敢告诉老师们，她自己也是幼儿师范专业的毕业生，当过多年幼儿教师，还获得过"优秀教师"的称号。妻子怕老师们笑话她：自己是幼师教师，还不懂得如何带孩子。但问题是，理论是一回事，现实是另一回事，对别人家的孩子是一回事，对自己的孩子又是另一回事了。

儿子最激烈地反对去幼儿园的那一个星期，每天早晨都要在家吃些早点，而幼儿园的老师并不反对。妻子回忆说，自己在幼儿园当老师的时候，这是不被允许的。老师们会告诉家长，这不利于养成在幼儿园充分进餐的良好习惯，不利于孩子成长。但我们的亲身体验是，这种说法至少在孩子初入园的一段时间里是不大合适的，早餐时孩子们还可能在哭泣，往往不能很好地吃饭，所以应该允许在家中提前吃些东西。

每天下午等着接孩子的家长们站在园门口聊天，有的家长说，在美国，家长可以陪伴孩子在幼儿园里度过最初的一个月。这一个月间，孩子适应了幼儿园里的一切，从而更好地避免了出现中国幼儿孩子啼哭的这类问题。这无疑是一个很好的经验，据说北京某大学的附属幼儿园已实行这一方法，允许家长陪伴半个月。我认为这个方法十分值得在全国幼儿园中推广。

但这里还有一个隐患，如果不是所有新入托的孩子的家长都有这个条件，那么那些没有家长陪的孩子所体验的被抛弃感注定比现在还要强烈。但这又可以通过将不同条件的孩子分置于不同教室中而被避免。所以，肯定是利大于弊。

妻子回忆说，当她在幼儿园当老师的时候，有一个孩子曾回家兴奋地对家长说："妈妈，老师今天对我笑了！老师摸我的头发了！"老师任何一点细小的关怀，都可以给孩子幼小的心灵带来温暖。

孩子是真正的幼小者，所以世界各国的任何一种社会理论，在充分保护儿童这一点上都是没有任何异议的。这种保护绝不仅仅是充分的食品与医疗，**更重要的应该是使他们的心灵一直在温暖的爱的阳光中成长，使他们成年后是一个真正高度健康的人**。人类尚有的教育理论，实际上还有许多不完善之处，我们需要不断地探索，而这首先便要向孩子学习，因为他们最有权利告诉我们：什么是他们需要的。

死是睡着了吗

很多大人都认为，儿童应该被置于死亡的概念之外。大多数成人会用"某某永远睡着了"之类的短语向孩子解释一位亲人的去世，但是我觉得这样会让孩子害怕入睡，这也是一种逃避的方式，我不认同。

在我 3 岁的时候，我的父亲自杀了。与此有关，我从小便对死亡有着根深蒂固的恐惧，成年后更是执着于思考生命与死亡，在很多本书中都反复谈论生与死。曾经有一位朋友听我在电话里发了一通人生无常的感慨后，告诫说："你可不能对你儿子说这些呀，免得他的幼小心灵承受不了。"这朋友哪里知道，3 岁多的儿子早已对死亡的概念耳熟能详了。我说："我不要我的孩子再如我一样经历对死亡的无知与恐惧。"

在我看来，回避谈论死亡是一种弱者的表现，是一种无意义的逃避，正好佐证着我们对死亡的极大恐惧。死亡对我们心灵的影响，绝对不会因为我们不谈论它便减弱。而恰恰相反，如果我们正视它，以平常的心态谈论它，可以使我们更好地理解生命，也能够使我们更坚强地面对死亡。

我曾经认真地给儿子讲解，人是如何出生，如何成长，以及最终将如何死去的。我同时也总是说，正因为有死亡，所以我们应该更努力地生活。死亡的概念是如此深入儿子的心灵，以至于当我和妻子同他谈论到未来的时候，儿子会突然冒出一句："那时你们就该死了。"

儿子3岁左右时，一天他吵闹得太厉害，我和妻子都烦了，我便怒冲冲地说："如果没有你，我们多清静呀！"儿子听了，立即躺到地上，说："让我死吧。"

这情节让事后听到的人十分愕然，认为如此小的孩子不应该对死亡有这样的认识，而我当时却哈哈大笑，也一直当作儿子的小机灵讲给别人听。

一次，儿子和妻子有如下的对话：

"妈妈你什么时候死呀？"

"老了才死呢。"

"奶奶都那么老了，怎么也不死呢？"

"奶奶身体好，就不死。有病才死呢。"

"奶奶的手上贴创可贴了，怎么还不死呢？"

……

把死挂在嘴边，死便不再可怖，生便更有意义。

然而，儿子对死亡的感受，又并非一直这样平静。

儿子从小在郊区长大，后来，为了方便他上幼儿园，我们搬到了城里，郊区的房子也租出去了。从郊区搬出那天，我颇伤感，晚上哄儿子睡觉的时候，对他讲：因为照顾你上幼儿园方便，所以爸爸妈妈不再住那最喜欢的乡下了，也许几十年后的一天，爸爸妈妈都死了，你也老了，再回去住，那时会想起你小时候在那里度过的日子……儿子听着，脸上的肌肉开始抽动，嘴角一咧，一把搂住我的脖子，伤心地大哭起来。

这件事之后，我很多年不再轻易谈论死亡了。

读懂孩子的"谎言"

儿子尚不到 4 岁,我便多次发现他在"说谎"了。

明明是别人做的事情,他却说是自己做的;明明没有发生的事情,他也说得情真意切。

一天晚上,我应他的要求在一张白纸上画了几只蚂蚁。他拿着纸跑去找妻子,说:"妈妈,这都是我画的。"妻子夸他画得好,他又改口了:"这是老师画的,画了送给我的。"妻子又夸他,说:"一定是你表现好,老师才送的。"儿子便不住地点头。

我在旁边听着可沉不住气了,这小子不到一分钟就编了两个谎言。我刚要指责,妻子冲我挤挤眼睛,我便没有吱声。

妻子悄声告诉我,儿子并非存心要欺骗谁,他只是觉得那几只蚂蚁画得好,幻想自己也能画那么好,便不由自主地说是自己画的;又出于想从老师那里获得更多关爱的潜意识,谎称那是老师画了送给他的。这,便是四岁孩子的"愿望的达成"。

我恍然大悟,反觉得儿子的谎言里有了很多可爱的成分。

一天,儿子去卫生间小便,出来后对我说:"爸爸,我打死了两只蚊子。"

我很吃惊,问:"怎么可能呢? 蚊子哪里是那么好打的?"

"我就是打死了两只蚊子嘛!"儿子认真地说。

没过十分钟,他又对我说:"爸爸,我刚才在厕所里打死了三只蚊子。"

妻子下班回家后,儿子兴奋地向她报告:"我打死了四只蚊子。"

我已经哭笑不得了。

我自己去卫生间,发现不知从何处飞来了一种黑色的小飞虫,用手轻轻一抓便抓住了。我便叫来儿子,问他打下来的是否便是这种"蚊子"?儿子说,是呀,我打的就是这样的蚊子。

孩子并没有说谎,他只是没有搞清楚蚊子和这种奇怪的小飞虫的区别。

更重要的一个原因是,夏季的夜晚妻子曾多次空手打死蚊子,每一次都得意地对我和儿子说:"看看,我多能耐,你们得感谢我。"于是在儿子的心目中,打死蚊子便是一件伟大的事业,在他的自述中被击落的"蚊子"的数目不断上升,实则表现了一种渴望"建功立业"的抱负。

聪明的父母应该在这种时候给孩子恰当的夸奖。

有一次,儿子对我说,一位小朋友说瞎话被老师批评了,那小朋友一直说自己的爸爸是警察,于是全班的小朋友都知道他爸爸是警察,可他爸爸其实不是警察。

那位同样4岁的孩子为什么编造这谎言呢?联系平时儿子的言行,我立即读懂了那个孩子的心。

儿子在家里舞枪弄棒的时候,总是大叫:"我是警察!我是警察!"

可能在所有孩子的心目中,警察都是勇敢和正义的化身,他们会觉得成为警察是一种光荣,而拥有一位当警察的爸爸更是光荣。所以,便出现了"我爸爸是警察"的"谎言"。

孩子实在不应该因为这"谎言"而受到批评。

4岁的孩子是不会说谎的。谎言只属于成人。

真正的谎言应该这样定义:有意欺骗他人,以获取某种利益,损人利己,或损人不利己。而孩子们所说的"瞎话",显然不属于这样的谎言,他们尚不明白何为欺骗。那"谎言"只不过是幼小心灵的一种美好的向往,一种理想的寄托,表现了他们童心的纯净。

为人父母者,只有真正蹲下来以孩子的视角看事物,才能读懂孩子的

"谎言"，才不会无端地指责他们，甚至伤害他们。

于是我写下《儿子的谎言》一文，写完后便贴到了我的 BBS 论坛里，当天，便有一位网友"百合醉了"发帖子提出质疑，她写道："记得我小时候和你儿子有一次相同的经历，我和家里人说受到了某位老师的表扬（能受到此老师的表扬非常不易），当然实际上并没有。等我老爹知道真相以后，和我说：说谎不是好孩子，你没有受到表扬就表明你做得并不好，骗家里人没有意义，对你任何帮助也没有，而且你和家里人没有说真话是不对的。事后的一整天没有让我出去玩，算是对我的'教育'。我不知道我老爹这么做是不是完全对，不过那以后，我再也没有说过谎了。老哥，你觉得不揭穿这样的谎言对孩子的教育真的有意义吗？求解！"

我立即做了回复。

在我看来，无论儿子还是这位"百合醉了"，假称受到老师表扬都不是在说谎，还是那句话，"谎言只存在于成人世界中，孩子的内心没有谎言"。孩子们此类的"说谎"是上进心的一种表现，不应该打压。"百合醉了"的父亲因此竟然一天不许她出去玩，显然做得过分了，也许她再也不说"不存在"的事情了，但是，她的上进心是否同时也受到了打击呢？她对荣誉的热爱，对于被关注、被表扬的渴望，是否也受到了打击呢？

如果我的方法尚待商榷的话，我想"百合醉了"的父亲至少可以这样：一方面肯定孩子的上进心与对荣誉的追求；另一方面，告诉她，真的努力去做，就一定会受到老师的表扬。同时含蓄地暗示孩子：即使是完全出于好意而说"不存在的事情"，也不是一种值得称赞的行为。

不要担心孩子不理解你的暗示，他们的内心像雨后的天空一样洁净，他们都是小精灵，心里什么都明白。成人总是过低估价孩子，同时又过高估价自己。

不当场揭穿孩子的小把戏，是为了不伤害他们的自尊心与进取心，但是，这并不意味着以后无条件地鼓励他的小把戏。应该将他表现出的上进心在适当的时候以适当的方式进行引导。

而"百合醉了"的父亲的强行压制，推行了一种家长制的权威，这是不利于孩子从小树立民主精神的。同时也说明，传统教育注重表相，注重结果，而不关心人内心的成长。传统教育本质上是以成人的眼光看世界、看孩子，而现代教育理念是以孩子的视角看孩子，它注重的是人性的自由成长，而不是成人世界规范的维护。

　　从另一个角度看，不许孩子说谎本身也并不符合成人世界规范，因为成人一直在说谎，为什么孩子却不能说谎呢？

爸爸陪孩子"瞎玩" 好处多多

我每天下午去幼儿园接儿子，从教室出来后，总要先在幼儿园里玩一会儿再回家。

环视一下，90%以上都是女性家属来接孩子，男性屈指可数，而且多是爷爷辈分的人。

慢慢地，我便从观察中总结出家长同孩子一起玩的三种境界。最低的一种，也是最常见的一种，是"看孩子玩"，这个"看"字可读一声，也可读成四声。"看孩子玩"，即孩子自己玩，家长在一旁看管着孩子，免得他们摔倒碰伤，还有家长站在旁边聊天。第二种境界，便是"陪孩子玩"，或曰"逗孩子玩"，孩子是玩的主体，家长为了满足孩子的欲求，而陪孩子一起玩。第三种境界，也就是最高的一种境界，便是"和孩子玩"，即家长自己也对孩子做的游戏感兴趣，也喜欢玩，同样以孩子般的心态参与到游戏中来，家长也是游戏的主体，在游戏中和孩子的关系是平等的。至少每天下午在儿子的幼儿园里，我是唯一的真正和孩子一起玩的家长。和孩子玩，不仅家长受益，孩子的心灵成长同样受益。

幼儿园里有一组半米高点儿的石头砌成的小门，让孩子们钻来钻去。我便同儿子一起钻。那门对我而言太矮也太窄，我几次险些被卡在里面，只得手脚并用才能通过。这引得一些"看"孩子玩的家长的哄笑。我内心却挺骄傲的。

　　有一组铁栏杆圈出的迷宫，儿子每天都要在里面跑几圈。我则安排他从一个进口入，然后我站到另一个出口，让他选择最近的路线转到那里，而且中途不能误入死胡同。同时我自己也居高临下地找着最佳路线，有时竟然不如儿子身处迷宫之中找得准确。儿子成功地做了几次，我便夸他是天才。再以后他便开始逗我了，存心往死胡同里面钻，然后站在那里看着我哈哈大笑。我说："你仍然是天才，因为你可以成功地走弯路。"

　　也许因为我是唯一和孩子玩的大人，便也吸引了别人家的孩子的注意和好感。一天，一个小男孩儿攀上一个架子，然后大声叫我，炫耀地喊着："你看，我上来了！"我立即夸他："真棒，你真能耐！"那男孩子眼睛立即亮亮的，又攀爬到架子的另一边，又大叫我，我再夸他，他更高兴了，便让我看他从高处下来。这时儿子跑向另一个游戏器材去了，我便追过去，而这边的男孩子却不高兴了，大叫："你快来呀，快来看我呀。你不来我可就跳下去了！"他这么一威胁，可把我吓坏了，忙跑向他，又惦着儿子，一时分身乏术，心惊肉跳。

　　院子里有一组滑梯，是那种顶部有很大空间的滑梯，一天几个小朋友都聚在那里，但却不往下滑。忽然，一个小女孩儿认真地冲我说："我这里是315路，你上不上？"

　　我认真地问她："要买票吗？"

　　女孩子说："要。"

　　"多少钱？"我再问。

　　那孩子想了想说："二十、百。"孩子对钱的概念很模糊，所以会把"十"和"百"混在一起。

　　我说："太贵了。两块钱行不行？"

　　女孩子说："行！"

　　儿子则在旁边说："不行。这是358！"

　　358是我们回郊区的家的车，我估计315是那个小女孩回自己家的车。又一个女孩子在旁边喊道："不，是949！"于是三个孩子几乎报出了他们知道的所有车号，然后站在那里向周围大喊着，让大家"快上车"。我则一会儿问他们这车到哪儿，一会问他们爸爸妈妈坐车还要不要钱。一个男孩儿对我连叫"Good morning!"我则更正他应该是:"Good afternoon!"

我和孩子们玩得很欢,却不见了那几个孩子的家长,也许他们又跑哪儿聊天去了。

儿子忽发奇想,对我说:"爸爸,我这车没有司机,不用开就走。"

我问:"没人开怎么走?"

儿子说:"这是自动的。"

我说:"撞到人怎么办?"

儿子答:"人都在边道上,撞不到。"

我再问:"撞到车怎么办?"

儿子答:"车有轱辘,自己会转弯。"

……

爸爸陪伴的这种"瞎玩"有不可替代的教育功能,除了可以培养孩子的探索能力,最重要的是能锻炼孩子自主选择的能力。而且,爸爸的陪伴有利于孩子规则意识的建立。

爱阅读的孩子是这样养成的

搬新家后，我重新调整了书柜。

那是整面墙的八组十六扇开门的书柜，我将最靠墙的两组给了儿子。其中最下面一层，放着四岁多的儿子正在看的各种图文并茂的书刊，再上面一层，则是给少儿看的文字书了。再往上，放着中外文学名著三四百部。我自己是读那些文学名著长大的，装书架的时候，看着那一个个熟悉的书名，我不由自主地回想起当年读这些书时的美妙体验，一次次陷入激动中。

儿子早就知道将有自己的书柜了，第一天来装修好的新房，还没进单元门他便喊着："我要看看书架。书架在哪里？"

我便牵着他的手，到书架前，指给他看："这一层是你现在能够自己看的，这一层是妈妈给你讲的，再上面，是你长大之后看的……"

儿子看不到书架高处摆放的书，我便高高地举起他，让他看头顶那一排排的书。

我还告诉儿子："这整面墙的书柜里面的书将来都是你的，爸爸希望你喜欢它们。永远记住：读书越多越聪明、越出色，好孩子都是读书长大的……"

儿子有一本格列弗在小人国的图画书，而上面的书层里，有一本外国文学出版社出的全译本《格列弗游记》。

一天，我给他讲完图画版的格列弗，又抽出那本全译本，翻到"格列弗初到小人国"的章节，给他读了五六页，一边读一边比较着图画书中的情节，儿子听得十分入神。我因势利导："你长大后识字多了，便可以自己读这些大书了，这里面的情节更有趣……"

儿子从小便生活在图书的世界中，一岁刚过，妻子便开始给他"讲书"了。刚四岁的儿子已拥有100多本自己的书刊，许多书刊都被翻烂了。

儿子几乎从无撕书的习惯，掉的书页，都是无意中损坏的。儿子时常会要求我们将那些书"粘好"。

儿子爱书，他极少因为要买糖果之类的事情哭闹，却多次为了要买书而哭闹，有段时间路过报刊亭就指着封面花花绿绿的刊物要买。这时便需要给他大讲一番道理，说清楚为什么这里的期刊不适合他。

儿子喜欢听"讲书"，许多时候已到了成为我们负担的地步了。早晨醒来要讲几页书，他才肯起床去幼儿园；去幼儿园时也闹着要带上书；而晚上回到家更是一直缠着我们讲书；哄他上床的最好办法就是："快上床，然后妈妈给你讲书。"每本书都至少要讲五六遍才罢休。

有时儿子累得先睡着了，半夜醒来还会迷迷糊糊地说一句："妈妈，还没给我讲书呢……"

家里来客人的时候，儿子最淘气，但只要那客人给儿子讲书，他便变得极乖，不声不响地听，而且会很喜欢这位给他讲书的客人，事后很久都会提及。

儿子号啕大哭的时候，怎么劝也止不住他的哭声。我却发现，只需要拿来一本书坐在他旁边，自顾自地讲起来，他就会立即止住哭声，全神贯注地听，进而破涕为笑。

但我们也有担心。儿子虽然爱听"讲书"，却不肯自己复述书的内容。复述是锻炼孩子口头表达能力的绝佳办法，所以，我和妻子总是格外留意引导他复述。

有一次我诱导他："这本书爸爸已给你讲过许多遍了，该你给爸爸讲了。"儿子会立即洞察我的动机，说："我都忘了，我什么都不记得了。"

我便说："如果你都忘了，我不是白讲了吗？那我就不给你讲了。"

儿子慌了，便说："爸爸，我没忘，这个故事是讲……"

妻子自豪地说，两年多大量地"讲书"很见成效，儿子的思维能力与口头表达能力都比同龄的小朋友强。当然，这也可能是自家的孩子自己爱的关系，但有一点是可以肯定的：那便是自幼对图书以及读书的热爱，不可能对他的人生没有影响。

对此，我们总结出下面三点经验：

1. 父母每天用大量时间给孩子讲书，即便会累一些，但多付出一些关爱，多投入一些时间，从小培养孩子爱读书的习惯、求知的欲望，远比将来等他上学后不爱读书时再着急强得多。

2. 要不断夸奖孩子爱"听书"的习惯，鼓励他，使他意识到阅读行为本身也是快乐的，而不仅仅是书里的故事有趣。

3. 父母的以身作则很重要，如果问儿子，"爸爸最常做的事情是什么"，他一定会说"读书"。

一位朋友将家长对幼儿的教育分为两类：一类是定出严格的学习计划，带着去上各种培训班，等等，他称之为"训练"；再一类则并不要求孩子必须去学会什么，只是培养他对世界与生活的热爱，促进他性情的自由成长，从而增强他的学习兴趣，朋友称这种更良好的教育为"培养"。他说，我对儿子采取的方式显然属于培养。身教胜于言传，我无法想象有我这样一个整天捧着书的爸爸在旁边，儿子会不热爱读书。

搬家的第二天，儿子学会整理自己书架上的书了，他学着我的样子，将一本本书书脊朝外，排列整齐……

儿子像所有的孩子一样喜欢坐在爸爸妈妈的腿上听故事，而儿子拥有的故事书比其他孩子更多。同别的孩子不一样的是，我在给儿子讲故事书的时候，经常一边讲，一边批评那本故事书中的一些内容。

《灰姑娘》中，王子仅仅因为灰姑娘的美貌便爱上她，立即要娶她。我告诉儿子，爱情不应该这么容易就产生，美貌不应该是爱情的唯一理由，婚姻更不应该如此轻易缔结，这个故事有误导之嫌。

《白雪公主》是最受批评的了，我告诉儿子，女人的相貌在这里仍然被视为女人唯一的价值，而白雪公主为七个小矮人收拾房间、做饭，则塑造着女性家庭主妇的社会性别角色形象，而这是有碍于女性在社会中与男子享有同等地位的。

儿子似懂非懂，眨着眼睛。

我几乎从每一本故事书中都能够找出一些可批评的内容，而我感到遗憾的是，不得不给孩子买这些故事书，因为没有更好的书可以选择。

有一次，儿子深刻理解了我的批评，那也是一本外国童话，讲一个善良、勇敢的农夫去偷了一个魔鬼财宝。我说，可能原来的故事是好的，但做出图画书时可能是受篇幅所限，既没有交代这个魔鬼到底做了什么坏事，也没有说明这个农夫如何善良和勇敢，只是描述了偷别人财宝这个情节。我说，单从书的内容看，这个农夫是个小偷。

第二天，妻子再要给儿子讲那本书的时候，儿子立即将书扔得远远地，说："这是坏孩子的故事，方一不听。"

小小人儿需要理解、鼓励和赞美

不要误解孩子

搬到人民大学附近住之后,因为客厅很小,所以我们便将电视挂到了墙上两米多高的位置,免去了放在电视柜上不得不占用的空间。

正对着电视的是餐桌餐椅,正好可以坐在椅子上看电视。但儿子看电视时总是很淘气地站在椅子上,还在几个椅子间走来走去,不时还跳上几下。有几次他在椅子上蹦跳的时候掉下来了,被磕得青一块紫一块的。妻子反复告诉他不能站起来,他都不长记性,扭头仍然我行我素,妻子担心害怕,说话便严厉了。

有一天他在椅子上又摔了一下之后,妻子厉声呵斥他,还打了他。妻子严厉地说:"如果再看到你站在椅子上,就狠狠地打!如果三天后还没彻底改掉,就再也不许你看电视!"

妻子那天的样子很凶,她从来没有对儿子那么凶过。儿子被吓坏了。他小脸上的表情瞬息万变,害怕、尴尬、紧张。妻子训斥的时候,他的眼泪便在眼眶里打转了,但还故作潇洒地笑了笑,然后,又做皱眉生气状。妻子很心疼,但感觉必须这样了,站在椅子上看电视对孩子确实很危险。

这时，我本是想缓和气氛，却不合时宜地说了一句："你的表现好不好，都会被写到关于你的那本书里。"

这话可惹祸了，儿子压抑着的情绪终于找到了一个宣泄的对象，小嘴一咧，指着我说了声"他讨厌"，就号啕大哭起来……

但是，第二天看电视的时候，儿子又站了起来……

这件事让妻子很困扰，为什么孩子总是这样不听话呢?！直到她忽然间恍然大悟，对我说："原来因为儿子只有站起来看电视才舒服！"

架到两米多高的电视，我们坐在椅子上还得抬头看，何况刚到一米二的孩子呢?！

孩子并不是有意要违背母令，也并非为了边看电视边站着玩，而仅仅是因为坐着看电视需要过高地抬着头，让他实在不舒服。而站在椅子上，视线才与电视平行。所以，几乎完全出于本能，看得入迷的时候他就站起来了，忘记了妻子的叮嘱，并非因为淘气。而稳稳地站在那里又一定很累，他本能地活动着肢体，在椅子上晃来晃去……

我们误解了孩子！原本是我们的责任，却让他无端蒙受斥责，为不属于自己的过错伤心和掉眼泪。他还太小没有能力总结，没有能力为自己辩驳，甚至，他也说不清自己为什么一定要在看电视的时候站起来……

说到底，还是大人太主观了，以自己的眼光看问题，没有真的站到孩子的角度想一想。

当孩子不断犯同一件"错误"的时候，"屡教不改"的时候，我们大人就需要转变一下思维，看看是否有什么隐情没有发现，而不是简单地、一味地责怪孩子。

孩子其实并不想犯错误，大人教给他们的规则，他们也会本能地接受，何况重复多次的规则呢？如果他不接受，一定是这规则本身有问题。

鼓励的作用

儿子4岁生日过后不久，转到了新的幼儿园。刚到的时候，他有些认生，不喜欢和小朋友们玩，游戏的时候总是自己躲到一角，或者静静地看别人玩。新的幼儿园也有许多新规矩，是儿子在原来的幼儿园没有学会的，别人都会而自己不会，更加重了他的孤独感。但老师也太忙，无法向家长详细介绍每个孩子在幼儿园的状况，所以一开始很多情况我们都不知道，幸好这时幼儿园给每个孩子家长发了一个"联络本"，每个月交流一次，使我们多了一个帮助儿子度过最初的适应期的方式。

幼儿园要求所有孩子吃饭时都用筷子，而儿子此前从来没有拿过筷子。妻子便在家认真地教了他好几天，但他表现出一定的抵触情绪。后来孩子透露说，老师在吃饭的时候当着所有小朋友的面说他了："这么大了还不会用筷子！"这让儿子的自尊心很受伤。

我们意识到，孩子不能够融入新集体，有自身的原因，但同老师的态度也有很大关系，老师有责任对新来的孩子格外多一些关照。

妻子一方面加紧引导、训练儿子用筷子，另一方面也和老师打了招呼：儿子从小自尊心强，什么话都听得懂，而且往心里去，所以说话要留意一些。然而我们后来竟然从儿子口中得知，妻子同那个老师谈过之后，吃饭的时候老师再也不劝导儿子用筷子了，总是任由他用勺子，我们在家中的努力岂不前功尽弃了吗？

有一次，老师在交流本上写道，儿子午睡的时候穿衣、脱衣极慢，总是落在小朋友的后面。儿子回家也说："老师又批评我穿得慢了。"我们清楚，这些负面评价不仅影响孩子适应新环境，也容易伤害他的自尊心。妻子便在家里加强训练他脱衣、穿衣等方面的能力，每天早晨都对他说："像解放军一样起床，看看谁最快！"果然见效。

我们又在那个本子上给老师写道：儿子喜欢听表扬，当他在哪一方面做得不够好时，请老师表扬他几句，比如说："方一用筷子有进步了。""方一脱衣、穿衣的速度快多了，还要更加努力呀！"这样，儿子便真的会越做越好的。

这个小本子还给老师的当天，儿子回家时就兴奋地说："老师今天表扬我了，说我会用筷子了，还说我穿衣服也进步很快。"果然，那天儿子在家里以极大的热情，带着炫耀的姿态用筷子又吃了一顿晚饭（已经在幼儿园吃过了），睡前脱衣服时也不让妻子帮忙，而是一个劲儿地说："你看我有多快！"

妻子第二天见到幼儿园园长的时候，便表扬了那位老师，说在她的鼓励下，儿子进步很快。从那之后，那位老师见到妻子总是格外客气，对儿子也更耐心，更有爱心了，儿子很快便融入了新的群体中。

大人还喜欢被别人夸呢，何况孩子？

赞美他

我虽然三十多岁了，别人称赞我的时候，我还总是忍不住喜笑颜开。我认定夸奖是最好的老师，对于大人和孩子都是一样的，都可以鼓励人上进，所以，我总是和妻子一起寻找一切机会夸奖儿子。

儿子刚会数到5，我便夸儿子："你真聪明！"儿子学会说"YES"，我又称赞他简直是一个英语天才。儿子被夸了便眼睛冒光，美滋滋地再找事情做，让我们接着夸。有时做了某事，如打开一个结，剥开一粒糖，便自己跑到妻子或我面前汇报，然后问："我聪明吧？我是天才吧？"

幼儿园开了英语课后，我们总是为他学会的每一个单词称赞他，儿子便更喜欢学英语了，每天晚上都缠着妻子帮他复习学过的英语单词。

老师上课的时候，便让学习好的同学坐到第一排。儿子被安排在第一排，兴奋得很，回家说："我以后还要坐在第一排。"

称赞与奖励可以激发孩子的学习兴趣，从而使他真正热爱学习。

我自己也一直在学习英语，儿子便常翻我的书，问："爸爸，我长大了也可以看你这本书吧？"言传胜于身教，父母自己的行为是孩子最好的老师。

当3岁的儿子整天捧着英语书当"红宝书"的时候，一位比他大4岁的朋友的孩子却最不爱学英语，朋友又在少年宫给孩子报了一个周末的英语班。然而，孩子上课的时候总是东张西望，或低头摆弄偷带的玩具。朋友便很生气，有时打骂孩子，有时则向孩子哭诉自己如何含辛茹苦对他寄予厚望。不要对孩子讲述那些他们尚不能理解的东西，责难只会使孩子将学习与不愉快的情绪联系起来，从而产生厌学情绪，最可怕的后果可能是再也焕发不起学习的热情。这朋友的孩子不可能一个单词都没有记住吧？家长不应该责怪他为什么没有记住某些单词，而应该夸奖他记住了哪些单词。幼小的心灵更需要肯定、鼓励与呵护。

后来我读到一本畅销书《赏识你的孩子》，作者的观点与我不谋而合。书中有两个例子让我过目不忘。作者的女儿做作业，十道数学题只做对了一道，作者当即高声夸奖她："你真了不起，这么难的题都做对了一道。"一个男孩子用煤球将教室的墙涂上一片黑，老师当着全班同学的面夸奖他："所有的墙都是白的，多么单调呀，你真是天才，竟然想到要将墙涂黑，真有创造力。我相信你可以涂黑它，也就可以涂白它。"……

夸奖你的孩子，不要吝啬赞美的词汇，同时又引导他的自尊到正确的方向，他必将出类拔萃。

常被夸奖的孩子也会自然地去称赞别人，从而建立良好的人际关系。一天，儿子对我说："爸爸，你写了那么多书，多了不起呀。我觉得你真伟大！"

小小少年的维权意识

儿子一直知道我要将关于他的事情写成一本书,某一天我们谈到书出版之后的稿费时,儿子说:"这本书是我的,稿费都要给我。"

我说:"可这是我写的呀。分你一半吧。"

儿子说:"不行,没有我,你写不出来。是我分你一半!"主次关系,他的小脑袋里清楚着呢。

做家长的,这时切不可指责孩子太爱财,甚至批评他们"掉到钱眼儿里了"。其实,掉到钱眼儿里的只能是大人,钱对孩子的意义顶多是一些美食或玩具,他们还远远理解不了钱的意义。大人切不可以自己的眼光来看孩子的"贪财",否则就成了"以小人之心度君子之腹"了。这里的"小人",当然是我们这些"大人"。

从儿子对稿费的要求中,我只看到了他的维权意识。他充分地认识到,他对于这本书是多么重要,他是这本书成型的最重要角色,所以,在他看来,爸爸是写作者并不重要,重要的是爸爸写的是他的事,所以稿费自然要归他。

虽然这维权的范畴值得讨论,但是,这维权的意识要充分肯定。

如果说这是宠爱,我认为这宠爱只会有好处,让孩子从小懂得维护自己的权益,其实也就是懂得维护别人的权益,懂得公平原则。假设有一天,儿子也成了一名作家,要给一位名人写传记，这儿时为自己维权的经历一定会使他懂得，应该如何去尊重传主的权益。也许，一个守法的公民，就是这样从小一点点培养出来的。

我们从未有意地给儿子灌输理财观念，直到他 6 岁这年的春节。这年儿子大丰收，得了 1000 多元压岁钱。他和他奶奶一起看电视的时候，看到一档"如何处理压岁钱"的节目，奶奶的提醒使他意识到："我也有自己的钱。"

那之后儿子便多次和我们讨论如何处理他的压岁钱。以前春节得了压岁钱都是我们接过来，儿子看也不看，这一年，他总是抢着把钱接过来装进自己的口袋，而且不让我们染指。

在天津奶奶家过完春节，回到北京，我便给儿子立了一个"家庭银行存折"。在一张小卡片上写上哪年哪月存入多少钱，以及钱的来由，夹在一个小塑料夹里。我不仅将儿子这年得的 1000 多元压岁钱存了进去，还大致算了一下以前每年得的压岁钱，也都写了进去。总计起来，将近 3000 元呢。而且，显然每年还会增长。当然，儿子口袋里的钱也都交给了我。

我对儿子说："你将来长大了，怎么用这些钱，需要得到爸爸或妈妈的同意才行。"

儿子维权意识很强，立即强硬地回敬："不行！这是我的钱！"

我说："那你也要和我商量呀。"

儿子说："不是我和你商量，是你和我商量。"

我立即说："好吧，我们两人都同意时，才可以使用。"

幸好，儿子这次没有再提出"我的钱不需要你同意"的理由，而是认可了两人都同意才能使用的要求。我还郑重地将这条款写到了"存折"的背面，让儿子也签上了名字。

只是不知道等儿子成年后，是否会意识到，这也是一个"不平等条约"。

把不喜欢的事变成游戏

儿子去医院的时候总是不喜欢医生检查他的咽喉,不让医生将压舌板放进口腔。医生强行塞进去了,他便会死死咬住,甚至一把夺过来,讲了许多道理都不管用。妻子很着急。

又要去医院了,前一天晚上,我便找了一个切蛋糕的塑料小刀,和儿子玩"互相当医生的游戏"。我先让儿子当医生,检查我的嗓子。我乖乖地张大了嘴,儿子用小刀压着我的舌头,我认真地"啊啊",儿子很开心。我又让儿子认真观察我是如何做的,如何张大了嘴,如何摆放舌头,等等。

我告诉儿子:"以前医生检查的时候,你因为太紧张,总是把舌头伸出来,或者抬得很高,和医生压舌板的方向较着劲,这样医生压的时候,你自然会觉得疼、不舒服、恶心。而如果像爸爸刚才那样将舌头放低,顺着舌板的力量,就不会觉得有什么异样,而且也只需要几秒钟就结束。越是挣扎,医生就越看不到嗓子,时间越长。"

我一边讲,一边让儿子在我的嘴里一次次试验,同时做出轻松快乐的样子。

待儿子过足了当医生的瘾,我便要求检查儿子的嗓子了。这一次儿子没有拒绝,相反他觉得很好玩,乖乖地照办了,认真地"啊啊"着,瞬间检查就结束了。

我问儿子:"这次难受吗?恶心吗?"

儿子摇头。相反,还缠着我又玩了几次。

第二天去医院的时候,一切都简单了。那之后,儿子再也没有因为检查咽喉同医生挣扎过。

把孩子不喜欢的事情,变成游戏,在游戏的过程中,引导他们自觉自愿地、快乐地接受,这是一种好的方法。

"告诉我，但不要打我"——孩子的心声

一天，儿子自言自语地说："我要找一个不打我的爸爸和妈妈。"我们听了，心头一颤，惊住了。

我们是绝少打儿子的，因为儿子很少做出确实值得我们加之以拳脚的事情。幼小的孩子总是对的，他们对世界充满了爱，绝不会存心做坏事、做错事，即使他们真的做了坏事和错事，那也仅仅是因为他们不知道那是坏事和错事。

但儿子又是一个太活泼的孩子，活泼有的时候便会被解读为淘气，我们也难免打他几下。一开始，儿子是委屈地哭泣，不知从何时开始，他学会了反抗。

"不许打我！你不能打我！"他会以强硬的语气对扬起巴掌的妻子这样说，那幅严厉的神态，让妻子又气又笑。

妻子说："你犯错了，就要打你。"

儿子说："犯错也不能打！"

就在听到儿子自言自语要另找爸爸妈妈的当天，妻子同他认真地谈心："做错了事，不打怎么办？"

"你告诉我错了就行。"

"可是有些错误妈妈告诉你很多遍了，你还是不听，怎么办？"

儿子沉吟片刻，说："那我以后听了……"

这件事之后，到写这文字的时候快一年了，我们再没

有打过儿子。有一次我的巴掌扬起来了，挥了挥，自己落下了，惹得妻子在一旁笑。

当然，不要指望孩子的承诺会永远地落在实处，他们会忘记，重要的是，他们原本便没有认识到那些错误的性质。比如儿子总是爱拿晾衣竿在房间里挥舞，我们说这对他自己很危险，也容易打坏东西，说他多次这毛病也改不了。妻子索性让他拿到楼下去挥，他在院子里尽情地耍了一番，回到家便没有兴趣了，将那竿儿扔到一边不理不睬了。

儿子的平权精神一度发展到连我们的语气也要管束起来。大人在着急生气的时候语气带有责怪，他便会说："不能好好说吗？为什么这么横呀？"有时更进一步，直瞪着我们说："你不能这样对我说话！"

我们反省，这种时候往往是孩子并没有犯什么大错误，而我们因为不满意孩子的行为，再加上劳累等各种原因语气不好，如果是知道自己犯了严重的错误，儿子就会不声不响地保持沉默，任凭我们批评一番。只是事后，他会认真地搂着妻子的脖子说："妈妈，你以后能不能别对我那么厉害呀？"这让我们心底对他的爱怜更增许多。

对于孩子的这些表现，我们私下里是很高兴的，孩子具有了充分的民主意识，懂得反抗家长的权威，懂得维护自己不受伤害的权利。我们同样相信，这对于他未来的成长是极为有利的。有时我们气头上训斥过他，事后也会主动向他道歉，请求他的原谅。在这一过程中，我们自己也在成长着。

附：2016年年底，当我编校这本书稿时，再次读到这段，我的心都碎了。那个时候完全没有家庭暴力的概念，不知道这是针对孩子的暴力，更不知道这将多么严重地伤害到儿子。我自己在2013年开始反家暴的工作之后，才觉悟了，悔恨万千。做父母真是需要学习的呀！

我们一起经历"非典"

2003年4月,"非典"疫情明朗化之始,我们急急地将孩子送到了天津母亲家。

没几天,我读书的大学自行封闭了,我被封在校外。妻子工作的报社也轮休了。于是我们也去了天津,和母亲、孩子一起度过了一段时间。当时没有想到,半个月的天津生活,竟然使我体味到另一种人生的价值与境界。

母亲刚刚在天津近郊的一个新建小区买下一套复式公寓,装修好了尚未搬入,我们一家三口便先行住了进去。我带去厚厚一摞书,计划每天至少啃80页艰涩的理论。

但住进后才感到问题严重,左邻右舍都在装修,吵得根本看不了书。我被噪声逼得只好躲到屋外,却意外发现在小区里散步是一种享受。这是一个有着4000多平方米人工湖面的小区,可以荡舟其中;小区四处绿荫环绕,目光投到任何一个角落所见都是景观;网球场、健身房、儿童乐园、游泳馆、咖啡屋、壁球馆、花房等,一应俱全。

就这样,我开始了一种陌生的生活,一种完全不同于既往的生活。

我太习惯于紧张的生活了,总是给自己制订出一堆阅读或写作的计划,然后逼迫自己提前完成它们,从而为自己的勤奋、进取、敬业、惜时等诸多美好品德自我陶醉一番。紧接着,我又会定出新的计划,又逼自己更早地完成它们……生活便在这样的周而复始中度过了一年又一年，我确实因自己的努力而取得了许多成就，我也一直因此而自豪。

但是，我在那半个月被彻底改变了。

母亲每天会打电话给我们，一天她问儿子："你们天天都做什么呀？"儿子大声回答："睡觉、吃饭、看电视、散步。"奶奶又问："还有呢？"儿子再答："还是睡觉、吃饭、看电视、散步！"

确实，这就是我们一家那些天的全部生活。而最令我难以想象的是：我竟然乐在其中！

每天早餐后，携妻带子在小区里漫步，坐在湖边给儿子讲故事，和儿子一起在儿童乐园里玩沙子，午饭后午睡，起床后再到小区里漫步，或教儿子滑轱辘鞋，或滑船。晚饭后则躺在沙发上边看电视边吃水果，一看就是三四个小时。我从来没有这样看过电视，我们家的电视机使用率极低。

儿童乐园里有一个跷跷板，妻子和儿子坐一头，我坐另一头，竟然可以起落得很好；我用纸给儿子折了一条小船，放到湖中，沿着岸边追跑着看风如何将它刮到湖的对岸；儿子玩沙子的小勺，每天用后都藏在沙池的一个角落，根据周围事物设定一个记号，于是，每天儿子都可以玩一遍"找财宝"的游戏，某一天竟然找不到了，儿子很伤心，我则借口回家取水喝，悄悄地从厨房里拿了一个勺，"变"出来给了儿子一个惊喜；小区门口是一大片空地，有许多人专门来这里放风筝，我们也买了一个来放，等到放高了，交由儿子"掌舵"，但风筝在高处牵引力太大，他几次握不住线轴，风筝被刮跑了，我们一家三口便在后面大呼小叫地追……

儿子对小区里的路标发生了兴趣，我开始教他去认那上面的汉字。早就为儿子买过一套识字卡片，但生活的忙碌只教过他很少几个，此后的一些天里，我每天分三次，每次半小时，坐在阳光下给孩子上"语文课"。短短十天，他竟然记住了将近200个汉字，连我也颇有成就感，觉得将来可以当名好老师。

和儿子玩，便是我那些天的生活轴心，几乎忘记了计划中那一堆要读的理论书。意外地，我得以连续几天全身心放松地和孩子玩，将我的社会角色彻底抛到了脑后。这种原本是意外事件强加给我的生活，却使我陶醉其间。世界为我打开了另外一扇窗。我原本是知道这扇窗外是有风景的，但我一直对自己说，那风景不属于我，因为早在少年我便定下"要干一番大事业"的目标，因此必须放弃许多。但此时，我却分明被这平凡的快乐所包裹、浸泡、感染和感动。

因为常年住在北京，所以一年间见老母亲的次数是极有限的，在这个特殊时期，我却可以随时打一辆车，去找老母亲聊天。同母亲坐在一起，我仿佛又回到了幼年时光，回到了依偎在母亲膝下的日子里。看着苍老的母亲，好几次我的眼里突然涌出泪水，因为我想到，"非典"过后我们将再难有这样悠闲的相聚。我只能暗暗祈祷，让我的母亲长寿。对于孩子来讲，即使见不到母亲，只要知道母亲"在那里"，也是一种安慰。

妻子不止一次对我说："虽然你这段时间看书少了，但我觉得很幸福……"

有一则流传很广的故事，讲一个渔民在捕到足够当天吃的鱼后便躺在海边晒太阳，一个城里人问他为什么不去捕更多的鱼以便存更多的钱，从而有一天可以富裕到不必捕鱼而是躺在海边晒太阳，那位渔民反问道："我不是已经躺在这里晒太阳了吗？"我也开始质问自己这样一个问题：我不断地求"进取"又是为了什么？什么才是生活中最本真、最纯净的快乐？书是要读的，事情也是要做的，但是，我们是否真的应该将自己锁在上面，以至于连亲子之情都不能很好地享受？

五月中旬我们一家都回到了北京，暂时我仍没有获准返校上课，儿子也没有上幼儿园，妻子上班了，我成了一个居家带孩子的男人。我会将儿子看电视、午睡以及晚上睡后的时间用来读书和写论文，而在他需要我的时候，认真地陪他玩。他已经认识近300个汉字了，可以读简短的小故事，而且，我们还一起学会了在电脑上画画，我买回这台电脑三年多了第一次用它画画。

我在一旁提示着，儿子画了"爸爸妈妈和我"，那是一家三口在一个湖边拉着手玩耍的画面……

儿子还画了一幅"我和奶奶"，我将这些画通过电子邮件发给天津的老母亲，我相信她也正同我们一起感怀着那段"非典"时期的幸福生活……

现代社会被指责为将人异化了，我们总是以结果甚至数字来评价自己生命的价值，对"事业成功"的强调与追求成为重要的时代症。理性选择理论认为人总是要做出使自己支付最少、收益却最大的选择，所以，当一个时代下的整个社会都以"成功"作为最高利益的时候，个人难逃其扰。

交换理论家霍曼斯提出"成功命题"：个人的某种行动越是经常地得到相应报酬，他就越可能重复这一行动。而我们今天身处其中的社会，总是会对追求"成功"的人给予更高的报酬，而对于那些在平凡生活上投入时间与精力的人，则视为一种支付过多、回报过少的非理性行为。这样的价值观内化于我们的内心，便几乎无法不按霍曼斯的"价值命题"来行事：某种行为的后果对一个人越有价值，这个人就越可能采取该行为。

我们所尊崇的，是韦伯定义的工具理性，而非价值理性。但是，科恩又告诉我们，理性不能解决一切烦恼，所以人有时需要周期性地退回到强调亲属、宗教信仰等"象征"的生活中，成为一个"双向度的人"。

在"非典"这个特殊时期，某种意义上我从固有的社会生活中部分分离出来，因此也得以幸运地体味到另一种"价值"，一种更令我体味到生命本真的价值。

科学的性观念与性知识不容回避

新房子装修挑选卫生间墙壁瓷砖的时候,我和妻子便留意要挑选几块裸女洗浴图案的装饰砖做搭配,可惜一直没有找到大小及形状与其他墙砖配套的,只得放弃。

挑选客厅通往阳台玻璃门的玻璃时,我在玻璃店中眼睛一亮,发现了雕花与磨砂图案的玻璃,而具体图案可以自选。

我直接向店主索要裸女图案的花式,得到一个大样本,一页页翻看。

我最初圈定在几幅世界名画的仿制品上,如安格尔的《泉》,还有《大浴女》《出浴的维纳斯》等,但最后还是决定放弃。因为少年时曾立志要当画家的我,虽然最终无望成为画家,但对这些名画是耳熟能详的,早已在头脑中留下根深蒂固的印象,我担心雕刻玻璃的艺工有太多的走样,让我看着心里堵得慌。

最后我选定的,是一位长发裸女,一手遮乳,一手遮着阴部。

这画面也似曾相识,接近文艺复兴时期绘画中常见的维纳斯造型,好在并非明确模仿某一幅名画,即使艺工做得不好,我也可以将其理解为一种独立的创作。

选定了,心里便很高兴。这裸女,完全是为4岁多的儿子选的。

我曾写过一组谈性教育的文章，其中有一篇便提到，**家中应该摆设与孩子性别相反的成年人的裸体艺术品**，使孩子从小便打破对异性身体的陌生感。同时家长又可自然地由这艺术品引发进行性教育，从而为孩子讲述科学的性观念与性知识。

一位人体摄影师曾为我拍过一组裸体照片，儿子看到了，说："爸爸，你这些照片还真好看。"他甚至都不会对我没有穿衣服产生任何兴趣。

我想象着随着儿子的长大，会如何指着那个玻璃门的裸女同我进行一场父子对话：

"爸爸，为什么要把不穿衣服的女人刻在门上呀？"

"为了欣赏人体的美呀。你不觉得她的身体很美吗？"

"美当然美，那她为什么还要用手遮住乳房和阴部呀？"

"因为这个社会上还有许多人认为裸体是坏事情。人们把性器官看得过于神秘，总要遮遮挡挡，其实这些部位都是如我们的头、手、腿一样的器官，没有什么两样。所以，你要批判地看待这幅玻璃画……"

"我想知道她遮住的部位是什么样子的。"

"可以呀，爸爸这里还有许多本画册。"

"那为什么平时人们都要穿衣服呀？"

……

由这玻璃画引出的性教育可能还会进一步：

"那些思想不纯净的人会怎样去伤害裸体的人呀？"

"男人会去污辱和强暴女人。他们看到裸体首先想到的便是性。而事实上，裸体不等于性。"

"什么是性呀？"

"当两个人很相爱的时候，他们渴望更亲近对方，便会通过身体的接触来表达这种爱情。只有当这种行为是双方自愿的时候，性才是美好的。而且，性应该发生在 18 岁以上的成年人之间，因为性是需要为对方负责的……"

……

我坚信，在这样的性教育下长大的孩子，会是健康、负责的孩子。

儿子的"丰富性知识"由他 3 岁时的一则逸事可见一斑。一天家中正巧有客人来访，那客人同他开玩笑说他是由淘气的猴子变来的。儿子当即反驳说："那是绝对不可能的。"

客人先被他这大人般的措辞逗笑了（其实这完全是儿子模仿我平时说话的口气），问他是从哪里来的。儿子说："我当然是从妈妈肚子里出来的呀，你不也是从你妈妈肚子里出来的吗？"

对孩子负责任的父母，性教育应该从孩子小时做起。

虚荣心也值得鼓励

2004年1月,我告诉儿子,要写一本关于他的书,里面都是他成长的故事。儿子的维权意识很强,从一开始便认定这本书是"他的",一切权利属于他。"没有我,你写不出来。"成了他挂在嘴边的一句话。

我每次出新书,寄到家后,儿子第一件事就是打开看首页作者简介上面我的照片。这次,儿子明确告诉我,要把他的照片印到那里。我说:"那是放作者相片的地方。"儿子说:"我就是作者,这本书是我的。没有我,你写不出来!"

我问:"你为什么一定要把照片放到这里呢?"

儿子答:"因为人家就会以为是我写的,我长大了。"

我说:"可事实上不是你写的呀。把你的照片放那里,人家也会知道不是你写的。"

儿子仍然坚持要放那里。我心里明白,他总看我写的书上把照片放在那里,很可能是有些小小的虚荣心在作祟呢。这完全是可以理解的,虚荣心在很多时候是上进心的一种转化形式,或者说,正确地引导便可以转化为上进的力量,父母完全应该本着"宠爱教育"的原则,不要轻易批评、指责孩子的虚荣心,而要鼓励他们。

我对儿子说:"将来你长大了,自己也可以写书,那时再把照片放到那里吧。这一次,因为你是这本书中的主人公，比作者更重要，所以爸爸要把你的照片放到封面上。"

儿子不明白封面是什么意思，仍然强烈反对。我拿出一本霍金的《时间简史》，封面印的便是轮椅上的霍金。我指着封面对儿子说："把你的照片印到这里如何？"

儿子突然红了脸，说："不好意思。"

我说："没有关系的。"

儿子便爽快地说："那好吧。"

我又提出一个妥协方案："如果出版商不同意把你的照片印到封面，就把你和爸爸的合影一起印到作者像那里，好吗？"

儿子想了想，说："好吧。反正这本书是我的，没有我，你写不出来。"

我便利用这机会诱导儿子："所以你以后更要好好努力，多做好事，少犯错误，这样，爸爸的书里便都是你的好事，否则，如果写进了你的错事，多丢人呀。"

儿子咧嘴了："你不许写我的错事！"

我说："好的，只要你以后多做好事，我就不写你的错事。"

孩子的虚荣心就是这样被很好地利用的，好孩子也就是这样被"娇宠"出来的！

家长们必须清楚的一点是，**孩子们表现出的所谓的虚荣心与成人的虚荣心完全不同，他们不可能靠这虚荣心去欺骗和伤害别人，这只会增加他们"做得更好"的动力。**家长这时很好地引导，不仅可以把虚荣心变成好事，成为不断进取的一种资源，而且也有助于孩子成年后以正确的态度对待"虚荣""嫉妒"这些普遍被认为是负面的情感。

虚荣心，也应该加以鼓励！

同样是因为这本书，我们多了很多鼓励儿子的机会。我会时常对他说："你这件事做得真好，爸爸要给你写到书里去。"儿子便很高兴。

一天，我和妻子闲聊，说儿子长大了，也会很少回家来看我们的。

我问儿子："是不是呀？"

儿子说："不是。你写我那本书上吧，看见书，我就想起来回来看你们了。"

小宝贝的社交生活

上幼儿园后,儿子真正开始接触社会了,我们面临的问题便也多了起来。

每天下午幼儿园放学后,许多孩子和他们的家长都会在院子里玩一会儿才走,就这样,儿子便和一位小朋友的奶奶认识了。一天,那位老奶奶抱了抱儿子,临走时说:"奶奶明天给你带糖来。"

第二天放学后,似乎是老奶奶的心情变了,只给了自己的孙子糖果,没理睬也在一边玩耍的儿子。但儿子还记着前一天的承诺,拉着老奶奶的手说:"奶奶,方一要吃糖。"老奶奶说:"我没有了。"

与此同时,妻子也忙着将儿子拉开,告诉他不能向别人要东西。

但是玩了一会儿,儿子又突然跑到老奶奶面前,张着手说:"方一要吃糖。"老奶奶这一次很尴尬,终于从口袋里拿出一块糖给儿子。

回家后,妻子向我讲这件事,我告诉儿子:"不许向别人要东西!"儿子满脸困惑,说:"老奶奶说要给方一的,不是方一要的。"

我们立即不知道说什么好了。在儿子心中,老奶奶既然说要给他糖,便是一个郑重的承诺。我们知道实在没有能力向一个三岁左右的孩子解释成人的心理与成人世界的种种微妙之处。这就是他走近社会的开始。

儿子是活泼、好动、淘气的孩子，但是他不太敢和陌生人讲话。

妻子便有意识地训练他。

一次在肯德基用餐，妻子让儿子自己去找服务员要餐巾纸。儿子胆怯地不愿意去，妻子发现鼓励无用，便吓唬他："如果你不去，一会儿就不带你去玩了。"

儿子没有办法，不情愿地排到队伍的最后。妻子走过去告诉他，可以直接到柜台前要餐巾纸。儿子还是不敢。

这时，打扫卫生的服务员看到了，便主动拿了一些餐巾纸给儿子送过来。妻子谢了人家的好意，还是坚持让儿子自己去要。

看到他们在这里嘀嘀咕咕，经理走了过来，问是怎么回事。妻子说：想锻炼孩子与人交往的能力。经理便鼓励儿子说："你自己去向服务员要，我就会送你一件玩具。"

儿子的眼睛亮了，终于走到柜台前，怯怯地对服务员说："我要餐巾纸……"

那天，儿子得到了一套小挂饰。回到家后，我把它们挂了起来……

但是这样的鼓励效果难以持久，下一次，儿子还是会回避主动与陌生人交往。

另一个极端是，陌生人对儿子主动表现了友好，他便会立即回报以十倍的热情。坐火车时，只因为旁边的阿姨和他说笑了几句，他就会坐到人家膝头开心地玩上几个小时。这让我们很担心，不主动与陌生人交往影响了他的社交能力，但太积极地回应陌生人的热情又容易上当受骗，新闻媒体里拐卖孩子的报道总让我们胆战心惊。

我们总是利用一切机会鼓励、指导他应该如何与陌生人正确交往，但收效甚微。比如他口头上答应如果有陌生人哄逗他，绝对不会跟着走。但事实上，我们观察，他对陌生人从来没有警惕性。

也许，孩子真的太小了，对友好的表示进行回应是一种本能，而对没有显示出友好的人回避也是自我保护的一种方式？

做父母的，只能尽力而为，千万不要太勉强孩子，也不要太为难自己。让孩子们认识到如何与人交往确实是一件难事，让他们相信世界上存在着种种险恶更是一件复杂的事情。我们大人就真的会与人交往了吗？

　　担心可以，不断的警告与督促也可以，但还是要给孩子一个宽松的氛围。太勉强他们了，或者会使他们产生逆反心理，或者会使他们对他人与社会过早地产生压力感。

　　当孩子不会主动向陌生人求助时，就由父母帮他们吧。

　　当孩子不会提防陌生人时，父母就把眼睛再睁大些，替他们提防吧。

亲子之情可以治愈心理疾病

春节去伯父家串门，70多岁的伯父母正帮着堂妹带孩子，小家伙才两岁多，一歪一扭地走来摆去，着实可爱。我看着开心极了，想起儿子两三岁时，我们在郊区每天待在家里度过的快乐时光。我说："有时真希望那时光还能再来一遍，儿子长得太快了，还没有带够，就已经长大了。"我这话惹得正为操劳所困的伯父母笑了半天，事后还多次提起。

和孩子一起成长的时光，真的幸福。我仍然清晰记得在郊区度过的许多美好瞬间，扶着孩子在露台上学走路，教他辨别方向；晚饭后一起在院子里散步，听他突然冒出那一句句童稚的话语，看着他歪歪扭扭地学走路……

记得有一次，儿子大概两岁吧，他坐在洒满阳光的窗台上，我坐在窗前的地毯上，一边扶着他，一边痴痴地看着他，对妻子说着："这哪里是人呀，简直就是一件艺术品……"正说着，"艺术品"不知为什么抬起脚，踢了我下巴一下，疼得我大叫起来，惹得妻子哈哈大笑。

我常对别人说："家有小儿，其乐无穷。"

想到儿子有一天会长大，会离开我们，我便会觉得很失落。所以我多次和妻子说："也许我们只能盼着再带孙子了。"

孩子一天天地长大，不断带给我们更多的快乐，在我们看来，这才是人生中最宝贵的财富。

不知何时，儿子养成了一个习惯，每晚上床后都要喊我过去说说话，或识几个字。两盒买来的识字卡片教完后，我和他一起做了许多识字卡片。这一度便成了他睡前的主要功课。有时遇到相似的字，我便从旧卡片里找出形近或声近的字比较。

一天晚上，还是识字的时候，儿子忽然说："我的爸爸真的有耐心。"

我便说："明天晚上爸爸继续有耐心。"

儿子说："不对，明天晚上你就是超级有耐心的爸爸了！"

这话说得我和妻子都大笑起来，孩子得到了鼓励，那以后便不断地给我戴高帽子，头衔不断上扬，直到一天叫出："我的特别超、超、超、超级有耐心的亲爱的好爸爸！"

我紧张地复习考博那段时间，每天晚上孩子上床后那段亲子亲昵的时光，便成为难得的放松与休息。无论多么累，和儿子聊上几句，为他不断冒出的稚语逗得哈哈大笑之后，便轻松了许多。

"三位一体"是我和他之间的默契。我说："给爸爸来一个'三位一体'吧。"他便跑过来抱紧我的脑袋，在我左、右脸颊和额头上各自狠狠地亲一口，然后再来一个紧紧地拥抱。有时特意将亲吻改成"呸"，逗我开心。

我很累的时候，便对他说："爸爸累了，给爸爸治治病吧。"儿子便又会抱着我的脑袋上下左右一通狂亲，还说着："我一亲你，你的病就全好了。"

确实，和孩子相处，可以治病，抑郁、焦虑等，全都治了。

上帝赐给我们孩子，这是上帝赐给我们的最好的礼物。即使仅仅因为他带给我们的快乐，我们也不虚此生。

教育不能标准化

前面提到过，妻子因为担心儿子站在椅子上看电视摔伤而发脾气。妻子那次脾气发得很大，还有一个原因，就是那段时间幼儿园老师一直在向妻子告状，说儿子如何如何淘气。

别人排队出去玩，他却爬到玩具柜子上；别人都睡觉了，他不睡，坐在那里说话，老师不得不让他睡到睡眠室外面的餐桌上，以免影响别的小朋友。

老师意见的核心是：无论老师说什么，儿子就是听不进去。老师还问妻子："他怕你们家谁呀？"

这也就难怪那天妻子发那么大的脾气了。

有一天，我去接儿子，甚至连小朋友也向我告状："叔叔，他是我们班最淘气的孩子了，老师总罚他。那个书架本来就不稳，他还推，把书都推了一地……"

另一个小朋友也告状："他那天还踢我。"

儿子看着告状的他们，竟然显得很兴奋，十分得意的样子。

我想，儿子的自鸣得意，很可能是因为以往别人陈述儿子淘气的样子时，我们只觉得好玩、好笑，从来没有批评过他。所以他不知害怕，反而认为淘气是一件会得到父母以微笑作为奖赏的事情。

确实，在我们看来，儿子那些淘气举动都是孩子本性的自然流露，没有什么值得大惊小怪的。

但那天我还是警告儿子："再怎么说也不能踢打小朋友。"我吓唬他说，"如果你踢伤了小朋友，就要进监狱，永远见不到爸爸和妈妈了。"儿子看动画片明白进监狱是怎么回事，我这些话唬住了他，他一个劲儿地认真点头。

儿子从小便没有受过什么约束，刚换上的干净衣服就在屋里地板上随便爬，把椅子扳倒了在地毯上推，说是割草机，在家里四处跑来跑去大喊大叫，等等。我们都没有禁止过他。如果他把这套作风也带到幼儿园，难怪老师会感到头疼。

那几天一个劲儿地被告状，妻子便很有些沉不住气。

妻子问我："是不是我们的教育方法真的错了？他这样下去，是不是真的无法在社会上生存？他这不是已经在幼儿园里被列入'另册'，成为一个'问题幼儿'了吗？"

我说："孩子永远不会成为'问题孩子'，只有大人才会有'问题'。"

妻子另一个担心在于，老师让儿子到餐桌上睡，将他"特殊化"，时间长了会不会使他心灵受伤，或者变成"二皮脸"呢？

正好这时幼儿园发给每个家长一个交流本，我们便抓住了这个和老师交流的机会。面谈一方面可能没有时间，另一方面也难以说透彻，写成文字交流最适合了。

2003年12月1日，我在家长交流本上写下这样的话：

我们一直为选择转到人大幼儿园而感到庆幸。你们这里的教学与看护都更好，十分感谢！

方一很淘气，这与我们对他从小采取的教育理念有关：充分的自由，个性充分地发挥，尽可能不约束他的行为，使天性得以释放。

但我们近来也明显感觉到，这使他面临一个和社会主流规范如何协调的问题。老师向我们反映过他过于淘气，甚至也有小朋友向我们告状。所以，请相信：我们现在也十分困惑，如何既做到不约束孩子自由性情的发展，又使他学会社会交往之基本规范呢？我们也一直想找机会向老师请教这个问题。

我们完全理解因为方一太淘气，老师让他单屋睡等措施。但我们有一种担心：孩子是否会因此而感到被另类化，从而破罐破摔，更加肆无忌惮呢？甚至不再有自尊心了呢？这是我们的顾虑，提出来与老师共同探讨。

另一个需要向老师介绍的是，我们对他从小采取赏识教育，当他有不足和缺点的时候，更多是鼓励他改进，所以这在一定程度上养成了他"顺毛驴"的习性。当他做不好某事的时候，我们便夸奖他可以做得很好，比如他不好好睡个觉时，我们就夸奖他其实进步很大了，睡得很好了，一定还会更好。这就给了他一种被赞美的压力，自觉地向好处做了。

当然，这不一定是最好的教育方法，我们做父母的也在反思和探索中。

总之非常感谢老师的爱心、细心、耐心。你们每天要面对那么多孩子，关注每个孩子之不同是件很难的事情。向你们致敬了！

很巧，送回交流本的第二个周末，妻子带儿子去中国科技馆少儿馆玩，碰到了幼儿园的陈老师也带着自己的孩子去那里玩。两个孩子玩的时候，陈老师又和妻子认真地谈起儿子的教养问题。

妻子说："儿子在家里很自由，买来的橘子就当手榴弹往地下扔，玩够了再捡起来吃。"陈老师听着笑了。

陈老师反复强调的是，让孩子快乐很重要，所有家长也都疼孩子，但是，孩子以后毕竟要面对激烈的竞争环境，学校也都是应试教育，所以规则的培养对孩子以后是很重要的。

妻子回来问我："难道我们错了？"

我一直以为自己没错，但听听人家说的也有道理。我们不能因为要培养一个自由、快乐的心就置他可能因为太自由而不适应这个社会的风险于不顾呀？

但我和妻子的问题是，即使我们想改变教育方针也很难做到，因为我们自己就是太信奉自由的人，特别是我，自由惯了。很多细节可能在别人看来就是应该认真管教的地方，但我们注意不到，也意识不到。我们的观念将我们塑造成这个样子，如果我们自己的观念不改，又怎么能够改变对孩子的态度与方法呢？但是，我们这把岁数的人，改观念难了。

我用这样的话来安慰自己和妻子：也许我们错了，儿子过于自由和淘气了。但"淘气"的人长大了都有创造力，而且，儿子还没有淘气到我行我素、对其他人和事都不管不顾的地步，我们训斥他的时候，他也懂得害怕。这害怕就注定了他长大了不会犯法。一方面有创造力，另一方面不会犯法，我们就不需要对儿子的未来担心了。

我们这样彼此安慰了一番，回过头一看，我们仍然是在自己的观念和思维逻辑里面走……

告别幼儿园生活

2004年6月底,儿子在幼儿园度过了最后一个星期。

幼儿园也为大班小朋友举办了毕业典礼,还在网上建立了一个"校友录",当然了,都是家长代替孩子在上面"交流"。

毕业典礼那天,儿子和小朋友一起朗诵了送给老师的诗:

老师呀,我亲爱的妈妈
记得刚来幼儿园的时候
我哭着,闹着要回家
是您哄着我玩皮球、抱娃娃,
生病了,您守在床前,
淘气了,您告诉我怎样做个好娃娃。

老师呀,我亲爱的妈妈,
您带我做的小实验,我可喜欢了
我知道了小蝌蚪怎样变成青蛙
动物妈妈怎样带娃娃
天空为什么有彩霞
您还教我懂得了
轮船在大海里为什么不迷航

飞机在蓝天上为什么不失去控制

老师呀，您别看我的年纪小
可是我懂得您就是那辛勤的园丁
我就是那绿色的小芽芽
是您用爱和汗水培育我们长大
老师呀，收下吧
收下我们献给您的最鲜艳、最美丽的花

朗诵完诗下来，儿子正巧坐在李老师身边，便问："李老师，您有面巾纸吗？"

李老师问："你想用吗？"

儿子说："是，因为我都想哭了。"

这就是儿子的"煽情"。

最后这个月，儿子还靠着自己的"巧手"从老师那里得了一件最后的纪念品。那天，电视台来录节目，正确回答问题的小朋友都可以得到一把小扇子。在陌生人面前回答问题是儿子不擅长的，即使他知道答案，也会因害羞而不举手回答。

电视台工作人员走后，儿子却很羡慕得到小扇子的小朋友。李老师也有一把纪念扇子，儿子便缠着李老师说："我也想要扇子。"李老师说："你今天没有做贡献，不应该得到。"

儿子眼圈红了，眼泪在眼眶里打转，好在没有掉下来。

过了一会儿，有个小朋友拿着万花筒找到李老师，汇报说，万花筒坏了。李老师说："放那儿吧，等我有空儿修修。"

儿子听到了，不声不响地拿起万花筒，坐到小凳上，摆弄了一番，又粘又贴的，不一会儿就给修好了，向老师汇报。

李老师说："很好，你今天为幼儿园做出了贡献，所以，这把小扇子就送给你了。"

李老师把自己的小扇子送给了儿子，儿子开心地捧着玩了好几天。

我们准备在七月初去天津给我母亲过生日。妻子对儿子说："你就用这把扇子给奶奶当礼品吧。"儿子刚开始舍不得，三天后说："我想通了，决定了，就把那扇子送给奶奶吧。"

最令儿子欣喜的是，同样是在这个星期，我们发现在我家窗户外的窗檐下，竟然有一群蜜蜂安了家，结了一个蜂巢。小蜜蜂们每天起早贪黑，进进出出，儿子得以近距离地观察它们。儿子称之为"我们家的邻居"，还说："爸爸，以后我再不起床，你就说，小蜜蜂都起床了……"

在我们的计划中，七、八两个月留儿子在家，主要是为了有计划地帮他学习一下功课，培养好的作息和学习习惯。我们列出了课表，贴到了墙上。每天上午三节课，英语、数学、语文，前二节妻子当老师，后一节我当老师。儿子刚开始很为这计划兴奋，但对他来讲，坚持做下来太难了。

还没有上学，儿子便显出了偏科的迹象，识字能力很强，他也很有兴趣，特别是背唐诗，五律及七律中，我会背的他都会了，然后我和儿子一起学新的，儿子比我记得快，记得熟，即使他没有完全理解诗的意思。

同样是这个周末，儿子的语言能力让一位朋友很是吃惊。那天，朋友夫妇开车带我们去爬山，这是他们第一次见儿子，儿子经常语出惊人，让他们笑得前仰后合。刚爬山时，儿子做幸福状感慨地说："这就是享受人生的快乐！"再爬了些时候，又说："这就是充分享受人生的快乐！"

爬到累时，要下山了，朋友逗他："你为什么不享受人生的快乐了?"

儿子立即回敬："再爬下去，就是过分地享受人生的快乐了！"

这就是我们的儿子，一个在娇宠下长大的孩子，有许多不足，但也有许多出色的地方。也许，这就是每一个普通孩子的样子。

除了接受他，并且更加地宠爱他，我们别无选择！

开心时刻

花瓣

我们每周买一束鲜花，妻子怀孕后，我开始有意留下所有的花瓣，晒干后保存起来，准备给孩子做枕芯。妻子看着越积越多的干花瓣说："我们对孩子的爱，就像这花瓣一样与日俱增。"

行大礼

妻子怀孕七个月后,写作时最舒服的姿势竟是跪在地毯上,以床为案。她说:"我行这样的大礼,能写不出好文章吗?"

挟胎儿以令其夫

妻子想让我做什么事,不再直接表达愿望了,而是学了曹操,挟天子以令诸侯。总是说:孩子想让爸爸拿水来……孩子让爸爸把窗户打开……孩子想要鲜花了……诸如此类,让我推却不得。

快捷

我为儿子起名"一",对于说儿子名字太简单的人,我常如是答道:"考试时,你们的孩子刚写完名字,我的儿子已经做完两道题了。"

像谁

知道妻子生了儿子的人,都会问:"孩子像谁?"
儿子的奶奶总结说:"和他爸爸小时候一模一样。"
儿子的姥姥总结说:"和他妈妈小时候一模一样。"
我总结说:"原来我和妻子小时候一模一样。"

两缸鱼

我哄孩子的顺口溜是自编的:"青出于蓝胜于蓝,一(儿子的名字)出于刚(我的名字)胜于刚。"自鸣得意地说了多遍,却发现家中无人喝彩,而是一脸困惑。直到有一天我说得极慢,母亲才恍然大悟:"你这个大舌头呀,我一直听成了'鱼出一缸剩一缸',我还纳闷呢:哪儿来两缸鱼呀?"

不让心灵受伤

儿子对一切没有抓到手里摆弄过的东西都表现出强烈的兴趣,越是不让他玩的,他便越是执着地要玩。他10个月大以后,房间里的东西都被他玩过了,唯独没有让他玩过尿桶。于是每天便会出现几次这样的惊险镜头:儿子趁我们不注意便飞快地爬向尿桶,我和妻子则手疾眼快地拦住他。儿子很不高兴,每天不知要为此哭多少次。

我认为,孩子的要求得不到满足,会使他的心灵受伤,产生挫败感。于是便专程买了一个尿桶回来,专门让儿子玩。

当天,儿子便顺利地把那个"玩具"尿桶扣到了脑袋上,高兴地笑着摇脑袋了。

"存盘"

最令我痛苦的事情之一便是,电脑里写好的文章,还没有存盘,便发生了电脑故障或突然停电,使整篇文章丢失。

儿子八九个月大以后,哄他睡觉便难了些。妻子哄了好久,刚迷迷糊糊地要睡着,如果这时我发出一些声响,儿子便会立即大睁开眼睛,妻子的努力便前功尽弃了。这是最令妻子痛苦的事情之一,为此没少同我吵架。我一开始理解不了妻子此时的心态,妻子便说:"我还没有'存盘'呢!"

那以后,"存盘"便成了将儿子最终哄得进入深睡的代名词。

世界上最漂亮的女人

我拿回家一本《白雪公主》的彩色图画书,妻子一页页给儿子讲。讲到王后问魔镜:"谁是世界上最漂亮的女人?"儿子便说:"妈妈。"

"会议明星"

因为对物业公司的服务不满意,有一段时间,小区业主们经常自发集会,商讨更换物业公司的事宜。妻子每次都带着儿子去开会,儿子总是自始至终很安静地坐在那里,认真地看着每一个发言的人。有邻居戏称儿子为"会议明星"。一次,一位业主在会上激动地发言:"电线裸露在外,出了事故,谁负责?!"不知道儿子正在想什么,适逢其时地响亮地冒出一句:"妈妈。"

老虎吃草

我给儿子讲故事,讲到老虎吃小羊的时候,儿子急着摆手:"不吃,不吃。"我说："老虎不吃羊，吃什么？"儿子说："吃草，吃草。"幼小的心灵，容不得一种生命去伤害另一种生命。

给苹果上色

儿子的图画书上有一页是给苹果涂颜色，儿子一边认真地涂，一边说："不上色，不好吃。"

医生笑了吗

洗澡的时候，儿子指着妻子腹部的刀疤问："这是什么呀？"
妻子说："医生从这里切开妈妈的肚子，把你取了出来。"
儿子问："医生看见我时，笑了吗？"

爸爸的胡子

儿子说："爸爸的胡子没有虾的胡子长，所以爸爸不会在水里游。"

真淘气

小区里的湖面结冰了，一家三〇散步的时候，我回忆起自己小时候有一次从冰上走险些掉到水里的经历。儿子评论道："还真淘气。"

我有小宝宝了

我的肚子渐大，妻子便调侃我："你这里的孩子平时都快六个月了，吃饱饭就八个月了。"
儿子吃完饭后便拍着自己的肚子说："我这里都有小宝宝了，四个月了。"

谁的儿子

妻子和我谈论儿子的时候，逢到夸奖儿子时，都说"我儿子如何如何"，逢到说儿子淘气的时候，总是说"你儿子如何如何"。

儿子的纸

儿子总爱翻我的抽屉，我总是生气地不让翻。一次，儿子翻出一张写着字的纸,问我:"这上面写的是什么?"我看了看,说:"上面记着你说过的有趣的话,我有时间的时候会写成文章。"儿子拿着那张纸便走,我又生气地拦住他,儿子噘着小嘴说:"这是我的纸呀,怎么还不让我玩儿呢?"

"有趣儿的话"

儿子知道我总记下他说过的有趣的话去写文章,有时说了一句自以为很有趣的话,便对我说:"你留着写到书里吧。"

我和妻子哈哈大笑。儿子便瞪着眼睛冥思苦想要努力再说几句"有趣的话",但这刻意去说的话总是不着边际,如:"镜子怎么不走路呀""水瓶怎么不喝水呀",等等。

伤心与心热

朋友欧阳接我出去吃饭,儿子也要去,因为要谈事情,不方便,所以我就没带儿子去。我走后,儿子很难过,哭了好半天,对妻子说:"我可伤心呢。"

我是听着儿子的哭声走的,越走越不安心,便决定还是带他去,于是又返回来接他。儿子破涕为笑,说:"我的心热了。"

理想

妻子问儿子:"你长大了想当什么?"

我在儿子心目中的形象挺崇高的,他便说:"先当爸爸。"

动物保护主义者

妻子和儿子在农贸市场,妻子要买鳝鱼。儿子说:"我不爱吃。"妈妈说:"爸爸爱吃。"

称好后,卖鱼的便杀鱼、去骨、清洗。

儿子责怪地对妈妈说:"我不让你买吧,又杀小动物了吧?!"

不让爸爸伤心

2004年春节前些天,儿子便早早去了天津奶奶家,而我和妻子仍然在北京。奶奶问儿子:"你想爸爸吗?"

儿子说:"不想。我只想妈妈。"沉吟片刻,又说:"要不就想吧,不然我爸爸会伤心的。"

抽烟难看

奶奶带儿子去游泳池,给儿子找了一个教练。

教练抽烟,儿子皱着眉头说:"你怎么还抽烟呢?抽烟太难看了,快把烟扔了吧。"

教练忙把烟掐灭了。

泰山

电视上每晚播一集英国动画片《泰山》,不只儿子爱看,我和妻子也爱看。但很快播完了。一天,儿子和我一起去买去天津的火车票,听到前面的人买去泰山的火车票。儿子有些吃惊:"泰山去哪儿了?"

我解释说:"这个泰山是一座大山,不是动画片中的那个人猿泰山。"

儿子说:"我说为什么看不到他了呢。原来他死了,就成大山了。"

让我先笑够了

一天晚上,儿子赖着不睡觉,我哄他,说:"我给你一件礼物,你看了如果你笑了,就要立即睡觉。"

儿子被这游戏诱惑了,立即答应,但还没见到礼物,已经先忍不住笑得全身颤了起来。他忙捂上自己的嘴,说:"你先别拿出来,让我先笑够了。"

不像做爸爸的

每天睡前,儿子都要妻子"送几段故事"。一天儿子上床已经很晚了,我为了让他早些睡觉,随手就把灯关上了。

儿子气哼哼地从床上爬起来去开灯,还自言自语地说:"这哪儿像做爸爸的?!"

Chapter 2 📖
"中等生"

导 言

儿子小学那部分内容完稿之时，正值 2010 年高考过后，媒体有调查和总结，过去 20 多年那些身为"高考状元"的优等生，工作后都成绩平平，在任何一个领域中都没有杰出的人才，而那些昔日的中等生，许多人却成为精英人才。因为"优等生"太规矩了，可能丧失了很多创造力，而中等生一方面应付着规训，另一方面保有了自己的创造力。

儿子很看重我写的这本书，小学毕业后一直催我完成。他对文稿进行了"审阅"，甚至提出过"修改意见"，他说："你写老师不喜欢我，是不对的。很多老师喜欢我，有的老师还特别喜欢我，总训我的老师，有的时候也喜欢我……"

当得知我要命名为《我的儿子是"中等生"》，儿子一开始反对。我对他解释：绝大多数的孩子都是"中等生"，"中等生"不一定不好，"优等生"不一定好。

我还告诉孩子：规规矩矩、老实听话、成绩永远 100 分的"优等生"，你确实不是。你就是一个淘气活泼、经常惹祸、不听训教的中等生。但是，让父母自豪的是：你拥有太多的快乐，你保持了太多孩子的天性，你的思想是自由的，你的心灵是开放的，我们从你身上看到了潜在的优秀品质。今天的"中等生"，很可能是明天最优秀的人才。

我对儿子说：我要给"中等生"正名，让为人父母者、为人师表者，知道他们是杰出的好孩子，珍惜他们。

他同意我使用"中等生"的书名，但要求给"中等生"加上引号。这原本就是我要做的。

我们的社会，从某种意义上讲，仍然是一个充满等级偏见的社会，当我们使用"优等生""中等生"，甚至"差等生"这些名称的时候，就强加了污名与歧视。因为，我们通常是以学习成绩来做这样的划分的。

但是，凭借学习成绩的中等，就可以说一个学生是"中等"的吗？孩子的思考能力、创造力、人格整体素质，又该如何划分呢？

我们的教育体制，在对一个个幼小心灵进行规范的时候，在把他们往"等级"里面强塞的时候，又剥夺了多少快乐、自由心灵的成长呢？在"优等规范"下长大的孩子，保持了多少反思的能力、独立的精神，以及创造力呢？

当我们哀叹中国没有产生世界级的顶尖人才的时候，是否反思过：这个将学生按等级规训的教育体制，在这过程中发挥了什么作用？

从某种意义上讲，我很自豪：我的儿子是一个"中等生"。

在之后的内容中，您会看到，这是一个在父母宠爱而非溺爱下长大的"中等生"，这是一个生活中充满着爱的"中等生"，这是一个快乐的"中等生"，这是一个自由的"中等生"，这是一个思想开放的"中等生"，这是一个具有创造力潜质的"中等生"，这是一个完好地保存着纯净心灵的"中等生"，这是一个以思考的目光看世界的"中等生"……

这，就是财富。

2004年7月到2005年6月底，儿子在北京市海淀区一所小学开始了他新的生活。我们的"宠爱教育"，面临学校的规训，开始受到检验。而我们所面临的问题，和他上幼儿园时又完全不一样了。

同初上幼儿园时不同，儿子没有哭闹，更多的是兴奋。

每天早晨，或者是我，或者是妻子，骑车送他上学。下午放学再接回来。学校离住处并不远，骑车只需要十分钟左右。

整整一年，儿子都是轻松的，没有上过任何课外班，学校强调"素质教育""轻松教育"，儿子对上学的全部印象都是快乐的。常有人问他："上学怎么样？喜欢吗？"被问得多了，别人一张口，儿子判断出是同类问题，便直接答道："我很喜欢上学，上学很好玩，我学习很不错……"

其实小学前两年，儿子的学习成绩在班里都是中等，还是一个不守纪律的典型……

学前"混乱的一天"

9月1日正式开学前，有3个半天的"学前教育"。第一天，需要孩子妈妈陪着，分班，领校服，发教材，介绍老师，等等。

第二天，是儿子自己上了。中午我去接。老师领28个孩子到门口，逐一点名字，由家长领走。但是，留下了5个小朋友的家长，要"谈一谈"。

回家的路上，我问儿子："他们犯什么错误了。"

儿子说："第一个站到了课桌上，然后跳了下来。"

"第二个，在校园里的草地上尿了泡尿，还拉了泡屎。"

我已经大笑不止，孩子们真够可爱的。

儿子继续说："第三个，屎拉到裤子里面了，找家长，家长送衣服去了。"

"第四个，抓了只猫，扔到厕所的马桶里，又捞出来，扔了。"

我一边笑，一边不解地问："学校里，怎么会有猫？"

儿子说："谁知道它从哪儿跑来的。是我向老师报告的。"

我说："这一天可真够混乱的，那第五个同学犯了什么错误？"

儿子笑得前仰后合，说："这个可厉害了，太严重了，要拨打911了。"（家里谈论几次美国911事件令他记住了911，而没有记住在中国应该打110。）

"什么事呀，这么严重。"我问。

"我说出来你可别晕倒。"儿子说，"这事太难以置信了，说出来你都不信。"

"到底是什么事呀！"我着急地追问。

儿子大笑着说："有一辆汽车，没关门，有个孩子就打开车门进去了，油门也没关，他就开走了。结果撞死了一个人。他爸爸来了，赔了五万元钱。"

"啊，怎么可能呢，你骗我了！"我恍然醒悟。

儿子坚决不承认。我说："那我明天问老师去。"

儿子这才承认，说："你不要问，是我逗你玩的。"

"前面四个是真的吗？"我问。

"是呀。"儿子肯定地说。

我于是复述那四个故事，其中一个想不起来了，问儿子："你讲的第四个是怎么回事？"

儿子张口便来："砸镜子呀。"

我愣了："你刚才没讲砸镜子的事呀。"

儿子说："一面镜子，他把下半截砸碎了，但没有碰伤自己。"

我说："怎么会这样呀，一上午出这么多事，这学校岂不乱套了。"

儿子这时大笑："哈，都是我逗你玩呢。"

我问："那事实是怎样的呢？"

儿子说："有一个跳到椅子上了，这是真的，别人我就不知道了，你问老师去吧。"

我母亲来电话问孩子上学的感受，儿子说："有一个同学跳楼了。"又说："我们班在四楼（事实上一年级都安排在一楼了），他从四楼跳下去了。"

母亲对我说："这孩子，怎么说瞎话呢，说得像真的一样。"

我笑笑，不以为然。

妻子从单位打电话回来问情况，我又将儿子编的精彩故事讲给妻子，妻子也在电话里大笑。

面对儿子这样的"谎言",不知道其他家长是否也会如孩子奶奶一样紧张,担心孩子说谎,骗瞎话,学坏。但我们是不紧张的,相反觉得很开心,为孩子即兴的想象力叫绝。

母亲在电话里说:"方一这一点,就像你小时候!"

我读小学一年级的时候,课间便被一群同学围着,他们让我讲故事。我边想边讲,随口编造。那时候知道香油珍贵,就说,我们家用香油擦地板。家里地板下面黑黑的储藏间一直令我怀有向往和恐惧,于是我便对同学们讲,我家地板下面,一直通到地球中心……

孩子这样的"谎言",意不在于骗人,而正如儿子自己所言:"和你开玩笑呢。"这是无伤大雅的玩笑,成人大可不必敏感地认定:必须教训孩子,否则将来就会有更大的谎言。

小孩子这样的表现,是想博得大人的开心和关注,也是一种表演,更是想象。但是,我们的教育,却一向在不自觉中做着剥夺孩子这种想象力的事情。

欣赏孩子的玩笑,这其实便是想象力与创造力的表现。

入学前和爸爸来一次约会

8月30日，离9月1日正式开学还有两天，妻子正巧出差，只有我和儿子在家。

前一天临睡前，我就和儿子说好，起床后带他去中国科技馆玩。这是儿子第四次去科技馆了。

前三次去科技馆，有一次是妻子独自带儿子去的，另外两次是我和妻子一起带儿子去的。但是，我都是身在心不在。那几年，我在读研、读博，各种考试和写论文的压力都很大。所以去的时候，也带着一本书。他们母子玩的时候，我就在东冲西撞的孩子们身边找到一个相对安静的地方，埋头看书。

这一次不同了，妻子没有来，全部责任都在我身上，我自然要全身心地和孩子玩了。事先做好了这样的准备，心态也都调整好了：这一天什么都不做，只是让孩子高兴！

奇怪的是，放松心情陪他，就不觉得累。以前出来玩，会觉得累，因为着急。现在不急了，连书也没带，于是，我自己也感觉到了玩的乐趣。这，才是和孩子玩的最高境界，即成人和孩子同样快乐。

如此，成人的快乐与孩子的快乐才会相互感染，彼此才能更加快乐。

科技馆很大，许多地方只有孩子才能进去玩。儿子跑在前面，但又很依赖我，一会儿看不见就要找来，让我坐在他总能看到的位置。

从一楼到三楼，每一个器材和游戏项目，我们都逐一玩过来了。

电脑模拟驾车玩的时间最短，因为总有很多人在那里排队，排了很久，终于坐上去了，没一会儿又到了规定的时间，要让给下一个人。我感觉儿子没有玩够，我内心便感到有所缺憾，仿佛只有他在每个器材前都尽兴了，我心里才能安稳。于是我便总觉得欠他的，心里不是滋味。便说："给你买一个吧。"

儿子说："你骗我，多贵呀。"

想想也是，确实很贵，不可以因为一时情绪激动就忽悠孩子。于是我说："那就买一个电脑游戏吧，也是驾车的，虽然不能坐在摇摇晃晃的椅子上，但效果差不多。"

这一次，儿子笑了。

从早晨玩到中午，中午和儿子一起吃快餐，让他随意点自己想吃的，同样是一件大开心的事情。

午餐后，又看穹幕电影。

一场下来，意犹未尽。于是，又看立体电影"恐龙世界"。

这立体电影令儿子大喜，看过一场仍然是意犹未尽。我说："那就再看一次吧，但是钱太多了，爸爸不陪你了，你自己看行吗？"

儿子想想，应允了，又独自看了一遍。他没有独自看电影的经历呢，但这次他也没有害怕，我很放心。

就这样，从早晨到下午，整个科技馆玩了一个遍，实在没得玩了，才恋恋不舍地打车回家。

车快到家了，儿子突然说："到健身园玩会儿吧。"

于是，我们又在离住处不远的健身园玩了一个小时。

这，就是儿子上学前快乐的一天，充实的一天，也是我快乐和充实的一天。

孩子在长大，一天一个样儿，半年后就和现在不一样了。现在依赖父母，愿意和父母一起玩，父母就一定要抓紧这时间。以后孩子大了，父母想和他玩，他都不愿意呢。很快就会有一天，孩子放学后就会跑进屋把门关上，不愿与父母交流。所以，抓紧现在的时间，好好享受现在的美好时光吧。

每个阶段孩子都不一样,许多时候父母没准备好,孩子就长大了。有的父母那时会幻想、渴望孩子再像小时候那样依恋自己,但已经不可能了。唯一可以做的是,抓住现在,才是最现实的。别总为工作而奔忙,一定要挤一些时间和精力出来,和孩子在一起,陪他一起长大。

课堂上的"野"孩子

第一学期期中，班里进行过"学习小标兵"的评选。儿子没有被选上，回家和妻子说了好几次："太可惜了！"

于是，妻子便难过了好几天，同时也认为儿子难过了好几天。

到期末考试之后，老师通知：放假前一天去评"三好"，评后就可以回家。

那天，妻子便对儿子说："今天学校又不讲课，没什么重要事，你不要去学校了，我给你请假。"

儿子还有一些不愿意，说："我今天没病呀，我想去。"

妻子还是没让去。

我不解，说："就让他去呗。"

妻子悄声告诉我："'学习小标兵'没评上他就难过好几天，今天评'三好'，咱肯定评不上，不让孩子去受那刺激了。"

这事弄得我心里也非常难受。但我略感奇怪的是，儿子应该有自知之明呀，以他在学校的"活跃"，当不上"学习小标兵"是正常的，何以还会难过呢？

我们忽视的，是孩子的上进心。

同样被我们忽视的还有孩子对事物的判断，与我们的判断不一样。儿子可能认为：我从没做错什么，"活跃"

或"淘气"都不是坏事，不应该因为这个就当不上"小标兵"。

儿子有一个语文老师，还有一个英语老师。

语文老师是中国人，女性，50多岁；英语老师是美国人，小伙子，20多岁。

语文课上，儿子接老师的话，被老师批评了；英语课上，儿子接老师的话，不仅没被训，还被奖了一块糖。

这就是教学观念的差异。

回到家，妻子问他："英语课都讲什么了？"

儿子答："什么都没讲，只做游戏了。"

妻子总结说："咱们儿子之所以没评上小标兵，是因为在中国上学；儿子如果到美国去上学，就是小标兵了。"

中国的教育，说到底仍然最看重"规范"，而不是看重自由。最遵守规则的孩子是好孩子。儿子从来不是最守规矩的。

爱和信任是营养素

六岁半的儿子,第一次进医院拔牙。

还没轮到他,看到别人被固定在椅子上,如刀似剑的工具塞到嘴里,儿子就已经开始撇嘴了。

等候区,我和妻子各坐一边,又哄又劝,儿子才在惊恐中略有所安静。但到了让他坐到椅子上,还是恐惧地扭动着。

我和妻子仍然分别站两边,各握儿子一只手。妻子同时使用鼓励法加奖励法:"方一最棒了,拔完牙给买巧克力……""妈妈爱方一,方一要坚强……"我也说:"爸爸爱方一……"

医生也很温柔,和我们一起连哄带劝,终于拔完了。

拔完牙后,医生笑着说:"你们真有耐心呀。如果是我的孩子,我就告诉他:听话拔,哭闹也要拔!一定要拔!拔定了!"

这年轻的医生,一看就不像是有孩子的。做了父母之后,心都会变软。

儿子小时候,爬到家具上,谁叫也不下来。妻子便说:"妈妈爱……"儿子就下来了。

我工作的时候,儿子有时存心和我逗着玩,存心捣乱。我便说:"爸爸爱……"儿子就乖了,做自己的事去了。

原来，在孩子那里，父母的爱的表示，是有魔力的呀。

打骂没有力量，呵斥没有力量，爱才最有力量！

儿子总是懒得洗手，饭前让他洗，他也常是草率地冲一下，甚至不用洗手液。我们便总是盯着他。一次他进卫生间洗手，又是瞬间便出来了，我便问："没用洗手液吧？"他竟然急哭了，说："你们总是不信任我！"

我们还总担心他冰箱门关不严，当然也是因为有前车之鉴。一次他看动画片前去取冰激凌，他回屋后，我又去厨房检查了一遍冰箱门。看到关严了，我还表扬了他一句。他正忙着看动画片，瞥了我一眼，没说话。待动画片看完一集，广告时间，他有空儿了，想起这事，突然"哼"了一声，说："不高兴！"我很惊异地问他为什么，他说："你不信任我，还去检查我关没关冰箱门！"

于是，我知道，他会因为这"不信任"而伤心。虽然在我们看来，这事不能提高到"信任"与否的层次，因为偷懒不认真洗手和关不严冰箱门对于小孩子来说是正常的表现。但在孩子的心目中，则是达到不被信任的严重程度。父母无意中，就可能这样伤到孩子的自尊。

也许，我们可以小小地改变一下策略，比如，偷偷地检查一下冰箱门是否关好，而不必大张旗鼓地问孩子。

做到这些很容易，关键是要站在孩子的角度，相信他是有一些想法的人了，尊重他的自尊。在尊重的基础上，孩子可能就会真正做好这些事，那时就真的不再需要我们去检查了。

某个星期五下午，兴趣小组就要开展活动了。老师给孩子们提出三个选项：绘画、轮滑、计算机。老师说："你们自己决定参加哪个小组，现在就决定，这是你们自己的事，不必和爸爸妈妈商量。"

儿子选择了轮滑，还有一个备选的机会，选择了计算机。

当他回家后向我们宣布这决定时，我略有一些担心。我担心轮滑有危险。另外，幼儿园最后一年的每个周末他都在培训机构上绘画班，我内心愿意他继续学绘画，也许将来会有所成就。但是，我和妻子短暂地商量了一下，还是决定尊重孩子自己的选择。

事实上，日常生活中我们总是让儿子自己做决定，遇到事常提出一些方案让他选择。但是，这些选择都是在我们的关注下做出的，而且是我们设计的，设计的时候就已经排除了我们认为无法接受的选项。而这一次，却是没有我们在场的时候，儿子自己做出的。

孩子在做决定，这是成长的重要标志，我们要尊重他的选择（不涉及原则性的问题），即使这并不是我们希望他做出的选择。

分床：顺其自然+小策略

儿子和妻子睡一张床的年头，已经很长了。

从出生到上小学，一直睡一张床。

有些学者曾提出，孩子和父母睡一张床对孩子的身心成长不好，我一向是不以为然的。孩子喜欢和父母睡一起，是建立亲密感、获得安全感的一种途径，同时，也方便父母照顾孩子。

但是，儿子还是在不断长大，也不可能永远和我们睡一张床呀。总有一天，他要长大独立的呀。

在我们思考儿子何时应该独自睡自己的房间、自己的床时，主宰我们思考的，从来不是别的什么，而只是儿子的独立性。

我们也曾和他讨论过，何时自己一个人睡，儿子的反应都是立即表示强烈反对。所以，这件事就放下了。

在我看来，父母强行和孩子分床这件事本身，才可能给孩子带来不好的身心影响呢，才可能会伤害到孩子的心灵呢。所以，分床这件事，我从来就不着急做，我希望可以顺其自然，不让孩子感受到分离感的创伤。

一天，妻子从单位带回一套新床具，图案是卡通的，包括新的床单、枕套、枕巾、被套……

我们忽然想到，并达成一致意见：不要用，留给儿子，将来鼓励他分房时用。

给儿子的房间早早就准备好了，我们提早半年就将房间里的书架上的书都换成他的书了。儿子经常会去那里取书，慢慢地和那个房间建立"亲密感"。

通常，儿子都是等妻子上床后再睡，但连着几天，儿子很累，他自己洗完先睡下了。以前总是等妻子，现在不等了，这是一个进步。在这一基础上，一个周末，我们又和儿子谈起分床、分房。他竟然爽快地同意了，而且立即动手，将属于他的房间墙上的相框都换了，换成他的照片和他喜欢的贴画。那套新床具也被拿了出来。

那天晚上，儿子快快乐乐地进了自己的新房间，钻到被子里，抚摸着新床具，脸上都是灿烂的笑容……

一切就这样顺利地，甚至有些太简单地改变了。

出乎意料，竟然没有经历任何麻烦，许多父母和教育工作者担心的孩子和父母分床分房可能出现种种问题，而我们就这样完成了。顺利得让人不敢相信。

但是，想一想，也不难理解。我们一直把不要让分床事件伤害孩子的心灵当作最高的原则，在这一原则下，我们做了太多、太久的准备，一直等到一切都水到渠成。

孩子成长中的许多事情，就是这样，不必太急去做什么，而是先尽可能多地投入一些情感，多站在孩子的角度，而非大人的角度，去感悟他们的心，和他们一起成长……

"中等生"如何平衡自由与规训

放寒暑假后开学的前二周,通常是学生们最容易出现纪律问题的时候。这也很好理解;毕竟在家里放松惯了,重返校园,又要接受规训,还有一些不适应。

小学二年级的时候,儿子是班里最淘气的三个男同学之一。体育老师有一次称他们为"三个火枪手",这绰号后来就叫响了。

二年级开学的第一周,儿子就因为两件事挨了老师的训。

第一件事是因为上课玩尺子。尺子是新买的,儿子很喜欢,上英语课也忍不住拿出把玩一番。结果被老师没收了,同时让他下课去找老师。老师的意思很清楚,教育儿子几句,把尺子还给他。但是,儿子没有去。第二天,英语老师又让儿子下课去找她,儿子还是没去。这样一连四天,儿子就是坚持不去。显然,他不想听训。于是老师就给家长打电话,妻子就拉着儿子的手去找老师,听了训,承认了错误,领回了尺子。

第二件事是因为中午休息时出了校园。老师反映的情况是:儿子和同学去学校的地下室玩,那里直通小区的会所,儿子便强拉同学去了会所的书店。而儿子声称,是同学让他去的,而不是他强拉同学去的。谁是祸首的问题搞不清楚,但大家普遍相信是儿子强拉别人去的,因为这似乎更符合他平时的风格，何况那书店更是他的最爱。自然，又被老师狠训。

以我们的眼光看，上述两件事，真的没有很严重。学生上课玩尺，应该也可以听讲。现在的许多大学生上课还一边手里摆弄着东西，一边听讲呢。至于连续几天不按老师的要求去"谈话"，是孩子的一种惧难和回避的态度。而拉着同学去书店，也不能算坏事。只是，老师显然是担心走地下室危险。

儿子是"大错不犯，小错不断"，最常见的便是上课说话，做小动作。在我看来，这完全是因为在家中过于自由，所以到集体规范的学校中便有些不适应。老师曾经问妻子："你们家里，谁能吓住他呀？"妻子很困惑地想："为什么要吓住孩子呢？"我更进一步地想：现在学校中的集体规范，真的都有利于学生成长吗？或者仅仅是为了管理方便？

一面是完全自由的天地，一面是严格的集体规范，而由前者到后者，只是由家到学校步行不到十分钟的路程。所以，读小学二年级时的儿子还没有学会在这二者中求得平衡。

个人自由与集体规训之间的矛盾，仍然这样一直困扰着我们，特别是困扰着孩子。学校就是让人学会被集体规训的地方，但在这个学习的过程中，我们有时会担心孩子，多了一些僵硬，少了一些活泼的天性。而活泼的天性，一直被我视为创造力的源泉。

老师说：每次批评儿子的时候，他都非常紧张，很害怕的样子。有几次我或者妻子被老师请去，坐在一旁听训，看到儿子的样子很可怜，脸上肌肉紧绷，双手紧贴裤线，紧张地颤抖着。甚至，儿子双脚扭来扭去，竟然把鞋子给蹬掉了。这又成了他的一条罪状，老师说儿子不尊重老师，在老师批评的时候竟然脱鞋。而我知道，他那是高度紧张的缘故。

但是，紧张归紧张，一旦出了教师办公室的门，儿子立即换个样儿，一分钟内就变成笑脸了。

上小学一年级后，儿子多了一个咬手指的习惯，被批评的时候，紧张的时候，因某事焦虑的时候，就会咬手指，很久才慢慢改掉。

小学二年级时，又多了一个吹气的习惯。一紧张，便微张着嘴，向外吹气。起因于一次某老师让儿子站在身边听讲作业，儿子呼气，吹到老师脸上。老师便很生气，说儿子没有认真听讲，还吹气玩。结果那之后，儿子吹气的毛病就落下了，一紧张就吹气。

这些小动作，在经常被老师训斥的学生那里会时常出现。想想是很令人担心的，孩子的心灵在这个过程中可能会受到伤害。

老师批评儿子时，他害怕、紧张，是真的在害怕与紧张。但换个情景，他立即把这些烦恼抛到脑后，也是真的抛到脑后了。即使是一通恶训，也留不下什么心理阴影。心理素质真是好！

这也难怪，老师有时说儿子是"两面派"，批评他的时候颤抖着认错，转过头又和同学们闹成一团。

有老师说到点上了：方一太单纯了。单纯，换个角度看就是傻，傻到不懂得这个世界的游戏规则。但也正是靠着这单纯，靠着这"没心没肺"的傻，幼小的心灵才可以不受伤害，多享受一些快乐。

我们只能在家庭中给孩子加倍的爱，以减缓那些外来压力对他心理的负面影响。

老师批评完儿子，向我们告状，我们十次里有九次是不会再责怪他的。有时还安慰他，表示理解。十次里有一次，会批评他，或惩罚他。

这是一件非常矛盾的事情，让我们也很纠结。本来，孩子犯的错，从来不是什么大错，都是一些小的"自由"之举。如果换一种教育理念，也许本来就不是错。但是，在这个社会中，在这个体制下，你不规训他，别人就会规训他，而别人规训他的时候，是绝不会像父母规训他时那么客气的。

我们惩罚儿子的方式，包括：回家后不让看电视，不让吃原来每天一盒的冰激凌。但是，这样的惩罚往往不会坚持做到，每次我们批评他后，他都会很乖，我们就心疼了。过两三个小时，通常会主动提出补上冰激凌。

但电视，一直没让他看。

不让看电视后，儿子便疯狂看书。最快的时候，十万字的一本小说，一个晚上就可以读完。

我提出放寒假时奖励他200元钱去买书。他很开心。但我错误地提出条件：如果在学校被老师留校一次，就要罚掉40元。

儿子立即委屈地哭了。说："本来我也没想买，你这样给了又罚，存心伤害我是吧？"

他这样一哭，我的心就难受了，立即哄他，改为：200元是给定的，但如果一直不被老师留校，就涨到300元。

　　儿子破涕为笑，还有些脸红地说："不好意思，涨50元就可以了。"

　　看来，奖励比罚款有效，更能让孩子接受，也能让孩子快乐。

"曝露法"的作用

老师向妻子反映：儿子连着两个星期"故事会"时间都借口去上厕所，出去好长时间不回来，后来老师发现他一个人跑操场上玩了。

所谓"故事会"，是儿子所在班级设立的，每周一节，让同学们每人上台讲一个故事。

妻子便很着急，问儿子为什么旷课。儿子支支吾吾，说不出所以然来。

我似有所悟，便试探着问儿子：你是不是不愿意讲故事？儿子点头称是。

我便确认，儿子借口离开教室，并不是真的出去贪玩了，而是他在回避让他讲故事这件事。他担心下面就要轮到自己了，所以就借口跑出去了。

回忆我自己小时候，也曾非常怵头在众人面前讲话。我和儿子讲起自己的经历，甚至在我20岁的时候，见到熟人还不知道该如何打招呼，常常低头走过。我对儿子说：那是因为在我的成长过程中，一直被学校和社会边缘化，家庭中也因为我3岁便丧父，个性的成长受到很大的影响。但是，儿子在父母的百般呵护下，在孩子总体上都受到关爱的社会中，他应该更加自信才对。

我告诉儿子：其实所有人在众人面前讲话时都会紧张，我现在有时也会紧张，你的同学也一样会紧张。紧张很正常，但不能逃避，第一次很难，以后就会越来越容易。

我给儿子讲我自己的成长经历：一点点学习在众人面前讲话，有过紧张，有过失败，但是很快便发现这件事是如此的简单。直到今天，已经到大学里以当众讲话为业了。

听我讲我自己的成长历程的时候，儿子感觉很新鲜，他瞪大眼睛看着我。他心里一定在想：原来爸爸也曾和我一样。

这是教育中的"曝露法"。当孩子因为某件事表现出不自信时，成人告诉他们：成人也和他们一样。当孩子发现这其实是所有人的"不足"，而不是他自己的"缺点"时，他的自信心就会被逐渐唤起。

这是刚升入小学二年级的儿子。这时他的不自信很大程度上与当时班主任老师经常批评他有关。

一个孩子在学校自信心的建立受多方面因素的影响，家长没有办法很快改变许多事情，但是，我想，我们可以具体改变"讲故事"这件事。

于是，下一周的"故事会"之前，我便和儿子一起选择一段故事，我绘声绘色、手舞足蹈地讲给他，他看我讲时笑得前仰后合。轮到他讲时，我特别说明，不需要像我那样手舞足蹈，只需要讲出来就可以。这也是一种循序渐进。

我和妻子不断鼓励儿子。他每讲一遍，我们都为他喝彩。就这样，在我们的鼓励中，儿子讲故事的水平迅速提升了。

那之后，没有再听到老师反映儿子在"故事会"时"逃课"。他开始在众人面前讲故事了。但是，我清楚，他肯定不会像在家里讲时那么自然，那么自信。这种自然与自信的获得是需要一个强有力的支持环境的，而这，只能假以时日了。

后续的故事是，到五六年级的时候，儿子已然非常自信，而且有时表现得似乎过于自信了，在学校和老师交谈的时候有来有去的，有时甚至让老师都感觉不舒服了。这是后话。

长板的带动作用

儿子从三年级开始，出现了进入"主流社会"的迹象。

一年级的他总被批评、留校、请家长，二年级的他成为"三个火枪手"之一。他的学习成绩也一直在全班的中等位置徘徊。

二年级下学期被请家长的次数大幅减少了，而且，一直作为中等生不显山不露水的儿子，还多了一个露脸的机会。

为了鼓励学生们读课外书，老师每周统计每个学生的阅读量，要求带着读后的书去学校，书上还要有家长的签名。然后老师算出每个学生读了多少字，在教室后面墙上贴了一大张纸，画出山的形状，每读一万字就升高一级，把每个学生的名字贴在相应的级上，名为"书山有路勤为径"。毫无疑问，儿子一直排在最前面，后面一个同学距离他有很多的空白台阶。到了三年级，儿子已经到了"山"的最顶上，不得不为他换一座"山"了。刚开始"爬书山"时，儿子还有些兴奋，后来渐渐觉得无趣了，因为没有对手。

对于全班阅读量最大的角色，儿子说："别的同学不是羡慕我，是嫉妒我。"后来老师终于不做"阅读山"了，儿子说："他们一下子轻松了，因为嫉妒我的东西少了一项。"

在守纪律方面,儿子也有所进步。学画画的时候,儿子可以真正静下来,一动不动画一个小时,这点让老师特别喜欢。但是,画好之后,他便开始在教室里四处乱逛,玩开了,有时还搞一下恶作剧,弄得别人画不了。即使在渐入"主流社会"之际,他仍然是一个不守规范的孩子。

到了三年级,儿子也开始被老师表扬了,比如作业完成得好,每次考试成绩也能进入班级前十名。

每天放学回家,儿子进门就坐到桌子前,拿出书本开始写作业,全都写完才去玩。有时放学时,我去接他,想领他在院子里玩一会儿,他马上说:我要回家写作业了。

与此同时,老师也时常表扬儿子作业写得好。这之后,儿子的学习成绩,一直保持在班级的前30%,偶尔还能进入到前10%。

一年级的时候,儿子总是和几个非常淘气的孩子在一个梯队里。班里有一个非常出色的男生,成绩永远在前三名。每提到他的时候,儿子就会用故作不屑的语气说:"他那个大能人。"而到了三年级,再提到这个男生,儿子有时会兴奋地说:"他竟然比我低了3分!"

每一次考试后发卷子的时候,儿子会和周围的同学偷偷比,看看他与别人的差距。

有一次,儿子数学考了100分,全班只有两个人考了100分。回到家,儿子拿着试卷自己看了好几遍,睡前还说:"给我拿来,我要再看看,我不太相信我能得100。"显得非常高兴和开心。儿子的这份快乐,远比他得100分更让我们高兴,因为,从他的快乐中,我们看到的是他的上进心。

让我们有些意外的是,那个淘气的、成绩中庸的儿子,在我们没有任何特别的督促、教育之下,渐渐进入"主流社会"了。

在这之前,我们记忆中没有因为他是中等生而同他生气着急过,没有因为他的考试成绩不是最优秀而批评过他,我们甚至从来没有要求他一定要考前几名。但是,对人生理想,对事业心,对进取心的影响,显然是在日常生活中潜移默化地进行的,正所谓"身教胜于言传"。

而老师的那个"阅读山",无疑也起到了很大的作用。帮助一个中等生看到了自己的优势,看到了让别的同学"嫉妒"的地方,从而他的自信心、进取心也都被唤醒了。

　　当一个孩子在某一方面受到鼓励、积极向上的时候,他整个人的状态也都会发生改变。

评"三好学生"：帮孩子种下愿望

一年级放寒假前，妻子因为担心儿子评不上"三好学生"心里难过，评"三好学生"那天便没有让儿子去上学。到了三年级，虽然儿子有进步，但离"三好学生"的要求仍然遥远，寒假放假前要评"三好学生"那天，妻子又不想让儿子去学校。

这一次，儿子反抗了。事后他写了作文，现摘放在这里，通过他的视角来看看整个事件吧：

今天是放假前的最后一天，早晨，我第一个起床。我去叫妈妈做早饭，可没想到，妈妈说："今天没有课，你不用去学校了。"

我一听就急了，非要去，又哭又闹。爸爸就劝我，说，妈妈说不去，就不去呗。

我焦急又小声地对爸爸说："今天要去评'三好'！"

爸爸担忧地说："妈妈就是因为怕你今天评不上'三好'，受打击，才不让你去的。"

见我有些委屈，爸爸耐心地说："同学们不是管你叫'淘气大王'吗？体育老师还说你是班里'三个火枪手'之一。"

我说，评不上"三好"，我还能评上"二好"和"一好"呢，因为我学习好，体育好，还是全班读课外书最多的读书冠军。

爸爸一听就高兴了，说："很好，你这是有上进心的表现。"

爸爸和妈妈说了。我又问妈妈，为什么眼睛长在前面？妈妈说，当然是为了走路呀。我说，不对，是为了向前看，永远努力向前走。妈妈听了很高兴，夸我有上进心，也支持我去学校了，还说我给她上了一堂小课。

妈妈给我做了香喷喷的早饭。我走之前，妈妈又安慰我："评不上也没有关系。"

中午回到家，我告诉爸爸，根本没有"二好"和"一好"，只有"三好"，所以，我没有评上。

但爸爸还是夸了我，说我已经是"二点五好"了。

寒假过后，开学第一天，老师就发给每个学生一张卡片，让他们写下自己的愿望，称之为愿望卡。

儿子同我讨论，是不是可以写上想当"三好学生"。我说，当然可以了。我告诉他：定出来就有目标努力，定的目标高，实现不了也没有关系，但会做得更好。如果目标定得低，努力的程度也就低，达到的境界也就低。

班级评"三好学生"的时候，是同学们一起投票，前五名便当选"三好学生"。我对儿子说：你现在的目标是前五名，以这个目标去努力，你即使没有成功进前五，也可以进前十。如果你的目标定的是前十，结果就可能只能进前二十。所以，目标要定得高，努力要做得多。

第二天早晨，我开窗户，正听到儿子学校的广播里，校长在讲话，讲到愿望卡，校长说："种下一个愿望，收获一份成功。春天农民播种，我们播愿望。"校长还提到实现梦想的四个要点：1. 从小事做起；2. 坚持不懈；3. 寻求帮助；4. 树立信心。

重要的不在于是否评上"三好"，而在于帮孩子种下愿望。告诉孩子：努力总是好的，成功与否并不重要，重要的是自己做了，自己成长了。

需要说明的是，儿子一直到小学毕业，都没有评上过一次"三好学生"。但是，儿子一直很认真地向往，又一直很坦然地接受这样的结果。他这种良好的心态，让我们有些吃惊。

我们一直担心评"三好学生"这件事会伤害到孩子积极进取的心，会打击他的热情，看来是我们成年人过虑了。

儿子五年级的时候，我曾试探地和他交流过对"三好学生"的看法。儿子回答所透露出的成熟，又让我很吃惊。他当时说："'三好学生'只是一个标签，我觉得我不比评上的差。"

儿子，在我们的心中，你一直都是"三好学生"！

阅读的潜力

一年级暑假的时候，正值我们都比较忙，常不在家。儿子自己在家里每天抱着电视看，去厕所都以百米冲刺的速度跑来跑去。到暑假后期，我开始培养他阅读的兴趣，希望能够以对阅读的兴趣取代看电视的兴趣。

改变是从一点点做起的。我先拿出《格林童话》《安徒生童话》，要求他每天读 20 页，然后逐步增加，到 50 页、80 页、100 页……刚开始的时候，儿子非常不情愿，看完规定的页数就跑去看电视。但是很快，不到一个星期，书中故事对他有了更大的吸引力。他开始主动地去读更多的页数……

我们又适时地不断夸奖他，告诉他：阅读使人聪慧，看电视则使人丧失思考的习惯。同时我们以身作则，自己完全不看电视，只看书。家里有几千册藏书，我很多次和儿子站在书架前，讲述我和妻子小时候如何爱看书的故事，向他描述书籍是如何改变我的人生的。这些都在强化他心目中关于阅读的价值。父母的榜样作用是非常重要的，儿子看电视的时间在一点点缩短，二年级开学之后，他就很少看电视了，后来他每个星期只是周末看不到一小时的电视，他已经在书中找到了足以取代动画片的乐趣。

二年级的时候，正巧班里开展了读书统计，在教室墙上贴出"书山有路勤为径"的板报，读书多的人名字就不断向高处贴。儿子很快就成了第一名，并且一直保持下来。这一荣誉感也极大地鼓舞了他。我们在家里不断夸奖他对阅读的兴趣，来了亲朋，也首先会夸他爱读书。称赞的作用是强大的，到二年级暑假放假之前，我们统计过，儿子已经读了约400万字的书了。

四年级时，儿子在作文中这样写道："我有一年没看电视了，我的字典里没有了'看电视'这个词，而是'阅读''读书'这两个词打败了'看电视'这个词。我从以前不爱看书变成了爱看书，爸爸妈妈也从以前的想让我多看书改成了想让我少看些书，多参加体育活动，锻炼身体。"

确实，儿子对读书太痴迷了，已经令我们开始担心他的视力，有时他一天便读完一本10万字左右的小说。由一开始我们劝他多读些，到现在我们劝他少读些以保护眼睛，这过程是一个由量变到质变的过程。

我们没想到的是，孩子阅读的潜力竟如此巨大。我们一开始只给他儿童读物看，后来不断提升图书的"档次"，再后来他已经开始读纯文学名著了。我的一个经验是：千万不要低估孩子的阅读能力，他们的理解和接受力有时超出我们的想象，更不是我们少年时所能比的。

儿子读书的第一阶段，可以说是读纯粹的"小孩书"，像著名童话。一开始看的是故事性强的，到后来，我们就有意识地引导他看文学性强的，如买了一套近20本的"国际大奖小说"，虽然也是儿童文学，但文学性很强，不再以故事取胜。再如马克·吐温的《汤姆·索亚历险记》《哈克·贝里芬历险记》，也都读的是全译本。

第二阶段，我们引导他读"成人书"，一套《福尔摩斯探案集》，约130万字，儿子小学二年级暑假期间用两个星期便看完了。刚开始给他读时，也担心他读不下去，读不懂，没想到他翻开就放不下。再如《人类未解之谜》，是我自己二十多岁时买了读的书，儿子读起来照样全神贯注。

四年级时，儿子的阅读已经进入第三阶段，即读真正的文学名著了。家中的大书架里有一个架子全是外国文学名著，他读的第一本文学名著是《汤姆叔叔的小屋》，扉页上写着我于1984年购买的记录，那时我26岁。给他读这书时，我有些迟疑，担心他读不下去，没想到他读得兴趣盎然。我又将适合他的文学名著挑出一堆，摆在书架的最前排，向他描述阅读这些书可以使他如何聪慧，这又使他充满了对阅读前景的渴望。

2007年夏天，儿子读了5部长篇文学名著，他写了一篇作文，记录这段日子：

这个暑假，我读了《西游记》（上、中、下），共84万字，还读了杰克·伦敦的《海狼》，还有著名的《鲁滨逊漂流记》、《堂吉诃德》（上下卷）、《斯巴达克斯》（上下卷）。这些都是"全译本"，不是给小孩看的"缩写本"，这些全加起来有250多万字。

我看《西游记》的时候非常羡慕孙悟空高强的本领和力量。他一个跟头能够翻十万八千里，还可以驾云，比猪八戒和沙和尚还要快三分。而且他还能举起定海神针金箍棒，重一万三千五百斤。而且他的一根毫毛，不仅什么都能变，还可以收回来。还有他自己也有七十二般变化，最后还成了"斗战胜佛"。我非常喜欢他百战百胜、克服困难的精神。

我看完《西游记》之后，和爸爸说：我只要有孙悟空的一项本事，我就很满足了。要不我可以腾云驾雾，那我去新疆就不用坐飞机了，一个跟斗就翻去了。要不我可以把身子缩到苍蝇那么小，又可以变得和巨人那么高。但我最喜欢的就是用一根毫毛就可以变任何东西。我和爸爸想，我们可以用一根毫毛变一座银行，那座银行有世界第一大沙漠那么大，而且装满钱。我们再用一根毫毛变个飞机，飞机里有飞行员，我们坐着飞机逛自己的银行。

我还喜欢《鲁滨逊漂流记》，因为鲁滨逊到了一个荒岛上还不绝望，生存了18年，后来还遇到了星期五和他做伴。

堂吉诃德是个疯子，但是我却觉得他很好玩，因为他活着的时候深信骑士事业，可他要死的时候却说骑士事业是胡言乱语。

《斯巴达克斯》是讲起义的事。那个时候的角斗场，现在已经被评选为"新世界七大奇迹"了。

我读的这些书都是爸爸20多年前买的老书，爸爸看，我看，还可以留给我孩子看，代代相传。高尔基说得好：书籍是人类进步的阶梯！

儿子最喜欢收到的礼物，就是书了。2008年春节过后，他写了一篇作文，讲了收到书这一礼物时的兴奋：

我常会收到一些来自长辈的礼物，有吃的，有玩的，但我最喜欢的还是书。食物吃掉就没了，玩具很快就没吸引力了，但书不一样，它们可以进入我的精神世界，成为我生命的一部分。

我的书架里已经有200多本藏书了，其中有许多是长辈们送的，当然还是爸爸妈妈送的最多。有一本《夏洛的网》，是我7岁生日那天妈妈送我的，讲了一只蜘蛛和一只小猪的故事，蜘蛛为了不让人杀掉这小猪，就织了一张网，上面织出"天降神奇猪"几个字，人们惊呆了，小猪不仅保住了命还成了大明星。后来蜘蛛死了，小猪很伤心，为它挖了一个坟。像这样的故事我7岁时读不懂，但到了10岁再读，就被深深感动了。

今年春节，姑姑给了我一张天津图书大厦的购书卡作为礼物，里面有500元钱呢。初一下午，我就和爸爸妈妈兴高采烈地去购书了，我们一共买了28本书，装了一小手推车，像富人一样，其中有20本是人民文学出版社出版的"世界儿童文学名著系列"，刚到家我立即如饥似渴地读了起来。

但我更羡慕爸爸，他有整面墙的大书架，至少有四五千本书呢。许多是他小时候读过的，他说都会送给我做礼物。我也要保存好所有的书，送给我的孩子。

书是人类进步的阶梯，所以，我最爱的礼物就是书。

爸爸说，大人们给我礼物，说明他们爱我。但不给我礼物，或者给的少，并不等于不爱我，或爱我少。他们祝福我快乐、健康成长的心，是一样的。

阅读改变人生。儿子上一年级的时候，非常淘气，经常不守规则，在班里有"三个火枪手"之称。那时老师经常放学后留下他。但到了二年级时，他就已经很少被老师留校了，老师偶尔还会表扬他一下，说他进步很快，不再经常犯错误了。而三年级之后，他从来没有被留校，老师还经常表扬他。我和妻子在家里戏称，儿子到了三年级已经进入"主流社会"了。在我们看来，这一转变至少有两层因素，一方面是班主任老师经常鼓励他，孩子们在鼓励面前都会更加积极主动，另一方面便是阅读的影响。书中的故事帮助孩子更好地培养荣誉感和进取心，使他们思想更为丰富，而当一个孩子头脑丰富、学会思考的时候，他自然就会少犯一些错误。

孩子读书时，父母也可以适时引导他们。儿子看希区柯克悬念小说集《人类的天性》，书中多是因财而谋杀的案子。儿子看后，说："这本书讲的都是人类的天性，人类的天性就是想赚钱。"我适时地引导他，说："人类的天性是贪婪，人要控制这种天性，要靠自己努力工作赚钱，不能犯罪，否则没有好下场。"儿子若有所思地听着。

回头反思，培养儿子阅读习惯所带来的正面影响，远远超出我们最早的预期。

阅读是培养孩子思考、成长的一个重要方式，它的影响绝不仅仅是阅读能力，而是自我意识的全面提升，是人格的全面成长。

阅读，增加了孩子的自信心。一次，老师让以"××能力我最行"为题写篇作文，儿子便写了"阅读能力我最行"：

阅读能力我最行，我早就不读"画书"了，我现在只读"字书"。我自己有一个书架，里面四层都放满了书，其中两层还放了双排书。我从小学一年级暑假开始读"字书"，现在已经读了40多本了，还不算杂志。

我是读书小能手，我今年暑假读了20多本书，而且全都是"字书"，每本少的有七八万字，最多的一本60万字。2006年7月1日到8月10日，我就读了147万字。爸爸给我买了一套"国际大奖小说"（10本），我每天读一本。

我爱读书。爸爸说，爱读课外书，视野就会开阔，就会更聪明，也会更了解世界。开始读书后，我进步很大，这就是我要夸自己的。

有时，我们经常会为儿子突然冒出来的几句话感到吃惊，为他突然做的一件"好事"感到惊异，因为我们从来没有告诉他应该这样说、这样想、这样做。解释只有一个：阅读在改变他。

妻子少年时代，也非常喜欢阅读。她说，她是通过读书来了解世界、理解社会的。也许，儿子也渐渐进入这样的境界。

儿子剥了瓜子先给姥姥、阿姨吃，把好吃的最大的给妈妈爸爸，然后再自己吃。我想，这些应该都是从书中学会的。当然，我们更看重的，是孩子的上进心的提高、荣誉感的增强。儿子在三年级"渐入主流"，与读书有着不可分割的联系。

家长对孩子进行的"教育"，可能不直接有用，反而是孩子自己在阅读中体味到的，更能被他们所吸收。

发现别人优点的孩子自带光芒

儿子班里有一个同学 Z。Z 是"三个火枪手"里的一员。

Z 曾转学走了一年，后来又转回来了。Z 转走的时候，同学们都说，他上课爱说话，还爱打人、骂人、踢人。一有同学表现不好，那个人就会被大家称为"Z 的后代"。Z 仿佛成了一个不可救药的孩子，总是被老师批评，同学们也都不愿意理他。

但是 Z，一度很喜欢和儿子一起玩。我们也鼓励儿子和 Z 玩。

许多家长，会规定孩子不许和某某同学玩，因为那同学学习不好、淘气，等等。但我们认为，所有的孩子都是天使，孩子的心灵是最纯净的，如果有成年人多给他们一些爱，他们都会快乐地成长。

儿子的一篇作文，记录了他和 Z 度过的一个下午：

我们到小区广场，这时正有车展，我们一看就兴奋了。Z 带着我，我们把广场上的车挨辆都坐了一遍。他坐驾驶位，我坐副驾驶位，装模作样地像在驾驶，又蹬脚踏板又转方向盘的。但意外发生了，其中有一辆车没有拔车钥匙，Z 一不留神就把它启动了，幸好旁边卖车的工作人员手疾眼快给熄了火，不然可就有好戏看了。

我们虽然挨辆车上，但是每上一辆车之前，Z都很有礼貌地问旁边的工作人员："叔叔，我能上去吗？"我想，如果是我一个人来，我肯定不会问，更不会上车。所以，我觉得Z比我懂得如何跟大人交往。

玩完汽车，Z请我到他家。他先热情地让我参观他们家的复式大房子，然后又拿出水果给我吃，还放他最喜欢的动画片招待我。我觉得他非常热情好客。

傍晚，我又请Z到我家玩。刚一进门，他就很有礼貌地对我爸爸妈妈说："叔叔好！阿姨好！"我们玩了一会儿电子游戏，爸爸说太费眼让我们关了电脑，于是我们只能看电视。看了一会儿后，妈妈说已经快8点了，Z再不回家他的妈妈就要着急了。于是，我们俩人只能依依不舍地告别。Z临走时，还是很有礼貌地说："叔叔再见，阿姨再见！"

通过这几个小时的交往，我发现Z有很多优点。比如懂得如何跟大人交往，热情好客，非常有礼貌，等等。我们以前只看到他的缺点是不对的。

成年人有时已经缺少了发现美的眼睛，但孩子还有。就这样一个下午，这两个幼小的心灵之间，建起了一座快乐的心灵之桥。

儿子这篇文章，后来就以《心灵之桥》为题，发表在《小学生作文》上。我们特意买了一本杂志，让儿子送给Z。

几天后，Z的妈妈遇到妻子，对她说：Z捧着那本《小学生作文》，将儿子写他的文章看了一遍又一遍，晚上睡觉的时候还放在枕边。Z对他妈妈说：我原来还有这么多优点呢！

这让我们万分欣慰，一个孩子的自信，可能就由此开始，一个孩子的生活，可能就由此改变。

和孩子一起行万里路

2007年7月10日到17日,我借去新疆开会之机,带着妻子和儿子先行去玩了几天。

一家三口一起出远门旅游,这是第三次。儿子五岁那年,全家去过一次青岛。2006年夏天也是借我开会的便利去了一次香港。

这几次旅游,都留下了非常美好的记忆。

新疆这次,我们从乌鲁木齐坐长途大巴去喀纳斯,路途遥遥,第一天早晨出发,第二天中午才到。在喀纳斯玩一天,第三天中午返程,第四天晚上才回到乌市。也就是说,要在大巴上坐整整三天。如果是在平时,这行程想一想也都让人发疯,但是,那几天却过得非常快,也非常快乐,完全没有感觉到旅途的辛苦和无聊。现在回想起来,完全是因为和家人在一起,和儿子在一起,一路有说有笑。

从新疆归来之后,全家都在兴奋中沉浸了许多天,回忆一起度过的细节。儿子还写了一篇作文,详细地记录了整个行程:

第一天我们坐飞机,中午到了乌鲁木齐,下午去了大巴扎,也就是市场;第二天去了吐鲁番,第三天去了天池,第四天到第七天去了喀纳斯,第八天上午去博物馆看了干尸，第八天下午就坐飞机回北京了。

给我印象最深的是去吐鲁番的葡萄沟。在葡萄沟，我们去维吾尔人家做家访。我们坐在他们长长的床上，床上放了一个矮桌子。他们先给我们吃西瓜，再吃哈密瓜，最后吃葡萄。这顺序是有讲究的，因为葡萄比西瓜和哈密瓜都甜，如果先吃葡萄，再吃西瓜和哈密瓜就没味儿了。

等我们吃完水果，他们家的小弟弟给我们跳舞，然后小弟弟和姐姐一起跳舞。跳完之后，他们还让我们去跳舞。我们都说不会，他们说可以学。那家的大哥哥告诉我们，男人左右手在头右边转一下表示"我很有钱"，在左边转一下表示"我有房"，在胸前转一下表示"我还有车"，两手张开表示"亲爱的女士"，然后左手背后右手在胸前表示"嫁给我吧"。听完这些，我们大家跟在他们后面跳舞。最后谁都不跳了，只有我爸爸在那里瞎比画，然后小弟弟把一枝花扔地上，又把我爸爸拉到那花旁让他用嘴叼。爸爸费了九牛二虎之力，终于把花叼了起来，然后小弟弟让他把花献给他姐姐。这个过程我和妈妈都录了下来。就这样，我们结束了家访。

我们住在喀纳斯那天非常惨。一整天都在吃拌面，晚上睡在山坡上的小木屋里，小木屋边的卫生间是一个大坑，坑上简单铺着木板，非常吓人。《西游记》里孙悟空管它叫"五谷轮回之处"。

我在喀纳斯最喜欢的项目是骑马。我骑了两回马。第一回骑了半个小时，10元钱。第二回骑了一个小时，20元钱。第一回我还不太敢骑，第二回骑着上了山坡，骑得可快呢。

新疆人常常自豪地说："走遍祖国南北，还是我们新疆最美。"

"读万卷书，行万里路"，我不仅要读很多书，还要到祖国各处去旅游。

现在回想新疆之行，像家访之类，各地都有，以前去时都觉得很无聊。而这次，我们和孩子同样感到兴奋。原因很简单，还是因为家人在一起。

我每年都有几次去各地开会的机会，也都尽可能早到或迟归几天，顺便一个人搭上旅行车，去旅游。但是，我再也没有找到新疆那次的感觉。

台湾一位老年朋友，和我聊起他的孩子时，说记忆最深的，是带着年幼的孩子去旅游时，孩子那兴奋、快乐的样子。

孩子愿意和父母一起旅游的时间，其实很短。进入青春期，就更渴望和同龄伙伴一起玩了；恋爱后，就要和恋人一起玩了；成家后，有了自己的孩子，就要和自己的孩子一起玩了……

即使仅仅为了多一些年老时的幸福回忆，也要在孩子小的时候多抽出时间，尽可能多地和他去旅行。

这既是孩子"行万里路"的一种成长，又是万般珍贵的亲情享受……

小学生的日记

下面是儿子四年级时写的日记。

我们的"自留地"

我们班教室后面的墙上，贴有四块"自留地"，我的叫"方一读吧"，赵晨如的叫"英姿飒爽"，陈贝儿的叫"贝儿的日记"，罗名义的叫"罗名义的奇幻世界"。我们的自留地都非常有特色。

任老师给罗名义"自留地"是因为罗名义有时在课堂上画画。有一次任老师发现，罗名义画的还不错，于是就给他"自留地"了。我认为自从任老师给了他"自留地"，罗名义在上课的时候就不画画了，下课才画。

赵晨如的"英姿飒爽"贴了六张练武术的照片，每张下面都有解释。她跟体育老师学了一年武术，今年六月份去参加比赛，自选长拳，获得集体第一名，个人第八名。她现在武术可棒呢。

陈贝儿是在美国出生的，三岁时回到中国，但是她现在还坚持写英语日记。任老师让她把英语日记贴出来展览。

我的"方一读吧"，纸是绿色的，非常漂亮。妈妈花了一个晚上给我画花边，爸爸也在电脑里找文字、照片发给任老师。第二天，任老师帮我去打印，然后我和任老师又花了一个中午布置我的"自留地"。我们先排版，再粘贴，最后终于做成了。有一点美中不足的，就是打印出的照片是黑白的，不过效果也不错。

"方一读吧"上贴了我两篇作文。一篇是《读书一周年》，主要写了我从不爱读书变成爱读书的过程；另一篇是《读书记》，写我读了哪些书，有什么感想。还贴了一个暑假读书表，还有一篇爸爸写的《阅读的潜力》，表扬我读书后的进步。

任老师说要一二个月就更新一次。下一次，爸爸准备贴一个很长很长的读书目录，上面写着我从一年级开始读过的所有的书，还计划贴一篇读书感和一篇周记。

我以后还是要坚持多读书，读好书。高尔基说："书籍是人类进步的阶梯。"

我收获了学习方法

我上学期特别不喜欢英语，经常不做英语作业。暑假里，我和爸爸背了很多英语单词，但我当时不是很愿意背，老跟爸爸讲条件。然而我现在却是很喜欢英语，及时完成英语作业。我为什么会有这么大的变化呢？

就比如这个星期六吧。我和妈妈早晨八点起床，我们拿着外语书和轱辘鞋出去吃早饭，吃完早饭我们便往小区的广场走去。由于我穿着轱辘鞋，所以比妈妈快。我先到了广场，滑了起来。我滑累了，妈妈也来了。我们打开英语书，先念了第一单元，然后背单词。单词背会了，也到了我玩的时间了。我发现了一只小兔子，小兔子正在那里吃草呢，样子十分可爱，有一对大耳朵，总是向上竖着，眼睛是红色的。当时我虽然没带照相机，不过还是用大脑记住了这精彩的画面。

玩了一会儿，我和妈妈又念了两个单元的英语。中间休息的时候，我发现小兔子不见了，我想肯定是回家了吧。然后我又背了很多个句型和单词。我估计自己肯定会背400多个单词了，我好高兴呀。

在回家的路上，我想：希望小兔子能很好地生活。

今天我发现，边玩边学不光背单词速度快，除了背单词我还知道了小兔子吃什么，不吃什么，等等。而且我一边学习，一边滑轱辘鞋也强壮了我的身体。

儿子教会我游泳

四十几岁了,我还不会游泳。许多次试图学习,都半途而废。

2008年的7月,我们带儿子一起去天津看我的老母亲,祖孙三代在小区的游泳池里嬉水,意外地,儿子教会了我游泳。

儿子的作文中有记载:

去年,我学会了游泳,于是我和妈妈办了一张游泳卡,经常去游。可是爸爸不会游泳,所以我从来没有和爸爸游过泳。今年夏天,我们回了天津奶奶家,奶奶、妈妈和我去游泳,我们把爸爸也拉去了。

到了游泳馆,爸爸又不敢下水,怕被淹了。但水只有一米四,连我都淹不着,刚到爸爸胸口。下水后,他也只是在水里走,看我们游。我非常想让爸爸会游泳,我就对他说:"爸爸,你快点儿学会游泳吧,我可想让你会呢,我非常想让你陪我游泳!"也许是这番话打动了爸爸吧,他努力地学,我和奶奶都教他,他竟然奇迹般地很快学会了!

从一开始只会漂起来,到可以游两三米,最后,他竟然可以游五米了。奶奶说:70岁的妈妈和10岁的儿子,教会了40岁的他游泳。

那之后的几天，我们天天都去游泳，爸爸最远时可以一口气游六七米了。但是，他仍然不会换气，而且他的泳姿也非常奇怪，游的时候屁股老往上抬，很古怪的样子。

但爸爸终于可以陪我游泳了，我还是非常高兴。我们戴着防水镜，在水下玩拳头、剪子、布的游戏，还玩打对方屁股的游戏，但因为水的阻力，所以很难打到。总之我开心极了。

儿子的作文原本还有一句"光明的尾巴"，因为作文是要交给老师的，所以有"光明的尾巴"才会有好成绩。但是，在这本书里我还是删掉了它。不过还是让我们看一看这个"光明的尾巴"吧，它给我们提供了关于教育模式的注脚："这个暑假教会了爸爸游泳，以实际行动迎接了奥运，普及了奥运精神，也算一种为奥运加油，为国旗增辉吧！"

那之后的两年，儿子游泳时总要叫上我。而到泳池里后，他的兴趣也并不在游，而是在玩。总是拉着我玩各种游戏，我们也发明了种种游戏。比如试着沉到泳池的最下面，比如在水中练习"静走"，比如我用一手托着他，他整个身体平躺在水面上；比如他两脚站在我一只脚面上，我一下下地用脚将他抬出水面，然后再落下来，再抬起来，再落下来……这过程中儿子哈哈大笑，吸引来整个泳池的人的目光。

因为儿子那句"我非常想让你陪我游泳"，我学会了游泳；因为我和儿子一起游泳时他的快乐，我一次次和他一起去泳池……在这个过程中，我也喜欢上游泳，更重要的是，体验着和儿子一起玩的幸福与快乐。

有一天，在泳池里，我忍不住伤感，对儿子说："我在想，有一天你长大了，独自去生活了，我一个人来这里游泳，想到我们现在一起游泳时的快乐，我会很伤感的……"儿子说："你放心，我那时还会回来陪你一起游泳。"儿子这话，让我感动，也让我更加伤感。因为我清楚，那样的日子即使有，也会非常少的。正如我现在很少陪我的老母亲一样。父母就是这样辛苦地把孩子养育长大，然后看他们离开，再看他们去陪他们的孩子，而父母则变得孤单……正是在这个过程中，人类、家庭、亲情得以延续。

所以，我会好好地体验和儿子在一起的幸福时光，而在他未来去开始自己的家庭生活时，给他加倍的祝福，远远地注视着他……

课外班，该如何选

儿子就读的小学，以重视素质教育自我标榜。几年下来，孩子们确实轻松快乐，没有堆积如山的作业，也没有三天两头的考试。但是，当接近要升入初中（俗称"小升初"）的时候，问题出现了。没有哪所示范中学会以素质教育为考量依据来当作录取学生的标准，录取时主要还是看学习成绩。如果看大纲里的学习成绩也就罢了，事实上，一所中学越有名，一所中学升重点大学的学生比例越高，就越重视这学生在课外学了什么，学到什么程度。传说中的电脑派位（即小升初时以所在居住区电脑派位决定进入某所中学），这种分配几乎完全没有名校的事，只会被派到普通的学校中。所以，为了小升初，家长们都很疯狂。

记得儿子还没有上小学的时候，我们对于坊间传说中的小学生压力过重也是同仇敌忾的，对于父母让孩子上各种课外班也是不以为然的。儿子读一、二、三、四年级的时候，除了每周坚持上从四岁开始学习的画画，我们没有给他加任何负担。即使这美术课，也只是每周一次，感觉他很轻松地就上了。有一段时间没去上课，自己在家里就坐不住了，摆弄起画笔。可见，绘画课完全没有成为他的负担，反而是他的乐趣。

到了五年级，妻子开始了解小升初的情况。这一了解，就被吓住了。北京那些一流的示范中学，录取的学生的学习方面，以英语为例，许多已经达到高中毕业所要求的英语水平，"奥数"更是重要的考核指标。虽然小学六年的大纲里完全没有"奥数"，虽然教育界包括数学界一直有批评，认为"奥数"对小学生的成长并没有好处，但是对于学校来说这些都是不起作用的……

问题来了：我们到底是按着多年来信奉的素质教育对待孩子呢，还是也让他去上各种各样的课外班，把他玩乐的时间都夺走？前者，无疑是我们希望的，但是，那将注定孩子没有机会升入"示范中学"和所有名校；后者，是我们真心不希望的，但是，如果不这样，岂不剥夺了孩子升入好中学的机会？

做父母的，多数最终都会选择后者。想想我们也曾经对各种课外班不以为然，也曾经对父母"压迫"小学生苦命学习不以为然，现在才明白，这些都并非个人所愿，而是由现有的升学体制决定的，父母有什么办法？虽然这样的体制一直受到批评，我们也相信某一天它会改良，但是，眼下，只能选择做这体制的奴隶。

你可以让孩子享受轻松快乐的童年，你可以不用过重的学习负担压迫他，你也可以不让孩子去上各种课外班，但是，你没有办法从中国现行的教育制度与升学体制中逃脱。

除非自愿放弃进入所谓"示范校""名校"的机会，否则，你的孩子就必须参加各种课外班，参加各种竞赛。那些升入"名校"的学生，他们所参加的名校初中入学考试，考的内容和小学阶段学的几乎完全没有关系。有的学校据说直接把初中升高中的试卷拿来考"小升初"的孩子们。

在中国教育资源分配极不公平的情况下，父母都希望让孩子接受尽可能好的教育，不希望孩子"输在起跑线上"。没有几个父母甘心或者忍心、放心让孩子随便进一个最普通的中学。于是，就读各种各样的课外班，就成为不可避免的了。

我们见识过的最"疯狂"的家长，从孩子一年级时就在外面上课外班，周末两天排得满满的。一位母亲甚至辞职，专门陪孩子上各种课外班，她会把课上讲的所有奥数题都做一遍，再辅导孩子，家长们甚至成立了一个小的聚会，每周在一起切磋那些课外班上的难题、怪题。

没有经历过小升初的家长，可能不会理解这样的父母，或责怪他们给孩子压力过大，但是，当我们开始面对"小升初"时，我们深刻地理解了他们。不如此，又能怎么办呢？

我也认识特立独行的父母，认定中国的教育出了问题，不想让这样的教育毁了孩子，小学毕业就不让孩子去学校了，自己在家自学。但是，我们没有这样的勇气。

妻子对小升初的了解是，所有示范校的录取考核标准与小学六年大纲学的几乎没有关系。我们也开始规划给儿子上课外班了。上了奥数课，也上了英语课。但我们在奥数上投入的精力比较少，因为深知升入中学后就几乎用不到了，不想让孩子仅仅为了升中学而付出太多时间和精力。英语学习上付出的多，是因为我们知道，英语永远是需要的，而且学不厌烦。

儿子从2009年年初，即寒假开始上英语课外班。开始上课之前，他有一些抵触，不想学。我们也有一些担心，怕压力太大、难度太大，反而让孩子对学习反感，那以后学习就麻烦了。

有些意外的是，儿子迅速进入角色，第一次上课便找到了乐趣，像学画画一样，把学英语也当作了一种快乐的体验，甚至有时，我们觉得他像是玩游戏一样学习，非常轻松，完全没有我们曾担心的压力和抗拒。

仿佛被打开了一扇窗，开启了一个长期隐藏的"特长区"，儿子的英语能力快速成长着。英语成了他最爱学的学科了，而且他非常自觉，上完英语课外班回到家，他会立即坐到写字台前做一套题，或背十几个单词。做完后，他会说："我要奖励自己了。"于是坐下来吃一块大白兔奶糖，或者喝一杯饮料……有时，正和我聊天呢，他忽然说："我要做自己热爱的事业去了。"便是去做英语题。

学校开学后，儿子仍然在上各种英语课外班。我因为做事快，得过一个"方快手"的绰号，儿子也自称是"小方快手"。儿子对时间的感受也有了变化。他时常有焦虑之心，回家一进屋就喊"作业太多了，写不完了"，其实很少，坐下后不到一小时就写完了。这不是一个好事，太焦虑，和我一样。适度的焦虑则是有利的。为了挤出时间复习英语课外班的内容，他在学校里利用一切碎片时间完成学校的作业。晚上放学回家时，有时都不带书本，因为作业都写完了，回家就学习英语了。老师拍了一张照片给我，就是课间的时候，别的同学都出去玩了，只有他一个人在教室里写作业。

儿子上英语课外班的过程中，妻子做出的努力功不可没，和他一起上课，一起做笔记，一起学习，回来再辅导他。

我还翻出自己当年读的英文小故事书，给儿子看。他自称"像读中文一样"，感觉到了阅读英文的快乐。

儿子从2009年1月开始上英语课外班，到了2009年12月，整整一年的时间，他后来居上，先后考下了"三一口语"四级、六级证书，BETS二级证书，PET证书。同时，还学完了《新概念》第一册和第二册。

一年时间，上了这么多课，考下这么多证书，得益于妻子的精心布局。比如最早报名上"伦敦三一口语"时，水平测试显示我们只能报二级。但妻子坚决报四级，招生老师说，如果学不下来我们不负责。但是，儿子只一次便通过了四级考试。其他也是一样。一年间，特别是寒暑假儿子也一直在上课外班，英语突飞猛进，成为他们班里英语成绩最好的几个学生之一。有的学生，比儿子早一两年就开始上英语课外班，也没有取得这样的成绩。

这件事情给我们一些很重要的启发：孩子的大脑空间其实是很大的，不学习就浪费了；课余时间被课外班挤占并非必然会让孩子丧失快乐，可以引导孩子把学习本身当成一个游戏，一件快乐的事情；孩子需要大人的引导，父母多投入一些精力，孩子就可能少走弯路，同样的时间有更大的成绩……

我曾和同事议论小升初考试的艰难。有同事说：我的孩子就让他上普通中学，我就不信即使他将来当工人，就吃不饱饭了。

其实我自己相信，就算是上了普通中学也未必没有前途，即使上了名牌大学也未必就是大人才，但是，我们谁愿意让孩子输在起跑线上呢？现在是我们给孩子安排生活，我们谁忍心不给他提供尽可能好的成长环境呢？

有同事讲起，某某同学，一路最出色，但是，长期承受要做"最好的"压力，心理长期处于抑郁中。还讲某个孩子，被视为神童，但表情木讷，心理肯定有问题了。

令我感到欣慰的是，儿子从来都是快乐的。即使在小升初压力最大的时候，他也是快乐的，每天都有数不清的笑声，他自己会不断制造出一些让他快乐的游戏。

比荣誉更重要的是自己的进步

四年级第二学期，儿子被选为中队委，担任学习委员的职位。

儿子回家说："女生都投了我的票，男生中有两人也投了我的票。"所以当选。

儿子当选后，还有同学走过来专门向他祝贺，搞的像当选联合国秘书长似的。

我问儿子，那些祝贺的人说了什么，你又说了什么。

儿子说："当时脑子里一片兴奋，什么也没听清。"

儿子在三年级开始"渐入主流"，能够在四年级当选学习委员，除了与学习成绩提高有关外，还和家长们的集体意见有关。

开家长会的时候，家长们向学校反映：不要总让那几个学习最好的学生当班委，从一年级当到六年级，不好。应该让更多的孩子有机会当班干部，既是对孩子们的鼓励，也是一种成长和锻炼。老师听取了家长们的意见，于是儿子得到了这样的机会。

事实上，这几年间，无论是面对没能评上"三好学生"的挫折，还是面对一直没当班干部的境遇，以及其他在学校中遇到的挫折，我都教育儿子：荣誉是身外之物，它只是用来激励我们更好地前行，有时荣誉太多还可能不利于个人的成长，那些自己做的很出色、应该得到荣誉而没有得到荣誉，却仍然勇往前行的人，才是最值得敬佩的人。

儿子的画画得好，很出名，一次，班主任要给他做一个"画廊"，放到楼道里展示。妻子帮着弄了两个晚上，将儿子的水粉、几何体素描、石膏像素描等9幅作品贴在两张一开的大纸上，还配了儿子写的一篇谈自己画画经历的英文文章，配了两张他在画室里画画的照片。老师看了后，非常欣赏，推荐给校长，校长便贴到了学校的陈列窗中。这陈列窗在一楼，面对操场，每个学生每天出入教学楼时都要多次面对儿子的画作，整整挂了一个多月。儿子很为此自豪。面对这样的荣誉，我们也会不失时机地告诉他：这些都是身外之物，别人说你再好，也没有用，自己做得好，才是重要的。同理，如果自己做得好，别人说你不好，也完全不必理睬。

一方面，我们要鼓励孩子热爱荣誉；另一方面，我们又需要早早地提防不要让荣誉成为孩子成长中的困扰。

以平等身份"谈人生"

我自认为是一个非常关注生命意义的人。"谈人生",一直是我热爱的事情。看望老母亲的时候,最幸福的感觉,便是和母亲倚在沙发上,谈人生。听母亲谈她过往人生中的坎坷与幸运、创伤与欣慰,无论哪种都是令我感叹的。

儿子还在上幼儿园的时候,我便常和他"谈人生"。特别是晚间一起散步,坐在树下仰望天际的时候,我会说:"我们谈谈人生吧。"

上小学后也是,我们一起在小区漫步,便会习惯地"谈人生"。

这里的"谈人生",包括儿子学校里发生的事情,包括他的喜怒哀乐,我常会让他"给我讲讲学校里的新鲜事",听后我会发表评点。但更多的是谈我工作中的事情,我过去四十年间的一些故事和思考。"谈人生"的过程,是慢慢影响孩子世界观、人生观的过程。比如我多次对吸烟、喝酒都表示不以为然,儿子也对吸烟、喝酒的行为表示反感;我曾说过"无论如何不能吸毒",说过"不能做犯法的事情",人生一定要积极进取,等等。相信这些都会积淀在孩子的心中,影响他的人生。

许多时候,话题由一件小事展开,便会不断"深刻"下去,变成了关于人生观、世界观的思考,甚至包括生与死、爱与恨、国家与政治,乃至人类的存亡。

妻子有时会说："别和孩子说这些，小孩子听不懂。"涉及观念的问题，妻子更会担心："他到学校乱说，老师一定训他。"

我因此会对儿子加上一句："我刚才说的这些观念，不要到学校里面讲，他们理解不了……"

这样的"谈人生"，漫不经心，日积月累，我不确定儿子听进去多少，听懂了多少，以及有多少思考和启发，但我确信对儿子有着潜移默化的影响。只是这样和儿子"谈人生"的时候，我会感到很幸福，我面对的是一个平等的人，而不是一个"孩子"。

当我们把孩子当成孩子的时候，他们就永远是孩子。而当我们把他们当成平等的人，进行平等地交流之时，他们的思考与智慧就一定会在这样的交流中成长。

成人之所以成为成人，不是靠细胞繁殖出来的，而是靠思考出来的。永远不要怀疑孩子的思考能力。

爱劳动的"专家"

儿子的作文——

"专家"

我抱着电视机的机顶盒，激动地按下了奶奶家的门铃。奶奶一开门，有些意外地说："是你呀。你妈妈发短信给我，说要带一个专家来给我装机顶盒呢。"我说："我就是那个专家。"奶奶困惑地看着我……

奶奶最近刚来北京住。为了方便奶奶看到更多的电视节目，妈妈给奶奶买了一个电视机的机顶盒。但是，妈妈不会装，没装好就带回了家。带回家又能干什么呢？自然是让我去给奶奶安装了。几年前，我们家刚安装机顶盒的时候，爸妈看着它一头雾水，不知所措。我拿过来，翻了翻说明书，三下五除二就装好了。那次以后，爸妈就把一切安装、试用新电子产品的实验权给了我。比如，新手机、新豆浆机不会用时，就全让我来处理。我也热衷于此，乐此不疲。爸妈说我对于新器材使用方面的能力，也是一种特长呢。

就这样，为奶奶装机顶盒的任务也自然落到了我的头上。我以最快的速度写完了作业，连上卫生间的时间都舍不得花，就直奔奶奶家。我去之前，妈妈就给奶奶发了短信，说请了一个专家去安装。于是，我就成了那个专家。

奶奶听清事情原委后，开心地笑了好半天。她说："我连给专家的安装费都准备好了。"我说："我这是亲情出场，不收费的。"于是，我就大干起来。拆箱、插线、放卡、调试……奇怪了，机顶盒还是没有反应。我开始担心了，难道我的一世英明就这么毁了吗？真要一失足成千古恨吗？妈妈打电话找来了有线电视公司真正的专家，一检查，是墙里的线路坏了。修好线路，我装好的机顶盒就正常工作了！看，我没做错什么，不是我的过错。我悬着的心落地了。

通过这件事，奶奶更爱我了，我也更爱劳动了。

循环日记是面快乐的多棱镜

六年级时,老师让以小组为单位写循环日记。每个小组五个同学,准备一个本子,每人写一篇,第二天传给下一个同学,如此循环,每人每周都在本子上留下一篇日记。

放寒假时,一位家长自告奋勇地借来全班日记,扫描了送给大家留念。这位家长说:"不能缺了任何人的,没准这里面谁将来会成为国家领导人。"

我也借来那几本厚厚的日记,为了从另一个角度了解儿子的学校生活。

确实是不错的日记,真实地反映着孩子们的少年生活,极少见到套话,更多是一种同学间的交流。

本子扉页被不同的学生画上了许多"插图",而好笑的是,旁边还写着一句:"如有乱涂乱画者,将以追究!须写检查!"

日记中所表现出的孩子快乐的心灵,时常让我会心地微笑。

六年级开学后,班主任提出一些最高年级应该有的"最高标准"。班会上,老师说出一个板报,就叫"最高年级,最高标准",让同学们写出自己认为的"最高标准",然后大家一起选。选的结果包括:"认真上好每节课""不做两面派,表里如一""尽量在任何时间表现自己最好的一面"……然后让大家配上画，贴到了墙上以便自我监督。

开学第二天，事情就不断。做操时，有两个同学讲笑话，笑成一团，儿子也参与进去，跟着一起讲笑话，一起笑。做完操了，排着队回教学楼，儿子和两个同学又脱队跑到前面。这时他们看到班主任老师正迎面走来，为了避老师，儿子和一个同学就跑进了厕所。但躲得过初一躲不过十五，两人被要求在循环日记上写检查。

开学之初，一位同学写道："开学了，没好日子过了！数学老师换了，听说新来的老师很凶，看来我们得适应适应。"

另一个同学也表示"适应一个主科老师又要花不少时间"。

一周之后，有同学在循环日记上写道："经过一周，我发现新的数学老师还是挺好的，甚至一次火都没有发过。"这同学给自己这天的日记起名为"适应报告"。

几乎每位同学都在循环日记里提到了新老师，提到了担心，以及后来的适应，从中可见到孩子们对新老师的关注，也可以看到对老师是否很"厉害"的担心。

新学期还换了一位体育老师，姓许。因为原来还有一个体育老师姓徐。许老师就让学生们叫他全名：许建老师。儿子这时跟了一个被别的同学在循环日记中称为"爆笑的雷人语句"："那就叫建（贱）老师吧。"结果全班哄堂大笑。幸好老师没有追究，跟着一起笑。

跳鞍马的时候，老师领着同学喊："一二三，跳！"

结果，一个跳鞍马没跳过去的女生哭了。老师安慰她，说失败是成功之母，又领着同学喊："一二三，哭！"这女生就破涕为笑了。

一位学生写道："通过一周的接触后，我得到一个结论：新的两位老师比以前的老师好。""体育老师不像以前的老师，一上课就让我们跑圈，或做一些枯燥的体育训练，而是让我们做一些有趣的、能练习身体灵活度的游戏。数学老师脾气好，课教得也不错，作业也很少，几乎每天都能在学校完成。"

看看，这就是孩子心中的好老师。

某个星期一的早晨，老师收作业时，结果全班13人没带字典，8人没交数学作业。有学生在循环日记中写道：老师非常生气，"连不爱生气的新数学老师也发火了"。还有同学写道："就为这点小事，老师嘟囔了半个小时，还让我们在循环日记上写一大堆检查，值得吗？"

这则日记后面跟着老师的评语："如果一二个人是小事，十多人呢？学风问题！"

一个女同学的日记中写道，几个同学要去排练节目，她和另一女生在超市买了一瓶饮料，说不告诉别人，是一个小秘密。结果在排练时，她俩喝时被别人看到，不好意思不给别人喝，于是，"就一人给了她们一点。真倒霉！"

课间游戏，也被记录在案。

同学们或发明，或引进，或改良了许多种游戏。其中一个是尺子大战，就是参战者各使用一把尺子，规则是用弹、搓等方式把对方的尺子弄到桌子下面才算赢。有的同学喜欢用旋转和拨的方式，有的同学则发现尺子离自己近，并且形成一定角度后就更容易弄到桌下。这些规则与每周战况，循环日记中都有详细记载。

第二个学期，尺子变成了饮料瓶的瓶盖，规则还是一样的。细心的同学总结出用瓶盖代替尺子的两大优点及一个缺点——

优点一：尺子是文具，是我们每天的必需品，而瓶盖不是。

优点二：瓶盖一般很容易找到，不花钱。

缺点：瓶盖容易丢。但可以免费得到很多，废物利用。

这让我回想起2009年8月，我在台湾住过一个月，那时帮儿子收集过许多不同品牌饮料的瓶盖。

循环日记记载：两个月后，不知为什么又转为尺子了。有同学写道"我班灭绝很久的尺子大战又一次复兴了"，以前只有男生，这次女生也参加，但女生被认为技术很差。还出了不少新花样，有一个同学开始玩拼装，把七个尺子拼来拼去，还起名为"火龙出水""青龙摆尾""缩头乌龟"等。还有所谓"技术组"，强调以技术取胜，还形成了"黄金组合"，二人出手必胜；等等。

看着这些日记，我仿佛也体验着孩子们丰富多彩的生活，体验着他们的快乐。

循环日记，学生记录自己的生活，不是命题作文，而是自由发挥。练习写作能力，然后老师评点，让家长阅读，还让孩子们给别的同学的日记写评语，让老师和家长有了沟通，让家长了解学生的学校生活。真是好处多多呀。

奥数课：持续爱你不容易

为了"小升初"，儿子不仅以超越他人的速度狠学英语，而且也上了奥数的课外班。但是，奥数对基础的要求更多，许多学生是从小学一年级开始学奥数的，儿子从五六年级开始学，有些力不从心。

一向是妻子带着儿子去上奥数课的，但有两次，妻子有事，由我带着儿子去上课。

我发现每次上课就是老师领着做一份卷子。而有同学家长帮着从网上找到许多带详细解题过程的试卷。于是我说：不去上课了，退钱，自己在家做题。

我的想法是：孩子的课外班排得太满了，时间太紧了。而且，上课就是听老师讲题，还没有时间消化。而自己在家做题，不会做的对照看解答过程，再做一遍，还有时间消化了。

就这样，我们退掉了所有的奥数课程，完全在家"自学"了。我打印了近百套奥数试卷，让儿子在家里做。

儿子比较不喜欢做自己不熟练的奥数，所以我就拉着他坐在自己身边，我一边看书或写东西，儿子在同一张桌子的旁边做题。做完了，我根据后面的答案判对错，错的父子二人再一起看正确的解题过程……

儿子肯定很喜欢这种亲子气氛，一叫就来，而且做题做得非常认真。我不在家的时候，他就会自己念叨：等爸爸回家做数学题……

这样的优点是解决了儿子不愿意做奥数题的问题，缺点是形成惯性了，我不在家时，他就不愿意做数学题。

我从小数学就不好，跟着儿子一起做奥数，竟然也有所提高。但做多了，我更确信许多人谈到的：奥数实在是无用的东西，更像一种捉迷藏的游戏，而不是未来学习中普遍可以用到的技能。

但是，没有办法，虽然各界对于取消奥数的呼声也很高，毕竟还没取消呀，为了升学，儿子还是要学。

我说："顺其自然，每天一至二套题，学到什么程度是什么程度，不强迫孩子。"

在这个过程中，我们省出了很多时间，也给儿子减少了很多压力。为小升初辛苦奋斗的一年间，儿子极少感到厌倦，虽然偶尔也抱怨一下没有玩的时间，但从没有真的"罢学"，从没有真正抗拒学习。这与我们善于引导、鼓励，以及善于做必要的放弃，不无关系。

浸泡式方法：学好英语不是难事

儿子从五年级寒假开始上校外的英语课程。我们最担心的是，孩子抵触学习，压力太大。但是，虽然此后一年半所有的假期都牺牲了，所有的寒暑假都是在学习中度过的，所有的日子都是被一次次考试连接起来的，但我们最担心的事情并没有发生，相反，儿子给我们的总体感觉是，他是在快乐中学习。

儿子在2009年暑假曾写过一篇题为"浸泡英语"的作文，从中可以看出，对他而言，学英语是一件快乐的事情：

妈妈陪我刚上完英语语法课，在赶往回家的路上，我想这个暑假我每天都有三个小时的英语课，下午还要做作业，其中包括刚刚学完的BETS-2、正在上的语法中级，还有即将要上的口语四级。虽非常忙碌和紧张，但我感到很充实，英语的语法、听力、表达能力等都在提高。

自2009年寒假起，我就一直在上英语课；有"新一""口语三级""新二（上）"等课程。"新概念二"里有一篇课文非常有趣，是说两个外国的小女孩给对方写信，把信放在玻璃瓶里，通过波涛滚滚的海水送到了对方的手里，成了跨洋的好朋友。这使我对学习英语的兴趣大大提高啦。

BETS-2 的课程是在一个叫 OBO（one by one）的英语中心上的。我们的班是六个人的小班，我们很快都熟悉了。有一个男孩特别淘气，从我们上课的十九楼把扫帚和牛奶扔到了一楼的马路上，恰好下边没人，否则就惨了，这也许是他对学习压力的释放吧！

我现在上的是中级语法，老师叫 Alice，我已经连续上了她三学期的课了。她讲课很风趣，非常幽默；当有的同学不听讲时，她就怪声怪气地喊：Hello！Hello！！

一年时间，儿子从《新概念》第一册学到第三册，考下了"三一口语"六级、PET、BETS 二级。如果不是自己喜欢学习，是不可能做到这样的。

这给我们一个启示，其实孩子的接受能力是很强的，如果不学习，大脑就浪费了。

也就是说，关注的焦点不应该是上不上课外班，学习了多少，而是孩子是否因为学习而厌倦，是否是在快乐地学习，是否因为过多的学习而剥夺了孩子的快乐。

欣慰的是，总体而言儿子的学习过程一直是快乐的。

有的时候儿子也吵闹着说不学了，那时我们也不会勉强他，几乎没有他不想学的时候还逼他学的经历。

学习最紧张的时候，儿子也不得不放弃了一些乐趣。

因为要学习英语，所以儿子晚上不能再看电视。我们也陪他不看。孩子的奶奶一度来家中短住，有时看电视，有时玩电脑游戏，儿子便非常难受，很嫉妒，一晚上都别扭，看得出他心情不好。有时他会对我们说："为什么她看电视，不让我看？为什么她玩那么久的电脑游戏，我不行？"这些"为什么"，其实儿子自己心里都非常清楚，但他还是不舒服、不高兴。原因也很简单：他还是一个孩子呀。我们不能对孩子要求太高，他在劝说下已经能够做到不看电视、不玩游戏，在我们眼中这就已经非常出色了。

一家三口晚餐后在小区里散步，曾是儿子最快乐的时光之一，那时和爸爸、妈妈说说笑笑，跑跑跳跳。但是，自从上了英语课外班后，儿子也很久没有晚餐后下楼散步了。我们也改在他睡后下楼散步。一天，儿子躺到床上将睡的时候，忽然说："我躺床上一想你们在下面散步，就睡不着……"这让我的内心瞬间非常绞痛。我便告诉他：你今天的一切付出与损失，都会得到加倍的回报！包括晚上的散步，等到你升入好中学后，我们天天晚上都可以散步，散步更长的时间，把现在的都补回来……

　　需要说明的是，小学毕业后的暑假，我们原本计划不再让儿子上课外班了，而是专心玩乐。我们和儿子商量：开学后，或者寒假再上 BETS 三级的辅导班。但是，儿子自己竟然提出要在暑假上，而且想一次上完，这就是 32 天的课。因为上这课，儿子非常想参加的夏令营都不得不放弃了。但是，他没有任何不开心，完全是自觉自愿的选择。

　　儿子做这样的选择，显然是因为他从学习中也得到了快乐。

　　拼搏小升初的一年间，儿子也时常妙语连珠，比如：

　　儿子说："我全靠乐观的精神，在你们俩的打压下，快乐地成长。"

　　儿子说："我以情报员的机敏和坚韧，得以玩一会儿电脑。"

　　我责怪儿子考试没考好时，他问我："是一次考试的成绩重要，还是我幼小的心灵重要？"

　　……

　　这些话听起来挺伤感，但要知道，儿子当时是笑着说的，他整个的精神状态都很快乐，没有一般人想象中的被学习压得死气沉沉的样子，因此我们懂得，他的话更多是玩笑。孩子能够说出这样的话，与我们平时对他心灵的关注显然直接有关。

　　虽然，儿子牺牲了一些游戏时间，但我们希望做到的是：放弃玩乐，不等于放弃快乐。儿子少了一些玩乐的时光，但他可以从学习中得到快乐，我们还可以在他很少的玩乐时间中努力去给他加倍的快乐。

　　这里的核心，还是要把学习变成孩子自觉的需求，帮孩子从中找到快乐，让他在学习中体验到快乐。

　　上《新概念》第三册的时候，其他几个同学都是中学生，有初一的，还有一个初二的。只有儿子是小学生。那几个学生下课都不离开座位，在他们眼里儿子是"小孩儿"，也没人和他说话，和他淘气了。淘气的儿子这时也变得非常老实了，下课后自己到楼道里转一圈，要来妻子的手机玩一会儿游戏。

　　儿子让我给他买来英语书，做题、背书，非常认真。新书到后的当天，他睡觉时还要把新书放在枕头边。

教《新概念》的老师夸他："这孩子真有天赋，聪明、爱学。"

小学毕业后的暑假，虽然有时间，我们也不让儿子看课外书了，主要是为了保护他的眼睛。除了听评书，我还告诉他：如果实在想看书，可以少看一些英文书。儿子已经养成阅读的习惯，完全不看书对他来说是件痛苦的事情。改成看少许英文书，这是一个妥协，同时也可以成为他学习的一部分。有意思的是，儿子正式阅读的第一部英文原著，便是《格林童话》。儿子提醒我说：小学一年级暑假，他读的第一本中文书也是《格林童话》。

孩子的快乐不一定要从玩乐中得到，从学习中也可以得到。重要的是，如何帮助孩子在学习中得到快乐。

一方面学习了，另一方面又没有让孩子厌学，甚至反感学习，总结起来，我觉得主要原因不外乎如下几点：

1. 日常生活中，我们一直用积极的人生观来鼓励他。言传身教，父亲是好学向上的，积极进取的，儿子也不会差。聊天的时候，就某件事某个人发表评论的时候，我们都会强调人生的价值和乐趣在于积极进取。

2. 鼓励孩子的每一点进步，每一点成绩。孩子都是喜欢被夸奖的，当他有进步的时候，发自内心地欣赏他，及时地鼓励他，他就会受到鼓舞，更加积极地投入到那份给他带来荣誉也带来成就感的事情中。不要因为他的某次考试不理想而责怪他。这样，他关于学习就全是正面印象，而不会有负面记忆。

3. 充分理解孩子毕竟是孩子，喜欢玩乐。孩子想玩的时候就玩，不想学习的时候绝对不要强迫他。小孩子上一天学累了，回家先吃喝玩乐一番，是正常的。而学习一周累了，周五的晚上我们通常都不会让他学习。给他充分的时间和空间从劳累中解脱，重新进入良好的精神状态，这一点是非常重要的。

4. 父母多陪孩子。小孩子有惰性，自制力差，有父母在一旁陪伴就会学习得好一些，父母不管，就会差许多。儿子的英语课外班，妻子都一直陪伴着他，刚开始的时候还和他一起记笔记，回来帮助他复习。在这样的督促与帮助下，儿子的进步才会那么快。到小学毕业那个暑假，儿子有时自己去上课，妻子不去了，他仍然会认真听讲，但是回来复习的效果就不如有妈妈陪伴效果好了。我们当然希望孩子能够完全自觉，但是，也不能对孩子求全责备，要理解和包容他们，在孩子需要陪伴的时候就多陪伴他们，一起学习。

流感与数学的趣味结合

儿子读小学六年级的时候，H1N1 来了。家长们都很紧张，正是小升初的关键时期，担心影响孩子们的学习。

而孩子们的态度则完全不一样，儿子看到电视报道有人数增多的消息，就会很兴奋，问我："快停课了吧?"

有同学没来上课，大家便猜是得了 H1N1；有同学咳嗽低烧就回家了，别人便很羡慕："这么一点小事就不来上学，肯定在家玩电脑呢，好幸福呀。"

从中，可以看出孩子们的天性。

最多的一天，有 9 个同学因病没来上学。有同学在循环日记中写道："上课的同学少是有好处的。第一，扰乱课堂纪律的同学很少了；第二，可以让一节课上耽误的时间缩短，就不会占用课下时间了；第三，少了很多默写爱出错的人，这样在与四班的比拼中，我们就更容易胜出。缺点是少了几个朋友。但是，还是利大于弊的。"老师在这则日记后面留了评点："还是让那些生病的同学快些好起来吧。"

学校组织打疫苗的时候，有四分之一的同学不打针，去打针的同学中又有三分之一没让打，回来了。有同学便就这事编了一道数学题，问全班有多少人打针了。列数学式是：$1-1/4=3/4$，$3/4 \times (1-1/3) = 3/4 \times 2/3 = 1/2$

答案是：全班有二分之一的同学没有去打针。不愧是活学活用数学的好榜样！

　　有一同学，打 H1N1 针时，老师说有剧烈运动不能打。他问："翻墙算不算剧烈运动?"当时大家都不明白这同学是什么意思。有一天，这同学邀请儿子去家里作客。儿子回来后告诉我：为了抄近路去那同学家，同学领着他翻了一道墙。于是儿子明白了这同学打 H1N1 疫苗时问老师那话的意思。

　　一场灾难来了，在孩子们这里，却可以生出如此多的快乐与趣事来。这，才是孩子，可爱的孩子。

儿子的"食物联合国"

儿子一岁前后，妻子去超市买东西总带上他。那时儿子还只能坐在购物车里东张西望。渐渐地长大了，儿子的小手可以伸出车外，随手抓些身边五彩缤纷的包装物扔进车里。

再后来，儿子大了，购物车里不能坐了，他开始推着购物车跑了，更方便把自己喜欢的食物向里面扔，仿佛不花钱似的。

去超市的日子，是儿子的节日。

美国漫画《加菲猫》中的加菲猫，也最爱去超市，称那里是"食物联合国"。儿子看了《加菲猫》后，也将超市称为"食物联合国"了。

这时的儿子已经可以给妻子帮忙了，寻找、挑选想购买的物品。妻子购物总是很认真，要看保质期，要看分量与价格，再与同类产品的分量与价格进行比较。比如买奶酪，有时会从三四种奶酪中认真选择一番，再最终将一种放进购物车。渐渐地，儿子也学会了这些。

12岁生日那天，儿子提出想去超市买些饮料，我们便开车去了。我告诉儿子，可以随便买，三箱、四箱都可以。

儿子开始了他认真的选购，从一楼到二楼，比较大小容量，比较价格，比较口味。还不断出数学题让我帮他算，看看容量与价格比较哪种更划算。于是先把一箱饮料搬上购物车，过一会儿又搬下来，换成另一种。那副精打细算的样子，让我们看了着实好笑。

我说："你可以把这几种都买了。"他摇摇头。

儿子最终选了一整箱，又选了不同口味的几个大桶和小桶。我说："你还可以再买一箱呀。"他拒绝了，说："这就很好了。"

这是我第一次看儿子自主购物。给了他很大的权利，可以买几箱，但是他最终只选择了一箱。这让我忽然很放心，如果有一天他自己要到国外读书，我们相信他会是一个懂得计算与节俭的孩子，而不会随意花父母辛苦赚来的钱。更重要的是，我看到了他懂得自律的一面。即使想喝饮料这个欲望可以被充分满足的时候，他也会有所自制。这，是儿子这么多年看妻子购物、被妻子言传身教的结果。

有时候，在超市购物时间长了，儿子早已等不及结账，便开始大吃大喝了，把选放到购物车里的食品打开吃，把饮料打开喝。一会儿，食品袋空了，饮料瓶也空了。妻子会告诉他："放好，不要弄丢了，一会儿到出口还要结账。"有一次儿子说："我们扔了，就没人知道了。"妻子说："那可不行，那就是偷窃，坏事，太可怕了。"儿子便会认真地将包装放好，到出口结账。

我对孩子说："想占便宜，是人的本性，但克制这种本性，是非常重要的事情。"

儿子12岁了，每进超市，总是和从前一样冲过去拉过来一辆购物车，兴高采烈地冲向购物区。前几年他这样做时，我的第一反应是担心他会撞到人，很焦虑地跟在后面；这几年他大了，知道深浅了，我看着他兴奋地跑远的背影，第一反应是一种幸福感，"食物联合国"仍然可以带给儿子如此大的快乐，这不也是做父母的快乐吗？走在后面，我和妻子说："未来某一天，他突然就不会再这样奔跑了，甚至也不会和我们一起来超市了，那时他长大了，我们就老了……"

露台上的男孩

我们家住 26 层。学习累了,儿子的一个享受便是,推开门,站到露台上,俯视望不到边的北京市的高楼大厦,大喊大叫。喊叫什么,并无一定之规,从"儿子、儿子,伟大的儿子!",到"宇宙战士儿子来了!",再到用奇怪的腔调大唱古诗词,全看他那时脑子里想到了什么。

重要的是,这时儿子很高兴,完全无视旁边的邻居,甚至邻近楼的居民可以听到他的大喊大叫……

有时儿子还随手捡起什么,在空中挥舞着,或者用力压住晾晒被褥的绳子,这绳子至少被他压断过两次了。有一次,儿子不知从哪里找来一根细铁棍,于是,他大喊大叫的时候便有了伴奏,用那铁棍敲击着露台的铁护栏。

这时,我总是躲在屋里,不敢露头。生怕近处的某个窗户会突然传出一声呵斥:"太吵了!"那做父母的岂不很没有面子?

幸好儿子这样叫的时候都是白天,我担忧的呵斥从来没有出现过。

我知道,这是儿子放松的一种方式,这是儿子的快乐,就由他去吧。

如果我不让他大叫,如果我只让他在那里乖乖地远望,岂不是又剥夺了孩子的一项快乐?

儿子就是这样,一天之内,你很难看到他不笑的时候。只要闲下来，他总是能找到自我娱乐的方法，也总是能找到让自己笑的事情做。这时时让我感到欣慰：我们加给他的那些学习任务，那一个个课外班，那一个个英语、美术、数学等的证书考级，并没有使他丧失快乐的童年。

12岁了，走在路上，儿子仍然是蹦蹦跳跳的；即便进了电梯，儿子也总不闲着，使我们不得不常常命令他老实一些，以免出现危险。

我们有时想：儿子真是太不成熟了。老师也说，你们家孩子太单纯，比同龄孩子更单纯。

邻居家一个男孩子，和儿子同一所小学，同一个年级，每次在小区里或电梯里遇到，都非常礼貌地喊"叔叔好"，表情严肃，不苟言笑，更是从来没有看过他蹦蹦跳跳，走路总是那样稳重，举手投足间透露出与其年龄不相称的老成。最重要的，是那目光中，永远泛着某种忧郁。

看到这个孩子的时候，我的心情是复杂的。一方面，觉得他非常懂事，非常成熟，另一方面，又感觉他缺少了一些原本属于孩子的东西。

我书桌前的窗户，正好对着这个孩子家的露台。有一天，我也看到这个男孩从房间里出来，走到护栏边。我眼前又闪现着儿子这时会做的时候，大喊大叫，手挥铁棍敲打护栏。这些，这个男孩子都没有做，他只是站在那里，对着偌大的北京城看了约一分钟，掉转身，仍然面无表情，或者说面色沉重地回了房间。

那一刻，我忽然有一种伤感涌上心头。

这个孩子的学习成绩比儿子好，小学毕业前就早早地被著名的中学"点招"了。我没有权利想象，他的快乐比儿子少。但是，我真的从来没有看到他笑过，而欢笑，是属于孩子的最美丽的表情。

那一刻，我更加清楚：我永远不会阻止儿子的顽皮，永远不会阻止儿子的嬉笑，永远不会抱怨他为什么不能再成熟一些，永远不会让他"安静一些"……一切由孩子去吧。

享受孩子的恶作剧

儿子从小就爱和我玩恶作剧。一岁多，说话还不利落的时候，就站在复式住宅的上层，向下面的客厅里，扔我的手表。至少三块手表，就这样被他摔坏了。越告诉他不要扔，他越扔，看我们着急，他就哈哈笑。

儿子从3岁到10岁这8年，他在我身边的时候我就几乎没有舒服地打过一个哈欠。只要嘴一张开，他看到了，立即冲过来，把手指头伸到我的嘴里。我一紧张，哈欠就半途而废了，弄得十分不爽。

看到我换了干净衣服要出门，儿子就凑过来，在我衣服上使劲儿地蹭嘴、擦手。我担心他手脏，他就告诉我他的手真的很脏，然后更使劲儿地撕扯着要在我衣服上蹭。看着我着急，他笑得弯了腰。

12岁前，不知道是看了加菲猫的漫画书，向加菲猫学习了恶作剧的新手段，还是加菲猫的作者太了解这类孩子了，总之儿子开始像加菲猫一样，用手抓挠我。不分时间，不分场合，一高兴，就伸出十个手指，狠狠地在我身上抓。抓得我真的非常疼。我看他指甲太长了，就让他剪指甲，这可好，他特意把指甲剪出尖尖的长尖，向我挥舞着，大叫着"锋锐的武器来了！"就真的冲了过来。

至于平时在我身上抓抓挠挠，更是每天的必修功课。明知道是儿子和我逗着玩，但也难以永远保持一份好心境面对这种随时可能出现的恶作剧。特别是在心情不好的时候，或正忙的时候，或焦躁的时候，儿子的小尖"爪子"却突然扑了过来，有时真是烦到家了。一次我又突然被抓挠了，气急败坏地说："我死的心都有！"儿子笑得前仰后合，自称"我要笑憋气了"。

但静下来的时候一想，这何尝不是一种幸福呢？

这种"恶作剧"，正是儿子和我亲昵的一种方式，是他表达亲密情感的一种手段，是我们亲密关系的一个见证。

回想过去的12年中，我不是一直在和他"逗"吗？他现在这样喜欢逗着玩、恶作剧，不正是这么多年我亲自培养起来的吗？

单纯的孩子难以理解成人所受的许多现实中的困扰，孩子们永远以游戏的心态、快乐的心情面对这个世界。所以，即使是我们在最烦的时候被孩子"捉弄"了，我们也不应该生气，也不应该指责孩子不会看脸色，而应该感谢孩子带给我们的快乐，让我们至少可以暂时从烦躁的心情中解脱，暂时停下对日常事务的思考，而专注于享受与孩子亲密无间的幸福。

时时这样提醒自己，就不会再因为孩子的顽皮、淘气、不知趣，而感到烦恼了。童心带给我们的快乐，享受还来不及呢。当孩子和我们恶作剧的时候，我们也不妨和他们恶作剧；当孩子"捉弄"我们的时候，我们也不妨"捉弄"他们。把自己也当成孩子，和他们一起游戏，快乐他们，也快乐我们自己。

但我也会告诉儿子：所有的游戏都是有底线的，那就是不能伤害到别人和自己，不能让别人烦。如果看到别人烦，你就知道人家不想和你一起游戏，你就该停止了。

我暗自幻想：儿子可以永远保持恶作剧的习惯，一直伴到我生命的终止。不同年龄恶作剧的内容可能不一样，比如12岁的他再不会像1岁多时扔手表了，但是，"逗你玩"的本性没有变。为人父母者也要不断学习欣赏这样的恶作剧，真正视之为亲密关系的一部分。

做好准备，等待儿子的"利爪"吧！

中年老父亲的伤感

一天晚上,我独自在小区的广场散步,看着身边和父母一起玩耍的小朋友们,忽然心生强烈的伤感。

我的眼前闪过儿子从出生到今天的样子:还未满月时,他眯着眼睛哇哇哭的样子;满地爬来爬去的样子;颤颤巍巍学走路的样子;第一次喊出"爸爸"时的样子;刚上幼儿园时哭着不让我们离去时的样子;第一天上小学时的样子;因为淘气我们被老师请到学校,和他一起被训,他吓得全身发抖的样子;吃一顿美味时开心的样子;一起外出游玩时疯狂的样子;和我恶作剧时的样子;沉浸在超市这个"食物联合国"时的样子;和我们对吵对闹时的样子;耍无赖时的样子;……

从小到大,儿子对我都非常依恋。直到现在,每天晚上睡觉前,他仍然要喊我到他的房间,和他拉拉手,来一个热烈的拥抱,才肯睡去。因为我通常在家工作,所以如果他放学回来看不到我,他就会立即给我打电话。有时我出差几天,他的电话每天都会追过去,旁边的人都说:"你儿子好黏你呀……"这时,我更多的是幸福。有一次,我刚下课,儿子的电话便打了过来,我接过电话后,旁边的学生说:"老师,你刚才好温柔呀……"

12年弹指一挥,过去了。我们和孩子每日相处的时光,还会有下一个12年吗?显然没有了。

可以肯定的是，儿子 18 岁之后能够和我们在一起相处的时光，加到一起，也不会有前 18 年这么多了。甚至，不会有前 12 年这么多。

我们的一生中，可以和孩子亲密接触、朝夕相处的日子，原来如此有限！

当他因为长大而远离我们的生活之时，今天所有的劳累、操心、烦忧，那时都会变成幸福的回忆，甚至忧伤的回忆。

回想过去的 12 年，当我工作时，儿子过来和我玩，我还嫌他打扰了我。有时正在专注之时，便表现得很不耐烦。但是，我知道，很快，我就会发现，他不再找我玩了。甚至当我找他的时候，他会嫌我打扰他。孩子和父母亲昵的时间其实很短，要珍惜。

孩子每年都不一样，我们应该享受他成长中的每一天。

儿子很喜欢的一件事，就是我们一家三口一起聊天。当然，主题是要聊和他有关的。而且，他没有聊够，就不许我们停下来。我们停下来的时候，他就开始提问，用他的话说："话题停下来的时候，考生就要主动发问，活跃气氛。"

原来，三一口语六级考试里有要求，考生用英文谈论话题时不能出现冷场，如果有停顿的时候，考生就一定要找话说，活跃气氛，被儿子套用到这里了。

这样的聊天，我们也会感到非常幸福，体味着亲情，倍感温暖。我们都清楚：用不了多久，儿子就会有自己的世界，不会和我们这样聊天了。

但是，我们仍然盼着他成长，我们仍然会鼓励他开创尽可能丰富的人生，即使这将使他远离我们。

做父母的，都希望自己的孩子快乐、幸福，有成功的人生。我们深刻地知道将如何地思念孩子，但是，仍然会义无反顾地送他们远行。我们将在照片和录像中回忆和他相处的时光，将在回忆中继续我们的亲密接触。

我的老母亲，当年也是这样做的。今年我的老母亲七十多岁了，仍然和我分处不同的城市。我们每周通一两次电话，那就是我母亲的幸福时光。

想到这些，我的伤感便加倍了。我的眼眶也湿润了。就是在这样一代代父母的奉献和自我牺牲中，我们看着我们的孩子长大。我们幸福，但是，我们会有思念之苦。

想到这些，我更加清楚：唯一可以做的，是更好地珍惜和孩子在一起的日子。给他更多的关爱，和他更多地亲昵，不再因为他的恶作剧或小淘气而恼怒，接受他的种种不足，不再对他发脾气，不再训斥他，给他更多的宠爱……

那天之后，我真的有所改变。

无论儿子做了什么，我都尽可能理解他作为一个孩子的天性，有不满也心平气和地同他讲。我发现，我自己的心情变得好了许多，家里的气氛也更加和谐了。我的孩子更快乐了，我也更快乐了。

随着年龄的增长，我越来越喜欢和孩子在一起的幸福感觉。

把和孩子相处的每一天，都当成我们的节日。想象你在不久的将来，将失去和他每天相处的机会，你就会对今天有不一样的感受。珍惜，珍视，感怀……

一个自闭症儿童家长组织曾请我写一句赠词，我当时写道："所有的父母都是伟大的父母，你们是更为伟大的父母。所有的孩子，在父母的呵护下都是幸福的孩子，你们的孩子是更为幸福的孩子。"我想补充的是：每个爱孩子的父母，自己也都是无比幸福的。

给后代的告诫

同儿子"谈人生"的时候,有一次我总结了自己的人生,以及对儿子的告诫。我说:"这几点你要记住,以后也要告诉你的孩子,再让你的孩子告诉他的孩子,这样一直传下去。"

儿子便说:"你写到书里吧,好保存。"

所以,我把自己对儿子、对后代,以及对所有孩子的四点期望写在这里:

第一,做一个热爱生命的人。任何时候,都不放弃生命,同时,努力创造生命的厚度,赋予它以超常的价值。

第二,做一个有理想的人。人生短暂,要努力,因为你的存在,让世界有所不同。

第三,做一个有质疑精神的人。勇于怀疑,勇于独立思考,这样才能成为一个有创造力的人。

第四,做一个坚守信仰的人。唯有如此,你才可能对这个世界做出自己的贡献。

其中第一点,与我的家庭史息息相关。我3岁的时候,我父亲自杀,这件事深深地影响了我的一生,也使我更加热爱生命。我一有机会便和儿子讲生命的宝贵,进行"防自杀"教育。我们住26楼,儿子读六年级的时候,有一天,住我们楼下的25层的邻居自杀了。因为是开煤气罐自杀,当时这事在小区里影响很大。我又借机对儿子进行了"防自杀"教育:"生命无比美好,任何时候都不要自杀,再大的困难都会过去的。"

此外,在我 40 来岁的生命历程中,大约每 10 年我都会有一句人生经验,或人生格言,在支持着我。我想也应该把它们写到这里:

第一句:**一步走在前面,一生走在前面**。我十一二岁的时候,上学总迟到,被老师批评。后来我上学的路上,便瞄准走在我前面的那个人,心里想着一定要超过他,便暗自加快脚步。超过一个之后,我又瞄准前面的一个人,再暗自加快脚步……于是,一路上我便可以超过许多人,那之后,我再没有迟到。人生的路也是一样,有的人遇事总走在前面,有的人总落在后面,这会成为一种习惯。比如完成一份作业,有的人在上交前的最后一天完成,有的人早早就完成了放在那里等着上交的日子,这背后,就是一种人生态度。当这种态度成为习惯时,人与人的差距就出现了。就是 12 岁那年,我便有了自己总结出的第一句人生格言:"一步走在前面,一生走在前面。"而一步落后,可能永远落后。我希望我的孩子从小事做起,从细微之处做起,养成各种好习惯,做一个永远走在前面的人。

第二句:**你没有办法无限地延长自己生命的长度,但你可以无限地扩展自己生命的宽度和广度**。对生命与死亡的思考,从十几岁起就一直伴随着我。对死亡的恐惧,是许多人努力工作的动力之一,他们通过工作来挑战死亡。我对自己的心理分析是,我就属于这样一种人。到 20 多岁的时候,我慢慢悟到一点:无论我们多么努力,我们也没有办法延长生命的长度。但是,如果我们足够努力,在别人做一件事情的时候做两件事情,在别人创一份事业的时间里创两份事业,在别人经历一种人生的时间里经历多种不同的人生,我们的生命不就因此富足了吗?当我们对生命有着超乎常人的丰富体验之时,我们的生命不就是延长了吗?反抗死亡的最好办法,就是去努力经历人生的种种可能。于是,在我 20 多岁的时候,便有了这句人生格言。

第三句:**你追求的目标越高,达到的境界也就越高**。这是我三十三四岁时的人生格言。十几岁的时候,我志比天高,自取笔名"方子",对朋友们坦然地说:"有孔子,有孟子,为什么不可以有方子?!"我十八九岁时的理想是获得诺贝尔文学奖。但是到了二十五六岁的时候,我发现这个理想实现不了了,那时我调整了自己的理想:让自己的名字写进人类的精神史!这志向也算得上非常高远。但到了三十三四岁的时候，我发现，我可能最多被写进中国某一学科史的某一页中。我并没有因此沮丧，因为人的成长过程原本就是挑战局限，也最终认识到自己局限的过程。接受个人的局限，同样是心理健康的表现。但令我欣慰的是，我发现：正因为曾经有获诺贝尔奖的追求，曾经有被写进人类精神史的追求，才有可能被写进中国某个学科的历史中。而如果我一开始的目标就定在某个学科的历史中，那么，我注定连这一点也做不到。这就有了我的第三句人生格言。确实，我们追求的越高，所能够得到的也就越多。人在年轻的时候，一定要有远大的理想，一定要有"猖狂"的梦想，否则，你的青春就不足够精彩。

第四句："道之所在，虽千万人吾往矣。"前三句人生格言，都是"方子"的原创。这一句，则是借《孟子》的。年近四十的时候，我已经在学术上有自己的主张，发出自己的声音，那之后一直饱受来自各界的强烈质疑与批评，甚至恐吓、咒骂与打压。我气恼过、伤心过、愤怒过，但是，从来没有退却过。因为我坚信自己是正确的。在这个过程中，我一直用这句话自我激励：真理在那里，即使一千个人、一万个人反对，我也要勇敢地往前走！在我看来，这就是坚守理想，坚持信仰，做真实的自己。非此，随波逐流之人，趋炎附势之人，是不可能创造自己的功绩的，也不可能因为他的存在而让这个世界有所改变的！

以上，便是我对子孙的四点期望，以及我自己的四句人生格言。它们彼此之间，其实是有着内在联系的。

让我们共勉！

开心时刻

假皇帝

一家三口去圆明园。有穿古装照相的业务，摆了一把"龙椅"，后面是"正大光明"的匾。经营者吆喝着我们："给孩子照张相吧，扮成小皇帝。"

我不喜欢这种东西，便向前走，没有理睬。

前面又有经营者喊我们。我正担心儿子被诱惑呢，却听儿子说："加件衣服就成皇帝了？哼！"

没印象

我们偶然聊到儿子出生时多么小，儿子在旁边搭话说："我对我出生时的事，一点没印象了。"

做梦

儿子梦中哭，妻子摇醒，急问："怎么了？"
儿子说："你偷吃我薄饼。我等了五年才买的，你狼吞虎咽就给吃了。"
妻子逗他："我没吃你薄饼呀，我吃的是比萨饼。"
儿子说："你看，还是你偷吃的吧，承认了。"
妻子哄他："来，我抱着你睡吧。"
儿子转过身去，气哼哼地说："不，我自己睡！你偷我饼，不理你！"

收藏冰

儿子喜欢雪，喜欢冰。
冬日的一天，儿子在楼下草丛里捡拾起一个冰块，拿回家，放到冰箱里，说："我要收藏到夏天。"

画"家"

儿子画了一幅画，告诉我们说，他是画家了。一看，原来画的是"家"。
这家中，爸爸坐在电脑前，妈妈在做饭，儿子在看书。
儿子解释说："爸爸一直在玩游戏，妈妈做饭好吃，我在学习，所以我知识最多。"

后现代油画

我拿回一本油画台历，是一位画家的后现代派油画。儿子看了看，说："傻瓜画！这个人不会画，狗怎么会长了两个脑袋？！"我说："这是后现代的艺术，给你留着，等你长大了就看懂了。"
儿子想了想，又说："我知道怎么回事了，那狗在摇脑袋。谁不知道呀！"

最棒

暑假作业里有一项，用5个词造一句话，然后让爸妈给打分。

儿子先在打分那栏写道："最棒！"然后让我们签字。

我们说："句子还没造出来呢，怎么就是最棒的了？"

儿子说："我以为在你们眼里，我总是最棒的。"

父子对话

我每次将自己新出版的书拉回家，儿子都会很认真地拿来翻翻，无论是否看懂。一次，他看我的《男性要解放》，里面有"走向觉悟的男性"等话语，儿子便问我："你为什么写这书？"

我说："为了影响男人。"

儿子："影响？"

我说："就是通过书，改变他们的思想。"

儿子："反正你不会影响到我。"

我："我是你的爸爸，一直在潜移默化地影响你呀。"

儿子："我的人生走一条路，你们走一条路。我们只会在终点会合，就是死亡。"

我激动地点评道："你是哲学家！"

第一次独立购物

儿子最爱吃的早餐，便是妻子做的鸡蛋西红柿挂面汤。一周七天，天天吃这个，都吃不厌。

一天早晨，妻子又要做挂面汤，可是家里没有挂面了，便让儿子去买。

儿子拿着妻子给的五元钱高高兴兴地下楼了。到了商店才知道挂面三元，于是他买了一袋挂面，买完挂面后又给自己买了一袋薯片。回家后对妈妈说："薯片是我给自己的奖励，我第一次购物嘛。"

何谓"午夜"

儿子在看希区柯克的悬念小说集，小说集属于一套"午夜丛书"。儿子便问我：" '午夜'是什么意思？"

我便给他讲："郊外，方一独自在一幢孤零零的小平房里，风雨声很大，窗子刮开了，蜡烛吹灭了，有一个黑影闪过，脸包裹得严严实实，开始狠力敲门……方一正恐惧中，忽然听到黑影说：'给妈妈开门。'"

儿子听着，已经躺在地板上笑得直不起腰了。

吉祥话

儿子2岁那年，我考驾照，出家门前问他："我能考过吗？"儿子看着我，笑着摇头。虽然知道他在和我逗，但还是很郁闷。

儿子7岁时，遇到我考试，我不时还会逗儿子问道："我能考过吗？"儿子仍旧说："过不了。"有时我便有些生气，责怪他说话太丧气。

儿子9岁时，有次我又问他："我能考过吗？"儿子认真地想想，说："嗯，我不确定。可能考过，也可能考不过。"

我说："你就说我能考过不行吗？人人爱听吉祥话。"

儿子说："可是你如果万一考不过怎么办？我承担得了责任吗？我又不是保险公司。"

爸妈的爱好

我和妻子都属于长期在家工作的人。我整天坐在电脑前，而妻子整天在打电话，有时晚上很晚了还会有电话打进来。

一天，学校让填一个调查表，里面有爸爸的爱好、妈妈的爱好这样的栏目。儿子在"爸爸的爱好"这一栏填上"玩电脑"，在"妈妈的爱好"这一栏填上"打电话"。

善人与恶人

我告诉儿子："'与善人居，如入芝兰之室，久而不闻其香；与恶人居，如入鲍鱼之肆，久而不闻其臭。'这话是告诉我们，要和有美好品德的人在一起，不和坏人在一起。"

儿子说："不对，和好人在一起长了，再和坏人待一秒钟，再回来和好人在一起，更觉得他们好。"

妙语连珠

儿子时常会妙语连珠。

我有一次说错了话,儿子说:"你脑子进水了,摇摇头,把水倒出去。"

一天,儿子忽发奇语:"一个人喝醉是自杀,两人一起醉就是他杀。"

又一天,妻子用责怪的眼光看儿子,儿子说:"你最近是不是去过监狱呀,怎么总用盯犯人的眼光盯着我呀?!"

又一天,儿子说:"我的预言能力很强。比如:前面是门,门外是路,吃饱了不饿……"

儿子说:"我要过有个性的生活。我要冬天挥扇子,夏天穿棉袄。"

儿子挥着扇子说:"我是李白……"

儿子对妻子说:"你眼睫毛太长了,该剪了。"

……

拍手歌

2008年年底,我申评副教授。儿子每天都拉着我拍一遍"拍手歌",祈祷和祝福我能够成功地评上。"拍手歌"这样唱道:"你拍一,我拍一,爸爸评上副教授;你拍二,我拍二,爸爸立即评上副教授……"

后来我顺利地评上了,对儿子说:"这里面有你一半功劳。"

扔邪

2010年春节时,妻子说要带我去商场买新皮鞋。

我说:"正月买鞋(邪),多不吉利呀。"

儿子说:"买了新鞋,你还要扔旧鞋呢,就是'扔鞋(邪)了。'"

死不瞑目

因为在我家中,死亡从来不是一个忌讳的话题,所以有时开玩笑也会提到。

游泳池里,儿子便常和我玩装死人的游戏,憋一口气,任身体自由地飘浮起来。他表演给妈妈看,让她猜这是什么。妻子猜不到,儿子便告知:"死人。"逗得妻子大笑。

午睡时，儿子赖着不睡。我便哄他："我们玩装死人的游戏吧，看谁装得像。"我的本意是，闭眼不动很快可以睡着。

儿子虽然一动不动，却大睁着眼睛。我说："死人怎么不闭眼呢？"

儿子说："你让我睡午觉，我死不瞑目。"

攒力气

周末，儿子赖在被窝里不起床，还自言自语："我在攒力气……现在力气够了，志气不够……现在志气够了，脑子想动，但身体不听命令……"

"敲诈"

一事，我和儿子持不同看法。儿子向他妈妈求援，为了获得她的信任，儿子说："你想一想吧，你是相信你自己生的儿子，还是相信一个和你没有任何血缘关系的男人！"

"绑架"

一天，我正在外面开会，手机铃响，我刚接听，便从里面传来大声的喊叫："绑架！你孩子和妻子在我们手上！速拿一份12寸比萨、一份汉堡、一杯雪碧、一碗圣代冰激凌，以及50元零用钱来赎！"

这是儿子的声音。

Chapter 3 增能与赋权

导 言

赋权，英文是"Empowerment"，也有人翻译成"充权"或"增能"，是管理学上的定义，指让下属获得决策权和行动权。它意味着被赋权的人有很大程度的自主权和独立性。

赋权是一种参与的过程，是将决策的责任和资源控制权授予或转移到那些即将受益的人的手中。从广义上来说，赋权是选择和行动自由的扩展，它意味着增加对影响生活的资源和决策的权力及支配能力。

赋权是使人获得掌控与自己本身相关事务的力量，以提升个人生活。

给青少年的赋权教育，是提供给他们相关的资源，帮助他们获得选择的能力。

赋权教育的目的是将与自身有关的权利归还给受教育者，这种权利长期以来被家长、教师，甚至整个社会所剥夺。通过教育，使受教育者具有做出对自己和他人负责任的行为所需要的技能，并且使用这一技能。

赋权教育注定将是最有效的教育，因为它关注的是青少年个体的成长，它的目标在于使他们有能力，而不是使他们"听话"。赋权教育培养的是人格全面成长的人。只要我们倾注于赋权、努力完成赋权，就完全不必担心孩子的自我选择会对他们自己和他人产生有害的结果。反之，如果被剥夺了选择权，他们未必就会听从家长、教师、社会替他们做出的选择。

赋权教育，不是把责任都推给青少年，成年人和教育工作者不承担责任和后果，"赋权"不是简单地"扔出"权利，最重要的是"赋"，即给予，帮助对方获得权利，提升对方行使这一权利的能力，这是更高的负责任的态度。

2010年7月至2011年6月底，儿子开始了他作为初一新生的生活。

儿子升入了比较理想的一所初中，更重要的是遇到了一位非常出色的班主任。在激励、赞赏之下，儿子开始由"中等生"走向"优等生"。我们看着他每一天的成长，都感到非常幸福。

作为父母，我们也在成长，增能、赋权的理念逐步成熟。

初一开学前的暑假，我们开始带着他频繁地出游。此后每年至少寒暑假各出游一次，有时还会两次。到他高中毕业的时候，我们几乎走遍了欧洲所有国家，还有非洲、亚洲的一些国家，中国的许多地方……旅途不仅是我们体验亲情的时刻，相信也有助于孩子在"行万里路"中成长。

初一：活泼孩子遇上严"规范"

初中生活开始了，我们和儿子都很兴奋。人生翻开新的一页，让儿子充满期待。

2010年7月11日，星期日，是儿子到新学校报到的日子。我和妻子陪他一起出门，他笑称："你们是我的亲友团！"

我们早早到了学校，儿子去参加分班考试，我和妻子去开家长会。

一个大礼堂，坐满了家长。校长、分管校长、年级主任、心理老师，逐个讲话。规范、纪律、配合……是老师们强调的主线。要求孩子学习规范，遵守纪律，希望家长配合学校工作。特别是家长的配合，被每个发言者都反复强调。由此可见，现在的家长"不配合"的情况一定非常多见，也是让学校管理者头疼的事。

我细细听那些要求配合的内容，也都是要学生们遵守的纪律，诸如平时上下教学楼不坐电梯，每天要穿校服，剪规定的发型，等等。没问题，这些我们可以配合。

我们开完家长会，儿子的分班考试也结束了。他蹦蹦跳跳地出来，一如既往地开心。

2010年7月17日，星期六，儿子第二次到学校。一进校门，就看见贴在墙上的分班公告。500多名学生，依据分班考试的成绩进行分班。儿子的目标是2班，因为2

班和 12 班将是全年级成绩最好的两个班。我们担心了近一个星期，害怕儿子不能顺利地分进 2 班。

儿子进了校园，跑到大榜前找自己的名字，很快找到，高兴地跑到校门口，告诉等着他的妈妈："我在 2 班。"我们悬着的心放下了。

这天发了入学考试成绩，儿子排名 53。数学和语文较差，但英语强，排 20 多名，所以把总排名拉上来了。

儿子放学回来后告诉我们，他发现坐在他后面的男生，数学成绩 95，这让他很有压力。他对妈妈说："全是学习好的学生。我的'杯具'① 开始了。"

儿子提到"杯具②"，是因为他坐的座位抽屉里，有上一届学生留下的一张字条。儿子拿回家给我们看，字条上写着："如果你是初一的，见到此条请淡定。你来到这个班意味着，你要杯具③了。——一个寂寞留。"

虽然刚放暑假，还没有正式开学，但这中学就给初一学生留了很多作业，特别是要习字。我们已经能够感受到学校严格的管理了。这让我们喜忧参半，儿子会有什么样的初中生活呢？

儿子所在班的班主任是位 40 多岁的女老师，教数学的，开会时告诉孩子们："努力学，周围都是好学校，初中升高中时可以考好学校。"

这让我们感觉挺奇怪的，鼓励自己的学生考到更好的学校去。据说，每年该校有近百名学生可以考到更好的高中。

儿子开始感受到压力。我们也有压力。

2010 年 8 月 25 日，星期三，军训第一天。实际上只在操场练操一个半小时，余下时间都在听讲各种纪律、校规和班规。

儿子回来和我们说："规矩真多，诸如头发不能比手指长，手放上，头发不能露出来。"我说："那胖人和瘦人的手指不一样厚呀。"儿子说："老师说了，以检查者的手为准。"

其他规则还有：礼堂开会时，小桌放下时不能出声音，不能低头俯向小桌，要端坐，不能打瞌睡。

班级有流动小红旗，每个学生也都有自己的一个表现分。如果学生违反

---

①②③ 杯具：网络流行语，此处意为悲剧。

了纪律，会有许多扣分的规则。"都是在扣分。"儿子这样说。

每个学生有一个小箱子，不需要带回家的书可以放里面。小箱子上锁，要求买黑锁。有两个同学买了黄锁，一个买了密码锁。老师说，要换掉。我对儿子说："看到了吧，这就是规训的过程，让你们学会规则。"

自由报名当班干部，共20多个职位，38个同学。儿子举手报了五个职位，包括学习委员、英语课代表、电教管理员，等等。妻子对此很满意，说是儿子要求上进。

儿子终于透露出来："第一天军训时，老师已经注意到我了，下楼的时候总看我。"我问他下楼时怎么淘气了，他说没有。

他这几天高兴的时候总说："GO，GO，GO！"我说："你是不是下楼时也说了？"他说："能不说吗，上午一个半小时会，下午三个小时会，还要端坐，我坐那里都快疯了。"

我能想象出，他下楼时很兴奋，一定说了话，但老师没批评他，只是看他。

我问："别的同学都很闷是吗?"

他说："嗯，但我也找到一个和我一起开心的，结果坐礼堂时，老师让我们分开坐了。"

于是，这一天的真实面貌基本就这样清楚了。老师第一天不批评他，但已经在关注他了。别人规规矩矩，他太快乐，太兴奋了。

下午妻子去接他，回来后告诉我，从教学楼里出来几百个学生，都是走出来的，就他一个人是跑出来的，从楼里就向外跑，一直兴奋地跑到校门口。

连续两天军训后，就正式开学了。我的小学生儿子真正变成了中学生儿子。

故事刚刚开始，后续如何，有待观察。但我当时几乎肯定地认为：不会省心，不久就会有老师的电话找来。

呵护孩子的自尊心

儿子刚上中学的时候,听到学校有那么多规定,我们真有些担心。头发长了要扣分,指甲长了要扣分,开会时打瞌睡要扣分,等等。我们想想,以我们孩子在小学那样不守规则的作风,这一天孩子得挨多少训呀。

我和妻子说:"等着吧,老师随时会打电话进来。"

但是,一学期结束了,我们竟然没有接到老师反映问题的电话,一次也没有!

孩子的进步是一个重要原因,我们能够非常清楚地感觉到他更加自律了,这可能与他所在的班是年级的"尖子班"、学风非常好有关系。但另一方面,也可能是老师的管理水平更高,不会轻易请家长了。

我和妻子曾试探地问儿子:"老师是否批评过你?"儿子说:"没有。"

但儿子不可能没有违反过规则呀。

有一个星期,儿子的头发长了,超过了规定的标准,但是,我们那周真的非常忙,完全没有时间带他去剪发。几天后,儿子放学回来第一件事就是去剪发,他说:"老师都说我了。"

我们便很有些惊慌,问:"老师怎么说的?"

儿子告诉我们,老师私下找到他,小声提醒他说:"头发长了,该剪头了。"

没有训斥，没有真的"扣分"，孩子的自尊得到尊重，孩子对学校、老师和学习的喜爱不受影响，问题就解决了。

以维护孩子自尊心的方式提出要求，孩子更容易接受，孩子以后也会时刻想着遵守规则。

这件事，让我们彻底放心了。也许儿子在学校还犯过其他错误，完全不犯错误是不可能的，但老师这样的处理态度和方法应该是一致的，而不会再像小学时那样动不动就训斥、请家长，或者给家长打电话了。这就是人本教育，尊重学生的教育，也是更能够被学生尊重的教育。

我们早就知道，我们的儿子是"顺毛驴"，就是夸奖他、鼓励他，他就会进步，而批评只会让他更做不好。但在小学，他常因为不守规则被批评，所以便一直不守规则；而到了中学，即使在他犯了规则的时候，老师也是私下善意地提醒，这其实是最适合我的孩子的教育方法了。

但仔细一想，哪个自尊、自爱的孩子不是这样呢？谁喜欢被批评呢？

当我们反复批评一个孩子的时候，特别是在众人面前批评他，以至于伤害他自尊心的时候，他很可能就会变得"破罐破摔"了。

孩子的自尊心是最值得珍视的。一定要千方百计地呵护孩子的自尊心！

鼓励可以创造奇迹

儿子读初一下学期的时候，有几件事让我们一度非常揪心，但老师处理得非常好，我们就不仅是放心，更是感动了。

一天晚上，儿子在做数学作业时，因为某道题不会，想不起公式了，而且也没有带笔记本回家，便给同学打电话，要问题的答案。

这同学拒绝了他，并且立即打电话告诉了数学老师，就是班主任张老师。

张老师给妻子来电话，讲了情况。然后要求与儿子通电话。

儿子非常紧张，通话过程中手不断地抠桌面，鼻子上冒出冷汗。

但是，通话中，张老师并没有严厉地批评儿子，只是问他为什么不自己做。当知道他忘了公式时，张老师在电话里耐心地给儿子讲了公式，教他做会了那道题。

当孩子犯错误的时候，有些老师通常会严厉批评。但结果可能是让孩子产生抵触情绪进而厌学。

以这件事为例，我们的担心是，如果老师狠狠地批评孩子，孩子就可能从此对数学学习产生反感，甚至会留下永远的阴影。

这样的事例，我们听说得太多了。

但是，张老师的处理方法，让我们十分感动，也非常放心。

我们清楚，这其实也是促进孩子热爱学习的最好方法。

同样一件事，处理的态度和方法不一样，就会对孩子产生完全不同的影响。

其实，这段时间，围绕孩子的数学学习，发生过几件事，都让我们一开始非常揪心，后来又非常安心。

一天放学后，儿子涉嫌抄其他同学的数学作业，被同学报告给张老师了。

张老师并没有严厉地批评他，而是及时和我们沟通。

张老师还找儿子谈话，鼓励他，夸他聪明，说："你的数学成绩本来是应该得100分的，要注意学习方法。"

这样的谈话，激发孩子的上进心，保护孩子的自尊心。那之后，儿子做数学作业确实认真了许多。

还有一件事。

三月份的时候，儿子感冒了两次，那几天没有上学。

第一天没有到校时，我们未及时请假。七点半一过，张老师便一次次打电话联系我们。因为前一天看病太累了，我们都睡得太沉，没有听见电话铃声。张老师便一直不断地打电话，直到联系到我们，知道孩子平安无事，才放下悬着的心。

这种牵挂孩子的态度，让我们很感动。

不久后的一天，张老师注意到儿子在教室里打喷嚏，便发信息给我们："天凉，别忘给孩子加件衣服。"

点点滴滴，带给我们的远不只是感动，更有安心。

把孩子交给这样的老师，交给这样的学校，真是太放心了！

有感动，就要及时说出来。所以我们便给这所学校的校长写了信，讲了上面这些事，表达了感谢。

几天后，校长回了信，说已经通过学校办公平台将我们的信转发给全体教职工，"您的来信，会激发大家在平常工作中更加关爱学生的热情"。我们相信，当好的教学态度受到鼓励的时候，一定会有更多的老师学会这样的态度，也就一定会有更多的孩子得到更多的关爱，也就有更多的家长由揪心到放心了。

一周之后,期中考试。儿子数学这门课考出了上中学以来的最高分:98分。

张老师发短信来报喜,说:"我真为他骄傲,你们也要好好表扬他!"

老师高兴,我们高兴,孩子更高兴,后来的几天里常偷偷地乐,说:"这不是做梦吧?"

鼓励,真的可以创造奇迹。

正面引导很重要

儿子读小学一二年级的时候，对打扫教室卫生很有热情。班主任老师常就此表扬他，说他擦地认真。于是，儿子做卫生就更来劲儿了。

是先做卫生认真，后被表扬？还是先被表扬，做卫生就更认真？这就仿佛是先有鸡还是先有蛋，答案是肯定的：相互促进。

但是，后来换了老师。新老师经常把打扫教室卫生作为一种惩罚措施。哪个学生上课淘气了，说话了，放学时便要留下来，做教室的卫生。

那之后，儿子就非常反感做卫生了。正常地轮到他做卫生的时候，他也一放学就趁人不注意飞快地逃掉，跑回家来。这时老师的电话便往往也追到家里，告状，同时命令他立即回学校做卫生。那之后，儿子就更加厌恶做卫生了。

同样是做卫生，当作为表扬的时候，就做得积极主动，当成为惩罚手段的时候，就唯恐避之不及。岂止是孩子会这样，大人不也一样吗？

前面说到，儿子上中学后，非常追求进步了。结果就是，考得好的课越发爱学，而考得不好的，便有些倦怠。

他英语成绩在班里是前几名，所以他也很喜欢上校外英语课。有一段时间，他忙于课外的英语考级，便停了课外的美术班。几个月没上，就和同学拉开了距离。当英语考级结束后，我们同他商量去上美术课，他有些反感："我不上了，我以后再也不上了。"

妻子分析说，一定是他在画画上受了刺激。

我便同他交流。果然，他承认是学校上素描课时，自己感觉画得不如别的同学。

我问他："你不是最好的，但会是最差的吗？"

"当然不是了。"他说。

于是我说："我理解你的心情，正因为我们画的不是最好，所以才更要出去学习呢。如果画得比别人差，就放弃，就逃避，那以后我们就要总是逃避了。人的一生中，不可能所有方面都比别人强，即使最强的方面，也不可能永远比别人强……"

从儿子的表情看，他"再不学画"的决心有所动摇了。我和妻子都相信，以儿子的"懂事"，再过一二周，再慢慢和他谈这事，他一定会同意再去上画画课的。

这件事也告诉我们：孩子总是喜欢被肯定，无论是家长老师的肯定，还是自己的成绩得到肯定，做得越好便越有热情，有热情便会做得更好。

所以，我们不妨更多地发现并称赞他们的优点，积极鼓励他们。

上进心 PK 名次

某天，儿子放学回家，打开书包写作业，意外地发现作业本忘记带回来了。因为每个学生都有一个小抽屉，所以通常老师鼓励学生只把用得到的书带回家，以减少书包的负荷。儿子今天便带错了本子。儿子烦躁得嗷嗷直叫，充分展现青春期前期的"症状"。

我劝他："也会有别的同学带错本吧？"

他说："常有。他们还存心不带，为了不写作业。"

但是，躲得过初一，躲不过十五，没写的作业也都要补上。儿子从来没有不写作业的经历，他都是尽可能放学前就挤课间和自习课的时间完成作业。今天不能写作业，还要留到第二天补写，他自然非常烦躁。

儿子烦躁的另一个原因，还是因为要被扣分了。升入初中后班级里实行一项个人计分制度，每个人刚开始都有 100 分的满分，做了好事，表现好，学习好，就加分；犯了错误，就减分。儿子说，一门功课没做作业，就会减 1 分。他今天两门课的作业本没有带回来，意味着将被扣掉 2 分。"我现在还是 100 分呢。"他沮丧地说。

儿子说，开学之初曾经得到过 102 分。因为他第一周值日的时候，和另一位同学很辛苦地抬着装有几十个空饮料瓶的袋子去卖废品，结果因为收废品的不在，又抬回了四楼教室，第二天又抬着去卖……但后来因为表现不好，这加的 2 分又被扣了。

虽然儿子忘记带作业本，没有写作业，但我那天晚上感到很欣慰。我还表扬了儿子，告诉他说，从他因为不能写作业而那么心急的状态中，我知道他是多么认真、上进的孩子，所以我感到很欣慰。作业明天还可补上，上进心如果没有了，就什么希望都没了。

但儿子显然并不因为我的安慰而略有宽慰，一晚上都在为不能写作业而纠结着。我又一再劝他：人生中总会有犯错误的时候，这只是一个小错误，要学会承受错误，允许自己犯错误。

第二天早晨，儿子早早到学校，迅速完成了英语作业。所以忘记带作业本这事，儿子只被扣掉了 1 分。

约半个月后，儿子告诉我，他又是 100 分了。"怎么补上来的？"我问他。"就是使劲儿做卫生，四处找活儿干呗。"他说。

进入中学后，学校和老师善于鼓励孩子的上进心，我们做家长的也善于引导，所以，能够清楚地感到孩子越来越有上进心。

在《我的孩子是"中等生"》一书中，我便提到，儿子在进入小学三年级后，开始非常关注自己在班里的位置。老师在教室墙上画出一个"读书山"，谁读的书最多，谁的名字就在最前面。从那"山"贴出来开始，儿子的名字永远是在最前面，而且领先第二名许多。这是令他骄傲的事情。而考试成绩的靠前，也是令他骄傲的事情。

儿子所在的学校，是海淀区的示范校；他在的这个班，是全年级成绩最好的两个班级之一；他在这个班里，成绩算中等偏上。虽然仍然是中等生，我们仍然不断地表扬他。这不仅是为了鼓励，更是因为孩子真的很上进，很勤奋，也很好学。这些都是足以鼓励的理由了，而一时的成绩如何，并不是最重要的。

初一第一次期中考试后，儿子非常不开心，因为数学得了 84 分。再多一分，到了 85，就算"优"了，而他算"良"。我们又想办法安慰他。全年级 500 多名同学总排名时，儿子排到了 48 名，比他入学考试时的 53 名上升了 5 名。数学老师说，他没有考好，因为一道题审题不慎，很不应该地丢了 5 分。儿子有些沮丧。但我们一再鼓励他：你已经进步了，下次会更好！

我不主张在名次上过于鼓励孩子"进取"。我一直对他说，只要在班级的前30%就可以了，完全不必去追求前几名。孩子已经压力很大了，即使用积极的鼓励法去激励孩子，比如说"你能行""你很棒""一定得第一"之类的话，也会给孩子压力的。

排名不一定适合所有的学生，但适合儿子，他从小就争强好胜，喜欢排名之类有明确指标的事情。

我们一直希望他清楚：可以重视排名，但不要被名次所累，不要成为名次的奴隶，不要影响自己快乐的心情，这是最重要的。

每次考完排名时，儿子所在的班里，有两三个同学考试总不及格，排在最后。老师曾说，到一定时候学习再跟不上来，就让他们转班了。

这些学生当初之所以能进这个全年级的"好班"，可能是因为家长采取了特别的办法等原因，但是，如果在这个班里跟不上学习，排名在最后，甚至迫不得已再转班，这对这些学生的自信心、自尊心都会是非常大的打击。其中有些人可能就会自暴自弃。每次听儿子说到考试成绩、排名时，我都替这排名在后面的几个孩子难过。与其去做"好班"中的最后几个，不如去做一个普通班的中等生，这样孩子的自信心和自尊心就少了许多受伤害的机会。即使他们学习成绩暂时不好，但他们还会保留孩子的快乐与天真，保留自信与自尊，这对他们人生的成长是非常重要的，远远比到"好班"和"好学校"重要。

儿子小升初的时候，没有顺利升入"名校"，现在想来，我内心感到非常庆幸。

几年前，有媒体报道，清华附中有一名初二学生，物理考试考了78分，父母很生气，愤怒地训斥他。结果第二天，那孩子就卧轨自杀了。这样的事情会让每个做父母的都心惊肉跳。我们希望孩子有好的学习成绩，但更希望他们快乐、健康地生活着。所以，就不要逼孩子太甚吧。只要他们保持上进心，就一定会有好的未来！

因为我们看到了儿子的上进心，所以我们感到很幸福，很宽慰，总因此表扬他。但每次我表扬他的时候，都忍不住会说一句："一直坚持下去，一定错不了，初二时千万不要滑坡，初二太重要了。"

确实，许多孩子都是在初二时发生变化的，初二是一个大转折。

我说这些时，儿子便会说："你又说你自己了吧。"

的确，我读初一时，第一次期中考试是全班第七名，到初二却开始贪玩，不爱学习了，以至于后来的人生走了许多弯路。我常拿自己失败的例子教育儿子，他对这事也已经耳熟能详了。

初一，鼓励孩子的上进心；初二，继续保持上进心；到初三，父母应该就会省心许多了。这是很多教师和家长的经验总结。

找到对的点，爱上读英文书

小学一年级暑假开始，我引导儿子读中文书。到小学毕业，儿子的总阅读字数肯定突破千万字了。与此同时，他的视力也下降了。

我们开始限制儿子读书。

用儿子自己的话说："你潜移默化地引导我读书，现在又开始潜移默化地引导我不读书。"

后来，我想到一个办法，那就是让他"听书"。买了一些长篇评书、小说广播录音，让他听。因为是用笔记本电脑在听，没多久，竟然听坏了电脑的喇叭，不得已外接了喇叭接着听。

但是，阅读的乐趣无法完全靠听广播替代。

习惯于阅读的儿子无法忍受几天都不阅读。他会偷偷地买书，放在学校，利用课间看，不带回家。

读初一时，老师规定读课外书，他仿佛得到了尚方宝剑，兴奋无比，以"老师让读的"为理由，又买了一堆大部头的厚书读。每看到他读书，我们就心疼，不断地提醒他休息。

与此同时，儿子的英语水平也在不断提高，我曾鼓励他用英文书代替中文书，直接读英文书。我买回了格林童话的英文本，以他的能力完全可以读懂，但他还是读了几页就不读了。

一年级上学期期中考试后，学校又提供了一个阅读书目，我和他一起上网买。但逐本看了简介后，儿子主动提出一本都不买了。因为其中儿童读物居多，而他已经读了好几年大部头的著作了，读那些儿童故事实在不过瘾。

我忽然意识到，我给他买格林童话犯了一个错误。我只考虑到他的阅读能力，而忽视了这样的童话本身对他没有吸引力。

我专程带他去书店，任由他自己挑选。他最后选定了福尔摩斯探案集的缩写本。虽然福尔摩斯的中文全本他早读过，但那些侦探故事对他还是很有吸引力的。果然，他一路捧着书，非常兴奋。当天晚上就坚持要读完一篇才睡觉，第二天周六起床，饭不吃就又坐到桌边读福尔摩斯。

儿子对我说：他之所以能读下去，除了故事吸引人外，还因为这本缩本的英文对他来讲太简单了，几乎没有生词就读到尾了。

我便想：也许一开始让孩子读英文书时，就应该从这样比他现在水平略低的书入手，这样，就能吸引他的兴趣。而如果一上来就读和他当时水平相当的书，因为缺少读英文书的习惯，所以一定会感觉艰涩，影响阅读兴趣。但是，也不能选择水平低太多的书，那也会影响阅读兴趣。儿子自己选书时，便主动放弃了很多"太简单"的书。当孩子读英文书的习惯在读水平略低于自己英文水平的书中培养起来之后，再逐步提高难度，孩子因为已经习惯了读英文书，就会慢慢接受的。

这就给了孩子一个成长的过程。

我和儿子一起回忆：当他读第一本中文书时，也非常艰涩，小手指指着一行行字，一个一个地向后移，一个故事读好长时间。而坚持下来，很快就能做到一目十行了。读英文书也是一样，我告诉他，注定每读一本都比读上一本顺利，读十本之后，注定也像读中文书一样习惯了。

儿子时常有读中文书的想法，都被我们以保护他的视力的名义阻止了。但我告诉儿子：如果你读英文书，无论你买哪本，我都不阻止了，你想看什么就看什么。儿子听我这样说时，眼睛亮亮的。

我说："你只要坚持读英文书，用不了几年，就可以直接读那些你想读的名著的英文版了。"

我想，我设了一个套，这个套是为了培养孩子读英文书，提高英文能力。但如果我直接说：你读英文书，提高英文能力，他可能没有很强的动力。

我想他读英文书的起始阶段，我完全不需要进行限制。因为如果他读得不畅，感觉艰涩，必然会读几页就放下休息。而如果他一旦进入了一目十行，像读中文书一样读英文书的境界，我再基于保护视力的目的限制，也不会影响他读英文书的兴趣了。

所以无论如何，我都可以达到我的目的：

1. 保护他的视力，尽力减少眼镜度数的增加速度；
2. 让他习惯读英文书，从而提高英文能力。

父母想要达成某种目的时，一定要知道，这目的是你的，而不是孩子的。不要以为你的目的就是孩子的目的。更不要想当然地认为，只要是为了孩子好的目的，他们就一定会接受，至少是应该接受。孩子对事物有自己的判断标准，更重要的是，孩子是人，凡是人都是有感情的，而并不都是理性的机器。所以，要允许人像人那样思考和行动，也就要允许孩子拒绝与反抗那些即使是对他们非常有好处的建议。

父母理解了孩子的心，就可以用诱导的方式，找到能够满足孩子愿望的点，用这个点来诱导他，也就是不再以单纯的理性来说服。当理性说服变成感性诱导之时，孩子便可能会自然地、自愿地做父母希望他们做的那件事，只有当他们自觉自愿做，而不是受父母强迫做，不是被所谓理性支配做，他们才会焕发出真正的潜能，做的事情也才能达到事半功倍的效果。

而孩子一旦从这些被诱导去做的事情中尝到了快乐，体验到了乐趣，他们就会真正地投入这件事，再也不需要父母的动员、说服与命令了。

我们总是有许多事情希望孩子做，而他们并不一定很喜欢做。一定要相信，你可以找到那个能够诱导他们做这事的"点"。发现这个"点"，依靠的不是聪明与智慧，而是爱心、耐心、同理心。真正理解孩子，站到孩子的视角看世界，你就一定可以找到那个让他们兴奋的"点"，从而也找到孩子在快乐中成长的途径。

移民，适合我们的孩子吗

因为儿子在"小升初"的时候受到了"潜规则"的不公正对待，我内心很长时间都非常痛楚。就在这时，动了移民的念头。

妻子负责查找各种有关移民的资讯。我们非常清楚，如果我移民到国外，我现在所有的一切全都会丧失。因此我们计划，妻子和儿子办移民，我仍然留在国内工作，每年寒暑假去国外和他们相会。

我们甚至进行了精密的计算，现在的住房可以卖多少钱，办投资移民将用到多少，余下的可以在美国或加拿大买到什么样的房子，几年后投资又可以收回，我们的投入会给儿子带来怎样的回报，比如，在当地享受免费的教育，医疗的保障，等等。

我们也评估了各种收益与风险：经济上的，情感上的，学业上的，未来事业上的，眼前日常生活上的。

我和在国外或者曾在国外生活的朋友讨论：到底该不该移民，何时移民。有朋友说：为孩子考虑，移民当然是越早越好，出去得越早便越能够融入当地文化。

还有人说得更"专业"：如果你想让他将来在国外工作，那就越早出去越好；如果你想让他将来回国工作，那就不要急于出去。

还有朋友现身说法，某名校的大学教授，儿子 16 岁去了美国，大学毕业后回来了，既没有融入美国文化，也没有融入中国文化，现在整天无所事事。

我的一位老师更是告诉我："你如果想要他受好的教育，就让他现在出去；你如果想要儿子，就不要这么早出去。"他的理由是：在西方文化下长大的孩子，都太自私，没有亲情，"会不认你这个爹的"。

最后，只有一个问题在困扰我们，使我们迟迟无法做出移民的决定，那就是：因为分居不同的国家，我和妻儿每年是聚少离多……想到这一点，我们就举棋不定了。我一方面舍不得和他分开，另一方面又不想因为自己的"私利"而牺牲儿子美好的未来。

我们把这个"球"抛给儿子，征求他的意见，看他是否想现在出国。

出乎我们的意料，儿子的回答非常干脆，两个字：不去！

坦白而言，听到这回复的时候，我的内心挺复杂的。一方面，觉得孩子自己选择不去，我不必背负影响他美好未来的心理压力了；另一方面，我又为他无法接受更好的教育、影响了他的未来而有些忧愁。

我们还是难以做出最后的决定，仍然一次次地和儿子讨论。我们担心他太小，将来会对自己的决定后悔。我们要帮他做人生的重大决定。那段时间，许多个晚上，我们都辗转反侧，好几夜做梦，在梦中惊醒。

我试探地问儿子不愿意出去的理由，他说了担心那面都是外国人，自己适应不了，还说："我不想和你分开。"

那一刻，我感到幸福得要掉泪了。

终于有一天，儿子的一句话，让我彻底释然了。他说："我不想去，那不是我想要的。"

是呀，那不是儿子想要的生活。

也许那生活是好的，但它不是儿子想要的，至少不是他现在想要的。也许他以后会想要，那就等到那时再给他吧。

移民，也许对孩子的未来是一个好的选择。但是，对于今天的儿子来讲，他就要面临漂泊异地他乡，面临和父亲极少见面，面临整个家庭的"解体"。这对他不是一种伤害吗？

我们一直想把我们认为"好"的生活方式加给他，却忽视了这"好"的生活背后，可能潜藏着"坏"的伤害。

我们不能为了以后的"好",牺牲了眼下的幸福!以后的事情,就留给以后吧。有一天,他自己也许会渴望出国读书的,那时再给他,就是一种幸福。而在他准备不充分的现在给他,就是一种伤害,可能还会是非常大的心理伤害。

不去了!

当我们最后做出放弃的决定时,我感觉非常轻松!我又可以和儿子朝夕相处了。

你的牢骚，我都懂

上初一后，儿子立即开始了非常紧张的学习生活。如果说，他读书的小学还在反复强调"素质教育"，到了中学，则从第一天起就在大讲如何努力，才可以在中考时考上重点中学。学校和老师对学习抓得非常紧，作业很多，几乎每周都有或大或小的考试。幸好，儿子很自然地接受，没有感到很大压力。

但是，在我们的计划中，初一上学期，还要进行北京英语水平第三级的考试。考二级是在读小学的时候，作业少，回家基本就没什么事了，所以儿子很轻松地考了下来。而到了中学，每天回家写完作业，也就要睡觉了。有一点点时间，孩子还想放松一下，看会儿电视或小说。所以，准备这个英语考级，便只能是在周末两天里，挤出一天多时间，非常紧张。

儿子几次抱怨说："太累了，一点儿玩的时间都没有，不考了！"

刚开始我们还比较焦虑，一方面理解孩子的辛苦，另一方面又觉得，小学毕业后的整个暑假几乎都在准备这个考试，中途放弃实在有些可惜，就劝他：再坚持一下，这次考后就不再参加任何英语等级考试了，只按学校的安排来学习了。

但后来，我们发现，我们的焦虑是多余的。儿子时常会说"不考了""不学了",但他没有一次真的在该备考的时候放弃复习。我们就渐渐理解了,儿子声称"不学了"的时候,只是宣泄压力,表达一种情绪。而他内心是积极向上的,是想考的,他自己也是舍不得放弃的。所以,每次我们一说"现在放弃多可惜"之类的话,他就不出声了。

理解了孩子的这一心理,就要给他充分的空间去发牢骚和宣泄压力。他发牢骚的时候,抱怨的时候,就是减压的时候。减压结束,也就自愿地去学习了。而如果家长太较真儿,孩子一说不学了,就很紧张,说一堆要继续学的大道理,比如家长大叫"一定学,你是学生,不学习干什么"之类的话,可能会使孩子很烦,压力也累积了。心情不好,怎么能学好呢?

所以,当他发牢骚,声称"不学了"的时候,家长就静静地听着好了。

家长对孩子上进心的鼓励,对孩子热爱学习的习惯的养成,要在平时的言传身教、潜移默化中实现,而不必集中到他发牢骚的时候。

儿子的表姐英语非常好,周末我们常请她来帮儿子复习英语,准备北京英语水平第三级的考试。连着几个星期,儿子很累了,有一个周五回到家,听说第二天又让姐姐来帮忙,他就大叫:"我累死了,我不学了,她来我也不学了!"他刚从学校回家,很累了,我们并不理睬他,而是允许他充分宣泄。吃完饭,写完作业,儿子有些歇过来了,我们商量着问他:"明天还让姐姐来吗?""来。"他很爽快地说。

在孩子声称不想学习的时候,要相信他们并非不爱学习,只是太累了,需要放松。成人工作一天,晚上回家都想放松,什么都不想做了,何况孩子呢?儿子发牢骚的时候,我们有时还会和他一起宣泄,说:"是呀,早晨天不亮就出门,晚上天黑了才回家,孩子多辛苦呀!"听到父母这样理解地说话,孩子得到认同,心里就舒服了许多。

父母的理解,可以让孩子真正放松,同时保持对学习的热情。

厨房小达人

儿子读初一时，正式帮忙做饭了。

以前他也时常要求进厨房帮我们做饭，但妻子总怕他做不好，担心他烫伤，或被菜刀划伤，不让他做。

初一时妻子同意他进厨房帮忙。儿子负责洗菜、切菜，不仅洗得干净，而且切的菜也非常整齐。虽然有一次切到了手，但不严重，创可贴一贴便解决了。

儿子还负责洗米、做米饭、打豆浆。儿子非常高兴做这些。

妻子总结了一个经验：教孩子做家务，要给他一个明确的量化规则，这样方便孩子学会。

比如，教孩子做米饭，要在米袋里准备好一个碗，告诉他一次要放一碗米，两碗水。这样非常好操作，孩子学起来快，也有成就感。

同理，妻子也在放黄豆的袋子里放了一个小碗，告诉他，每次黄豆要放到正好将豆浆机的底部铺满，而又不能多出来。再将水续到机器本身就有的某个刻度处。

小学毕业后的那个寒假，儿子学会了做米饭，还学会了用豆浆机做豆浆。周末在家的时候，这两样都是他负责做的。这同妻子的"量化规则"不无关系。

儿子爱进厨房，显然与我的正面引导有关，从结婚起我便通常负责洗菜、切菜、洗碗，除非特别忙的时候，这些事都是我做的。我负责台上的，妻子负责灶上的。儿子看着我在厨房中的身影长大，自然也潜移默化，喜欢进厨房。

我自己是性别平等和男性参与的倡导者。男性参与便是主张男性要参与到传统上由女性从事的工作中，特别是家庭内部的劳务。我不仅倡导，还身体力行，自然也成为儿子的榜样。我在大学讲课的时候便说，女孩子嫁人之前一定要先去考察对方的父母，因为孩子许多时候在家庭中会复制父母的行为模式。像我这样居家男人的儿子，就是最好的结婚选项（绝对不是自夸）。

最让我感动的是，有一天，妻子出差，我那天讲了一天的课，非常累。晚上做饭，可能是因为太累了，脑子一时糊涂，没控制好量，饭做少了。儿子吃饱了，我还没吃饱。当时又累又饿，冰箱里也没有吃的了，非常沮丧、难过。儿子见状，说："我给你做鸡翅吧。"他便立即去拿出冰箱下层冷冻的鸡翅，按着妻子平时给他做鸡翅的操作程序，用微波炉迅速做好了香喷喷的鸡翅给我吃。我当时那真叫一个激动加感动，儿子给我做饭了！加上又累又饿的特定情景，我眼泪都快下来了。那种幸福感，真是难以言说的。

教孩子做家务，有时会带给你意想不到的幸福体验，更重要的是，还培养了他们对家庭的责任感、家务的参与意识，这真的有助于提升他们未来的婚姻幸福指数哟！

美德的感召力

2010年9月28日，晚上儿子回到家，脸上写满悲伤。

原来，出地铁后不久，他发现装着公交卡、学校饭卡、借书卡的小袋袋找不到了。无疑，是出地铁后掉的。

公交卡，上星期刚刚充值100元。饭卡，前一天刚充值100元。

儿子回去找，已经找不到了。

儿子一向非常节俭，从不乱花钱，这次损失，对他是一次重创。

一路沮丧地回家，自然不必说。

回到家和我们说起时，他趴到桌上，眼泪都要掉出来了。

我们忙劝他：这是小事，每个人都会丢东西，人丢东西是难免的。

我说："我初中时，丢过三次饭卡呢。"我没说的是，我那时所谓的"饭卡"，不过是一个准许去锅炉房蒸热自带的午餐的小牌牌，好像是一个月几毛钱。

妻子说："我有一次，刚发了工资，当天整个包就丢了，三千多的工资全没了。"她没说的是：那是20年前的一件事，当时她的工资是800元。

儿子仍然很伤心，很烦地说："我要去玩电脑游戏！"

为了保护他的视力，他已经几个月没玩电脑游戏了。

但这次，我们立即同意。儿子虽然小，已经懂得自我疗伤，用玩游戏的方式来帮自己从坏心情中解脱。

果然，一个小时后，叫他吃饭的时候，他已经很平静地面对这次"财产损失"了。我们给了他钱，让他第二天再去补办两种卡。

第二天晚上，儿子回到家，兴奋地告诉我们：丢失的卡都回来了！

上午，学校教导处的人便到儿子的教室，把他丢的卡还给了他。原来，是拾到的好心人，看到里面借书证上的学校名称，专门给他送了回去。

我们都非常高兴，也很感动。

我问儿子："老师给你时，你有没有兴奋地大笑？大跳？"

儿子说："很高兴，但没显露出来。"

我说："你说谢谢了吗？"

他说："说了。"

儿子又说："你说那人是专程给我送去的吗？会不会是我们学校同学或老师拾到的？"

我说："当然了。哪有那么巧，肯定是人家专程给你送到学校的。"

儿子说："他还真有时间。如果是你，你会送吗？"

儿子知道我整天忙到疯掉，所以才会问这样的问题吧。我也实话实说："如果是以前，我拾到后，可能会交给地铁站的工作人员，或者交给警察，我确实舍不得拿出时间专程送去。但是，经过你这件事之后，如果再拾到，我就一定会亲自、尽快给送回去的！别人帮了我的孩子，我也应该帮别人的孩子。这就是榜样的力量，这就是相互学习和感动的力量。"

那天晚上，我一直沉浸在温暖的心情中。不只是因为卡里的 200 元钱，更因为这送卡人的爱心让我感动。我清楚自己将向他学习，拿出一些精力和时间去帮助别人。这，就是美德的感召力。

我被这美德感召，我相信我的儿子也在被这种美德感召，在需要的时候，他也会这样去帮助别人。

这种感召力不断扩大，我们生活的社会就会更加美好。

留存快乐瞬间待回忆

很多看了我书中关于儿子童趣记载的朋友，特别是读了《我的孩子是"中等生"》一书中"温馨絮语"后的朋友，都对我说："你的孩子多有趣味呀，你们家里多快乐呀，为什么我的孩子说不出这么多有趣的话，为什么我的家里不是这样充满快乐？"

其实，每个孩子都是充满趣味的，每个孩子都能够说出许多"有趣的话"。因为所谓"有趣的话"，就是孩子童贞的心灵的自然流露，以不符合成人世界的规则，在解读或评点着这个成人世界。如果父母没有听到孩子这样的话，不是他们没有说，而一定是父母的听力有问题。当然，父母不需要戴助听器，而是需要增加一份细腻的心。

我请一位朋友回忆，她的孩子真的没有说过"有趣的话"吗？她想了想，忽然一拍大腿，说道："想起来了，说过！有一次，孩子的爸爸说：'你为什么不是神童呢？'孩子回答说：'因为你不是神父。'"

这就是闪耀着童趣光芒的语言，只这一句，就说明这孩子真的是一个"神童"。每个孩子，都是这样的神童。

但为什么这样的话被父母忽视了呢，需要认真地想，才能想起偶尔几句？那是因为我们平时没有留心听，也没有留心记下来。

我在《我的孩子是"中等生"》的书中，从来就没有回避过，我们家也有争吵，也有纠纷，作为父母的我们和儿子也会爆发或大或小的"战争"。所有父母和孩子的关系都是相似的，不同的是，父母需要一双发现美的眼睛，然后再将美留在心中。

记下孩子说的那些充满童趣，闪烁着智慧的话，记下他成长过程中你的思考与感悟，记下每一件曾让你动情的小事……如果你很忙，就记几个字下来。有了这些，你就有了幸福回忆的备忘录。

从儿子出生之日起，我就保持着记下他成长中点点滴滴的习惯。一开始，并没有想过要出版一本书，更没想过要出版畅销书。儿子也一直鼓励我记下这些，他也并不是很希望出版。我们的本意，都只是留下一份幸福的回忆。这一点，我们做到了。

每个孩子的父母都可以做这件事情，至少，那是你家中的书，是你幸福回忆的源泉。在这个过程中，你会发现和孩子在一起的生活充满快乐。

一位女性，和她丈夫关系不好，生活得并不快乐。她的全部快乐都在孩子身上。她曾和我咨询，该如何让自己快乐起来。她是一位媒体工作者，有很好的文笔。我便建议她：从写下孩子的快乐成长开始吧！既然孩子是她快乐的源泉，她应该就很乐于做这件事情。而在做的过程中，生活中的阳光便加倍地呈现了出来，而生活中的灰暗便被挤到角落处了。而且，她和孩子都将因为这记录而得到成长，因为记录的过程，就是思考的过程，也是行动与改变的过程。

记得儿子读小学那年，我出版了第一本关于他的书，名为《宠爱孩子》。我的一位朋友笑着对我说："你的儿子成你的摇钱树了。"

如果记录和孩子相处的快乐与思考，可以成为我们的摇钱树的话，那我要说，每个孩子都是他父母心中的摇钱树，摇出整个身心的幸福，摇出一生的阳光。

这，真的是无法用金钱来衡量的。

如何面对贫富差异

一位朋友来电话,她的儿子读大一,最要好的同学是一个"富二代",每月零用钱3万多元,家里资产有几个亿,几乎天天请这朋友的儿子吃饭,每顿饭都一千多元。还常带他一起去泡酒吧,吃喝玩乐。

朋友的儿子便受不了了,很焦躁,不明白自己为什么没有生在富有的家庭里,回家就责怪父母没有赚很多钱,自己不能过别人可以过的生活。整天纠结于这样的问题:都是人,为什么他可以,我不可以?

不能怪孩子。即使是大人,身边有这样一位富有的朋友,心里也会起波澜,何况孩子呢?

幸运的是,这男孩子头脑非常清楚,对妈妈说:"我要转学。如果不转学,我非疯掉不可。"

但他此时就读的是一所重点大学,而且还在一个非常有影响力的专业,转学就只能去差一些的大学,实在是很大的损失。于是,朋友不同意。

这朋友在电话里问我:应该怎么办?

我建议:就按孩子说的,让他转学吧。虽然转学是一个损失,但相比"疯掉",实在是一个太大的幸运。这个孩子非常清楚自己所承受的心理压力,他想到了逃避。是否有可能迎接压力,调整自己的心态呢?当然有可能,但那是一个艰巨的任务,对于一个十八九岁的孩子来说有些过于艰巨了。而且事态已经发展到现在，解决问题最便捷的方式就是脱离那个环境，到新环境中去处理自己的心理问题。而如果纠结在旧的情境中，我真的担心会出现更大的心理问题。

我这样说并非过于耸人听闻。就在一年前，我就接触到同样的一个案例。两个女孩子，同样是要好的大学同学，同样一个家境平常，一个是"富二代"。这个"富二代"同学的父亲只要想起来就给女儿的卡里打几万、十几万，他和女儿对卡里一共有多少钱都没有概念。这个"富二代"同样邀上自己最要好的这个女同学，花天酒地，一掷千金。而这个家境平常的女孩子，同样像那位朋友的儿子一样，越来越无法承受巨大的差异，出现了严重的心理问题，却还没有引起高度的重视。最终，真的精神失常了。

不能简单地怪孩子们心理脆弱，而应该认识到：贫富悬殊形成的巨大冲击，是我们这个社会的一个重要现象。只不过，成年人通常没有机会同与自己经济地位相差悬殊的人做朋友、密切交往。而校园使之成为可能。校园不可能给"富二代"们专开一个班，处于青春中的同龄人会成为朋友，但经济条件与生活方式的巨大落差不可避免对许多孩子构成严重的心理负荷。

所以，我告诉那位朋友，最简单、最快捷、最保险的方式：转学！

转学并不能解决一切问题，没有任何办法能够解决一切问题，更不能解决根本问题，但是，转学可以使我们脱离那个让我们心理失衡的情境。

经历了这两个案例，我自己也开始紧张了，担心儿子也会遇到这样的问题。

与其等问题出现再处理，不如未雨绸缪。

那天，儿子放学回家，我便和他讨论这件事。我先把那个咨询的电话告诉了他，然后问他，如果他最好的同学也是这样的"富二代"，他会不会也感到难受。

儿子说："我才不会呢！"还开玩笑说："有这样的人找我咨询，我就建议他自杀。因为他永远不可能赚那么多钱！"

我还是有些不放心，继续和他讨论：成功是需要代价的，赚大钱是需要代价的，成为"富二代"也是需要代价的。我和妻子认识的一些有钱人，都付出了许多这样的代价，包括健康的代价，或者是家庭生活的代价。

我告诉儿子：如果你的同学有一个"富二代"，你可以去问问他，他的爸爸一星期陪他游过几次泳？他的妈妈是否天天陪他上英语课？他的爸爸是否给他写过两本书，并且还在写第三本？

我告诉儿子："我们不富有，但也不贫困，是普通家庭。你想要的，都有了。父母的陪伴与呵护，也都有了。我们每个人应该从自己的生活中发现幸福，那就是最快乐的。而如果不能做到从日常生活中发现幸福，有再多的钱也不快乐。"

儿子有些不耐烦："你说的这些我都懂！"

也许，我们应该相信，在大量阅读中长大的孩子，在幸福家庭中长大的孩子，真的不再需要这样的特殊教育。

但是，我们事先进行了这样的交流，我相信会有作用的。重要的是，儿子如果遇到这样的人，他有想法，也会和我们进行交流。

即使你的孩子再出色，你再放心，在一些重大事情上，也不妨多下些心思去影响他们。因为那负面的后果，是做父母的所无法承受的。

父母是孩子的榜样

成人很愿意做的一件事，便是比较孩子像不像爸妈，或者是像爸爸多一些，还是像妈妈多一些。这种比较，通常是面部的比较。孩子继承了父母的遗传基因，自然会有许多地方像父母。

但是，我们较少看到，人们对孩子和父母的习性进行比较。这可能是因为，除了亲属之外，我们很难同时接触到一个家庭中的两代人。

那就看看我们身边的亲属吧，你一定会发现：两代人间在性情上的相像，有时远远超过在外貌上的相像呢。

比如，父亲爱神侃，儿子往往也爱吹牛；母亲说话声音细弱，女儿通常也会说话声音温柔；父亲做事拖泥带水，儿子绝不可能干脆利落；母亲好搬弄是非，女儿也不是省油的灯……

其实中国古人早就知道这一点，有许多人也用成语、俗语说这事，比如"有其父，必有其子"。

父母是孩子的榜样，长时期的生活，耳濡目染，孩子的性情的根基就是这样被奠定了。所以，有时我们真的不应该责怪孩子，因为他们做的，就是从我们这里学来的。他们是我们的影子，父母从孩子的身上就可以看到自己。只不过，我们通常缺少这样检讨的能力，意识不到孩子的一切都是我们的翻版。

上初中后，儿子开始时常和我们发脾气。这是初一年级学生较常见的表现，心理老师告诉过我们：父母最好的应对方法便是不理不睬，让他发泄够，千万不要和他们对吵。是否所有初一的孩子都爱发脾气，我不知道，但我的儿子确实这样。我有时想，他这样是否是和我学的呢？我曾经着急的时候不是很爱大喊大叫吗？

我时常会得意于儿子和我一样做事总是往前赶，有很强的时间意识，自鸣得意地说这是有我这个好榜样，为什么当儿子大嚷大叫的时候，就不说是向我学习的呢？

知道了"有其父，必有其子"，我就更加小心地做父亲，比如不大吵大叫，对儿子尽可能地好，等等。我知道，我怎样对儿子，他也就会怎样对我。我怎样经历人生，他也就很可能同样地经历人生。

为了孩子，我们也应该有一份积极的人生态度了。

我到陕西人民广播电台的"青春"栏目谈及孩子的教育，其中谈到，我们家曾经三四个月不看电视。主持人感到非常吃惊，说："你们真做得到？"

我反而对她这样的吃惊略有些吃惊，几个月不看电视，是一件很困难的事情吗？

主持人很快恍然大悟了："因为你不爱看电视！"

当然，比起阅读，我不爱看电视。我自己也很忙，几乎完全没有时间看电视。别人谈论起热播的电视剧，我经常不知所云。

主持人因此总结道："父母如果不想让孩子看电视，就要自己以身作则。"

这无疑是真理。

我认识这样的父母，自己把电视声音开得很大，让孩子在一旁写作业。这不是折磨孩子的神经吗？

不仅是看电视，任何事情上，父母都要以身作则。

以培养阅读兴趣为例，一定是父母自己爱读书，孩子才可能爱读书。如果父母自己从来不读书，家里连书都没有，孩子怎么可能热爱阅读呢？

同理，父母积极、乐观、有责任心，孩子才可能积极、乐观、有责任心。父母有理想、有梦想、有上进心，孩子才可能有理想、有梦想、有上进心。

　　这样看来，原来教育孩子是一件非常简单的事情呀：只需要父母自己做好就可以了。

　　所以，希望孩子变成什么样的人，父母首先要做那样的人。

告诉孩子:"我难过"

　　一天早晨,我开车送儿子上学。他原计划去学校食堂吃早餐的,但路上因为交通事故而出现了小的堵车状况,时间被耽误了。预计到校时间会比较晚了,我便很着急,担心他吃不到饭。

　　我叮嘱他:"你一定要吃饭,即使迟到也要吃饭。"

　　他说:"放心吧,我会吃的。"

　　但我知道他荣誉感很强,非常害怕迟到,因为迟到会扣个人分数。所以我又多说了一句:"你要答应爸爸,无论如何一定要吃饭。"

　　儿子便嫌我絮叨了,烦躁起来:"你怎么总不相信我!你就是这样不相信我!讨厌死了!"

　　我说:"不是不相信你,是怕你不吃。"

　　儿子更大声地叫道:"你就是不相信我!"

　　遇到他大声叫的时候,我如果正好也烦躁,也难免会大声叫。于是,两人就要吵几句。

　　但这个早晨,我忍住了,只是轻声地,满含哀怨地说:"我是为你好。你这样和我发火,我很难受,我很难受……"

　　出乎我意料,刚才还在气头上的儿子,竟然一声不吭了。

　　冷静一想,我也能理解孩子,嫌我絮叨,不信任他。

孩子大了，需要父母的信任，也看重父母的信任，所以，我们应该随时注意，不要让他有不被信任的感觉。不被信任的孩子，是难以自信的孩子。

另一方面，孩子还太小，无法理解我并非真的不信任他，而是太担心他不吃早餐了，父母的心永远为孩子担忧着。重要的是，当我以柔和的方式表示"我很难受"的时候，儿子立即沉默了，我仿佛看到了他的心，他是不想让我难受的，因为他是爱我的。我说我难受，他就心疼了。而如果我以大叫回应儿子的大叫，那就只能都难过，却无法让对方看到爱，自己也无法看到对方的爱了。结果是双方都受伤了。

有的时候，我们真的需要以柔和的方式来表达我们的不满。

儿子从小穿的鞋，都是以不系带的鞋为主。妻子特意买这样的鞋，为了孩子穿脱时方便。所以，儿子一直不会穿系带的鞋。到初中后，学校要求体育课穿球鞋，不得已买了系带的。但孩子还是不会系。

每天早晨六点刚过就要起床，儿子顾不得吃饭就要去学校，所以总是迷迷糊糊地穿好衣服，背上书包出门。如果这时再系鞋带，经常反复折腾三五分钟也系不好。妻子心疼他，就帮他系。这样孩子更不会系了。

后来妻子就让他晚上在家的时候练习系鞋带、解鞋带，可能是有了依赖，儿子当时会了，第二天早晨出门时还是不会。

有一天，妻子和他走在路上，看他鞋带开了，就让他系，结果他还是系得一塌糊涂。两人上了车，妻子一边开车，一边说："你这么大了，还系不好鞋带，妈妈可难过呢，这是一种自理能力呀，你不会，妈妈可伤心呢。"

坐在副驾驶座的儿子闻听，立即把脚抬起来架到前板上，一边系鞋带，一边说："妈妈，我会系！你别难过！"

妻子当时感到内心很温暖。因为她知道，是一句"妈妈难过"的话打动了儿子，儿子是在心疼她，是在爱她。

但系鞋带显然是不能一下子就会的。幸好，几天之后，儿子回来说："同学教我学会了系鞋带。"

原来，他的鞋带开了，自己蹲下系了半天，旁边有同学看他系得这么困难，便发现了问题，说："你的方法不对，看我的。"

于是这同学便解了自己的鞋带，将自己系鞋带的方法演示给儿子看。

儿子那天晚上回来对他的妈妈说："你以前一直让我把两根鞋带系上，

再打蝴蝶结。我的同学用的方法，是先打好蝴蝶结，再系上。人家的简单，好系，你教的太复杂，不好系。"

妻子的一句"我难过"，激发了儿子学系鞋带的热情，最终学会了系鞋带。妻子因此总结说，不要训斥孩子，训斥是达到目标的最下策，要鼓励他们，或者告诉他们：你很难过……

同时，妻子又得到另一个启示：很多事情，同伴间互相学习，效果更好。

按说，读初一的孩子才学会系鞋带，是件挺丢人的事情。但我把它写到这里，就说明，我们应该接受孩子的种种不完美，接受他12岁才会系鞋带这件事。他在这件事上的"发育迟缓"，与父母的关系最大，我们先是买不系带的鞋，再后来帮他系了很久，从而使他失去了学习的机会。我们同时也接受了我们作为父母的不完美，我们的种种缺陷。因为我们知道，无论孩子，还是父母，都是需要成长的。只要我们在成长中，就可以了。只要学会了，就不晚。

这两件小事，给我们的启发是多元的：关于信任，关于表达感情，关于同伴学习，关于接受自己和孩子的不完美……

爱孩子，也爱父母

母亲住院的当天晚上，姐姐在电话里告诉我了。我立即说：我明天回去。

母亲和姐姐都有些意外，她们知道我非常忙，忙到几乎每年都会病倒一次，忙到一两个星期才给母亲打一次电话。

但我还是立即回去看母亲了。

母亲并不是严重的病。每天输液，我每天陪坐在一旁。快输完液的时候按铃叫护士，吃饭的时候去买饭，母亲想喝水的时候给她倒水，扶她去卫生间，洗小件的衣袜……这些简单的事，做起来并不累，相反成了紧张伏案工作生活之余的一种休息。我便和母亲每天聊天，天南地北，前五十年，后五十年。母亲说：如果不是我生病住院，你哪有时间这样陪我聊天呀。母亲又说：真希望以后常住院，你就可以陪我聊天了。

我心里立即难受极了。

屈指算算，我一年能够和母亲在一起的时候，真是没有多少天呀！

我生活的北京距离她们生活的天津，虽然城际快速列车只需要30分钟，但每年我们在一起的时间都非常有限。能够完整地和母亲在一起的时候，就是母亲住院的时候，以及一起旅游的时候。

上一次母亲住院，是四年前，当时我也回天津陪了母亲五天。

后来有一年，我们全家带上母亲，一同出国旅游了两次。但是，母亲老了，腿脚不灵便了，旅游渐渐变成了一种负担。母亲说：我出去旅游，就是为了和你们在一起，不然哪有时间能够七八天都在一起呀！

母亲也说："这腿脚，以后去不了了……"

七八年前，母亲身体还好，向往出国旅游，但没人陪她。我那时还在读博士，既无钱，又无时间。姐姐努力排出假期陪母亲去了十多个国家。我当时想，我以后有时间可以陪母亲。母亲也一定是这样想的。但是，当我有时间，有心情，有钱的时候，母亲却走不动了。

"树欲静而风不止，子欲养而亲不待"，我想起这句老话，又生出许多伤感。

一天晚上，给母亲打了一盆热水泡脚。母亲用双脚相互地搓，我便蹲下去，要给母亲洗脚。母亲一开始不肯，有些不好意思，我坚持，她便允了。我给她的双脚分别打了肥皂，揉搓，又分别洗净。

母亲说我读初中的时候，洗手很不认真，手上经常黑乎乎的。于是母亲几乎每周至少有一次，用一盆热水，给我认真地洗手，使劲儿地把手背上的污秽搓掉。这画面我仍然清楚地记得，回忆起来的时候，手掌仿佛还存留当年的水温。那其实是母子的温情。

如今，我终于有机会给母亲洗了一次脚。我内心感激，母亲给了我这机会。

母亲说："这里没有巧克力了，再来人时让他们带来。"

我说："我去买吧。"

母亲说："不要，家里有，别花钱。"

我坚持去买了。母亲听说是56元一盒的巧克力，直叫"太贵了"。父母总是这样，给孩子花钱的时候，总是不嫌贵；给自己花钱的时候，一定会嫌贵。但是，父母给孩子买糖的时候多，孩子能够给父母买糖的时候，实在是少之又少。

母亲边吃边说："吃在嘴里，甜在心里。"

其实我很感谢母亲，给我这个机会，让我可以给她买一次巧克力。这是记忆中，第一次专门给母亲买巧克力。

父母总是毫无保留地倾注全部情感到孩子身上,但是孩子却不可能回复哪怕一半的情感给父母。更不用说父母投在孩子身上的精力、时间和金钱了。孩子的情感,又投到他们的孩子身上。想想我们的一生,能够为父母做些什么呢?

以前完全不懂这些,觉得父母为自己是理所当然的,自己不回报父母也是自然而然的。但现在我也做了父母,我的孩子也一点点长大,我深切地体会了父母的心。

孩子幼小的时候,完全依赖于父母,那个时候是父母最真切地感受孩子"属于自己"的时候。随着孩子一点点长大,他们就离父母越来越远,通常读大学是一个重要的转折,而恋爱结婚是另一个重要的转折。结婚后,特别是有了自己的孩子后,他们就会从父母的视线中几乎完全消失了。

曾看到一条微博,立即转发了:总有一天,父母将不再理解我们学的东西,只是在电话里嘱咐你注意身体,一边慢慢地老去,一边盼着你回家。

但那个孩子,真是太少回家了。所以那首歌才会流传那么广:常回家看看。

一条微博,一首歌,永远无法改变白发父母坐在窗前望眼欲穿等孩子的惨境。再同孩子出生后18年里父母所投入的一切对比一下,真会怀疑生养孩子的意义。旧话说"养儿防老",现代社会大家都清楚:养儿完全无法防老。把用来养孩子所花的钱自己留着,老几次都可以"防"了。

"儿行千里母担忧,母行千里儿不愁",说的正是这种双方付出的不平等状态。像我,也只能陪陪病床,再写篇这样的文字,来秀一些廉价的感情付出而已。

这样想来,父母倾注全部心血养孩子,到底为了什么?到底值不值?

如果把父母对孩子的爱当成需要回报的付出,绝对不值!但如果把父母对孩子的爱当成一种幸福的体验,不需要回报,那就值了。

孩子在父母的呵护下长大,从小接受的就是父母关爱、照料他们,而不是相反。父母为他们付出多,是正常的,少付出一些就会变成不正常;而他们不给父母付出是正常的,全部为父母付出却是不正常的。这是成长过程中接受的教育观念使然。

转念一想:不正是因为我们总是对孩子付出,生命才得以延续吗?如果我们总是把情感、精力、时间、金钱回报给年老的父母，那年幼的孩子会怎样呢？和老年人相比，孩子更需要我们的付出呀。没有父母的付出，孩子将无法存活在这个世界上，或者将不能健康、快乐地存活在这个世界上。只有当人类都是对下一代付出的时候，下一代才会健康地成长。所以，祖辈也会对孙辈付出，甚至比对儿女更加疼惜，也是这个道理。

相反，如果有父母为了一直能够看到孩子，守住孩子，不让他去外地读书，不让他远行，甚至不让他结婚，整个一生都陪着父母，我们会觉得这样的父母是真正地爱孩子吗？他们爱的仅是自己呀。

母亲晚年写回忆录，写到孙子这一段，标题就是"生命在延续"。她无意中，就已经悟透了这个道理。

爱孩子，就让他远行吧！

我自己27岁那年，正是在母亲的鼓励，甚至督促下，才下定决心离开故乡天津，到北京发展的。当时就有亲属反对，说：就两个孩子，还让一个去那么远，为什么呀？

但是母亲毫不犹豫地支持我来北京，而这彻底改变了我的人生。真不敢想象没有当初那一步，我现在的生活是什么样子。

做父母的，看到孩子事业成功，家庭幸福，应该是最快乐的了。父母们并不会担心孩子结婚自己会变得孤独，相反都把孩子结婚当成盼望的大事，也正是这个道理。

做父母的，体验呵护孩子成长的那18年时光，已经足够幸福了，足够成为生活中的回忆了。孩子是上天赐给我们的天使，天使即使离开了，我们的生命也已经不一样了。而且，让天使离开，去孕育新的天使，不正是父母的期盼吗？

这样想来，为孩子的付出，又是意义无穷的。不仅是为了孩子，也是为了自己的人生。

明白这些，就慢慢做好心理准备，迎接孩子即将远去的日子。对于许多父母来讲，孩子刚刚离开自己生活的那段时间，都是难受的。

另一方面，我们既然认识到这些，就多一些爱回报给父母吧。爱是无限的，我们一定可以拿得出一些的，一定可以的。常回家看看，为了让父母不再望眼欲穿，为了让父母多些甜在心头，也为了自己内心的幸福感，因为总有一天,你也会成为那年迈的"父母"。

生命在这样的爱与付出中传递,也在这样的回报中变得温暖。

我仍然会全身心地爱我的儿子,同时,我也要更多地将我的爱付出给我的老母亲。与其说这是付出给母亲,不如说也是付出给自己,让我体味到回报父母的幸福。

因为我爱孩子,所以我理解父母的心,才会更加爱父母。

爱的家书

亲爱的儿子：

你好。

爸爸算了一下，从上星期四，即12月13日晚上和你聊天，到下次能和你聊天，应该是下星期四了，即12月27日。一晃就是半个月呢。

这之前，我们最长没有在一起的时间，是我两次去台湾访学的时候，一次两个月，一次一个月。但那两次，我们还都通电话、聊天。

这次太特别了，我们很多天住在一个房间里，却没有机会说话。因为，爸爸讲课回来，你就睡了；爸爸醒来，你又上学去了。终于等到爸爸不用去讲课了，又出差了……

每天爸爸回来，都会看看睡着的你；你总是睡得很安详。爸爸不忍打扰你。

于是，爸爸决定给你写这封信，算是和你聊天了。

爸爸前几天在西安的时候，电话里便和你说：总是因为以前那些不曾陪在你身边的时光而悔恨。人生苦短，父母能够和孩子在一起的时候真是很少，但又很幸福。你做父亲的时候，一定会更深刻地理解这一点。

但爸爸也安慰自己：如果不是曾经非常努力，以至于牺牲了一些陪伴你的时间，爸爸就不会有现在的成绩，也就不会有钱带你出去周游世界，甚至连你的户口也还在天津呢。这样一想，前面的付出是值得的。

牺牲了一些，得到的更多。旅途中，我们紧紧相依地坐在旅行车座位上的时光，加在一起，应该把那些你想我陪你，而我未能陪你的时光，都补回来了吧！我相信，你也一定会觉得这是值得的。

人生中许多时候都是这样，我们有丧失，就有得到；有努力，就有成功；有播种，就有收获。

你也正处于最好的播种时光。阳光正暖暖地洒在你心灵的大地上，你正在自己肥沃的思想土地上播种。我相信，未来的某一天，回首人生，你一定会为今天的自己而自豪！

我们在国外旅游，参观各种地方，听讲解，看旅行书，你一定发现了：人类历史中最辉煌的篇章，是由少数伟人、精英写成的；那街道上、公园里、博物馆中的一座座雕像，是为他们而立的；一本本书中，一代代人的口头中，传播的是他们的故事！

他们的人生如此地辉煌，而普通人的人生，最终只化作一缕烟，随风飘散，什么都没有给这个世界留下。

所以，当年爸爸的入团申请书中写过一句话："真的有志者，一定要给这个世界留下一些什么，无论是物质的，还是精神的！"

虽然在一些人看来，爸爸已经算成功人士了，但是，爸爸少年时的努力还是很不够，不然一定会在这个世界上创造出更多的精神财富，你也会享有更好的生活。

爸爸分析自己未能取得更大成功的原因，其中很重要的一个，便是缺少精益求精的精神。比如知识学到了，就不愿意再深入钻研了；一本书读完了，就不愿意再反复读，不愿意深入理解和消化了。所以，原本可能事半功倍的效果，没有达成。这就影响了提高。而真正成为精英的人，一定是年轻时就养成了精益求精的习惯，这种习惯会伴随一生。

爸爸把这人生的教训告诉你，就是希望你不要再走爸爸失败的老路。

你非常聪明，记忆力、理解力都非常好。这使得你以前在学习上一直遥遥领先。但是，进入初二之后，学的东西越来越多，也越来越难。所以单靠聪明是不够的，还要靠勤奋。

我们去景德镇，看烧窑。聪明就仿佛是好瓷器的好原料，而好的瓷器的生产，还要靠好的炉火，这就仿佛是勤奋与钻研的精神。你已经有了好原料，再加上勤奋和钻研，就会成为极品的好瓷器。

你有一个优点，就是兴趣非常广泛，关注的东西非常多。这绝对是好事。我在你这个年龄，也是这样。比如我当时热爱收藏。但是，有一次，有一个人和我说过一句话，只这一句话，我就一生都记住了他。他说："中国有句古话，叫'玩物丧志'。"

我被他这句话强烈地震撼了。因为我已经意识到，因为我兴趣太多，我对于自己的学业，对于"给这个世界留下一些东西"的大志向，已经分散和松懈了。我只是相信自己一定与众不同，一定会成为非凡的人才，但是，我当时并没有为这理想具体地做什么努力。

而人生的成功，不正是由少年时代细小的努力一点点积累起来的吗？

那个人的那句话，强烈冲击了我。那之后，我开始改变。因为我不想"丧志"。我知道，古来成大器者，无不专心致志，无不"劳其筋骨，饿其体肤，空乏其身"，然后方能得之矣。

你当然知道我说这话的意思，那就是，我也希望你更多"精益求精"，更多"专心致志"。具体来说，希望你做到这样几点：

1. 复习

一定要复习。学习好的人，都是认真复习的。你去年数学考第一名，就是因为连着很多个晚上认真复习了。继续这样做，你还是最棒的！

2. 精益求精

不明白的地方千万不要放过去，一道题，一句话，都不要放过去。养成放过去的习惯，是非常可怕的。习惯决定命运，也会改变你的命运！我喜欢你去年，如果一道数学难题不会，就一定要上网查出来的那股劲儿！

3. 心静

少分心，心思越静、越专越好。比如，可否周五也不玩电脑游戏了，把时间用来复习？可否不玩手机游戏？周六英语课外班的老师反映，你上课时有时玩手机。我相信这是极个别的情况，而且你当时一定都听懂学会了。但是，我还是怕你由此开始分心。要知道：所有的松懈都是从细小处积累起来的。

爸爸和妈妈都深深地知道，你每天在学校的学习压力很大，很累。

所以，爸爸妈妈都不敢再说你什么，怕你心烦。

但是，你可知道：爸爸妈妈每天晚上，在你睡后，都会讨论你的学习问题。如果你当天认真学习和复习了，我们就一晚上开心；如果你当天没有认真学习和复习，我们就一晚上忧心忡忡……

即使爸爸出差在外，也会每天给妈妈打电话，第一句就是："儿子好吗？"

你是爸爸妈妈最爱的人。我们全部的梦想，就是看到你成为一个"给这个世界留下一些什么"的人。而这些，都是从现在的每一天积累起来的！

你非常聪明，爸爸说这些就够了。

爸爸期待着，能够因为你的优秀成绩，而再一次兴奋得睡不着觉！就像你去年考98分那天。

不放过一道不会的题！不分散一点心思！专心致志，精益求精！这些，你都可以做到！

爸爸爱你！

爸爸期待出差回来见你！

爸爸
2011年10月19日，外出讲课之前

行孝道，从眼前做起

儿子读初二时，一次聊天时，我曾问儿子："你是不是想，将来长大了，等我们老了，你要好好尽孝照顾我们?"

儿子点了点头，认可了。

三十多年前，我心里也时常这样暗自想：等我长大了，我会非常孝顺妈妈，给她买好吃的、带她旅游、给她豪宅、让她享尽人生的奢华……

但是，三十多年过来了，我早已成年了，母亲早已老了，我发现，当年暗自幻想的那些，我一样都没有做到。我甚至一年到头也没有几天陪在母亲身边，我和母亲生活在不同的城市。

我想，即使我能够做到我幻想的那些，就真的是母亲需要的吗？母亲最大的快乐，是来自我给她带来的"享受"吗？还是，仅是我自己的成长？

显然，是后者。做父母的，最想看到的，就是孩子的成长，即便他们训斥孩子也仅仅是为了帮助孩子成长。孩子对父母最大的孝，其实就是自己的健康成长。

还是那天，我说透了儿子的心思后，告诉他，其实我小的时候有过和他现在一样的"长大报恩"的想法。

我说："但是，现在我发现，其实我什么也做不了。我在自己的家庭里，带着自己的孩子，却仍过着远离你奶奶的生活。"

儿子默默地听着。

我说："所以，孩子不要幻想以后对父母好。孩子现在对父母好最重要了。孩子只需要理解父母的辛苦，少让父母操心，让父母放心，就是对父母最大的好了。父母为孩子所做的一切，都是希望孩子未来有好的人生。孩子对父母的最大报答，就是努力学习，长大后有出息。所以，孩子报答父母，就要从眼前做起，长大就没有机会了……"

我讲这些的时候，妻子在旁边一个劲儿地评点："太深刻了！太深刻了！"

哪里有什么深刻，不过是人生的感悟而已！

那天儿子很听话，说话时非常柔和，不像有的时候，总一副青春期常见的气哼哼的样子。

我说："因为我当年也这样想过，但当我长大了，我发现，其实对于父母来说，孩子自己学习好，事业成功，不用父母操心，就是最大的孝顺。所以，你对我们尽孝的方式，不要等到以后，就在眼前。你现在自己积极进取，就是最大的尽孝。"

儿子点头。

儿子在小学的时候还经常对学习不认真，但到了中学，他的上进心越来越强了，学习的自主性也越来越强了。到了初三，儿子在学习上几乎完全不用我们过问和操心了。许多同学都上了各种各样的课外班，儿子自己决定：不上任何课外班。我们尊重了他的意见。

寒假前的期末考试，儿子的总成绩排班中第二名，年级500多名同学中排第十四名。是他进入中学之后最好的成绩，至少在这所海淀区的示范校中，属于"优等生"了。但是，我关心的并不是他"优等"或"中等"，我关心的，仍然是他的快乐，以及人格的成长。

整个寒假，我们也没有给他报任何课外班，他自己在网上选择了一种网校课程，交费，报名。于是，他每天自己早早起床，安排时间，写作业，听网校课程，过得非常充实。虽然每天还会玩一小时左右的游戏，但还是能够自我控制，不会超时，不会影响复习的计划。

这种进取与自律，让我感到无比幸福，因为我的儿子已经在按我的希望尽孝了。所以我每天一有空就给他戴高帽，称其为"大孝子"。这是我发自内心的感受。儿子似乎也很受用这个称谓，更加自律。这便是良性循环，是那种孩子被逼着学习的境况没有办法比拟的。

他曾说："你夸得我都不好意思不学习了。"

因为得意，我曾在微博上炫耀儿子的自律与学业，竟然也有网友称他是"牛孩"了。这本是属于"优等生"的专用名词呀。有网友戏称："每天能够自觉只玩一小时游戏的孩子，将来一定是心狠手辣之人。"听起来好像很恐怖，但是，对于自己的欲望，我们不是确实需要一点"心狠手辣"吗？

寒假快结束的时候，我们带儿子去印度游玩。同行的人中，有人说：初三还出来玩？我们的想法是：该学习，就学习；该玩，还是要玩。

虽然刚从印度回来后的几天，儿子学习状态确实不如去之前了。但我们视为必然的过程，果然，几天后孩子就恢复了去之前的状态。有人也许会说：还是损失了很多学习的时间。但是，我看重的，是孩子在紧张的初三，仍然可以享受"行万里路"的快乐，仍然可以和家人幸福地出游。

"中等生"上北大附中了

2013年8月24日，星期六早晨，我和妻子开着车将儿子送到北大附中。他开始了为期八天的军训，高中生活正式开始了。

前一天的晚上，明显能够感到儿子内心的温情。我们并排坐在沙发上看电影的时候，他时而躺下来，枕着我的手臂，用手摸着我肚子上的一个小痘痘。我觉得不舒服，不让他摸，他玩笑地执意要摸，我便由他。看完电影，一家人下楼散步，他一直牵着妻子的手。我们一起畅想他即将开始的新生活，也谈到对他的种种期望。

儿子已经不再像几年前，搂着我们的脖子一遍遍地说"我爱你"了，但他的惜别之情，我能够清楚地感觉到。这就是所谓的父子连心吧。

儿子将在高中住校，只有周末回家。这是一个操演，3年后他去国外读书时，我们都将有更长久的分离。

15年的朝夕相处结束了，此后我们将聚少离多，甚至见得越来越少，直到永别。

我们对此都心知肚明。

父母对孩子的爱，是世界上最艰难的爱。因为你爱他，就要让他有能力离你远去，而不是把他一直留在身边。

进入初三，儿子已经非常明确自己要到国外读大学，并且几乎肯定会留在那里工作。我有时会说,今后见你越来越难了,特别是老了,会非常想你。

儿子这时会表示,他会照顾我们,一直到老。

是否能够实现是一回事,但听孩子这样说的时候,作为父母会感到很幸福。

就在几天前,李银河教授还曾问过我:"你的儿子去哪里读高中了?"我说:"北大附中。"李老师立即说:"你不是说你儿子是中等生吗,中等生还上北大附中?"

儿子进入初中后,学习成绩越来越好,这超出我们的期望。我们从来没有期望的,却得到了。很多家庭一直追求的,却未必得到。这也许是"中等生"理念留给我们的重要思考。

当我提出"中等生"理念的时候,我原本并不是专门指向考试成绩,而指的是人的全面成长。我看重的是许多"中等生"的自由、快乐、自信、成长。直到今天,我也仍然看重儿子的这些。

从小到大,我一次也没有要求过他考第一名,从来没有。但是,从初三开始,儿子在历次考试中便一直稳居全班前一二名。重要的是,他几乎从来不需要我们督促,都可以非常好地安排自己的时间。

我只能用"积极向上的人格成长"的结果来解释。

儿子在中考前的全区"一模"考试后,连连抱怨自己没有考好,颇为悔恨。但是,成绩下来了,他竟然还是全班第一。谈及全班第一的结局,儿子以他经常的玩笑口气说:"只能说,他们都是群乌合之众。"

越临近中考,儿子的成绩越开始拔尖,明显进入"优等生"的行列。儿子说:"你可以准备写书了。"他指的是,我可以继续写关于他的书了。

所有这些,都是我写作《我的孩子是"中等生"》时,从来没有期望过的。我一直认为,考试成绩的高低不是最重要的。但是,当儿子考第一的时候,我还是很欣慰的。

人外有人。当儿子参加北大附中的面试时,他确定他知道自己的英语等许多最优秀的科目与同来面试的许多同学相比,还是有非常大的差距的。但面试结束后,他对自己被录取充满自信,因为他充分显示了自信、合作能力、创造力、批判性思维能力,而这些是北大附中面试时格外强调的。

我问儿子，自我介绍时说了什么。他说，忘了，但第一句话是："我初中三年，没有上一天课外班。"

儿子不仅学习成绩好，他似乎在各方面都很成熟。我的研究生曾对别人讲："和方老师一家吃饭的时候，总觉得他儿子比他还成熟。"

有时我也会紧张，他是否被规训得太"正统"和"呆板"了，以至于失去创造力呢？当老师仍然打电话告状，说他在上课时经常"不守规矩"时，我便放心了。当他沉浸在"刀塔"游戏中不能自拔时，我也放心了。他仍然是青春的、自然的、快乐的、开心的、自由的。他的内心仍然很充盈。

我有时会试探着同他谈社会现象，谈未来的人生规划，甚至谈恋爱与性的议题。他三言两语，我便知道完全不需要再谈了。他对许多事物可以迅速做出正确的判断，他懂得对自己和他人负责。有了这些，父母还有什么不放心的呢？

我常夸儿子："你不让父母操心，学习成绩好，就是最大的大孝子！"

有时我会自问：怎么我这么幸运呢，想培养中等生，一不留神却来了一个"大孝子"？

想来想去，可能有两个原因：第一，从小让他读大量的课外书；第二，一直告诉他社会的真相。

小学六年级毕业的时候，他已经读了五六百本书。不是一般的儿童文学作品，全是清一色的获奖小说、文学名著。我想，他从中学会了对待人生的态度。

当然，自觉与不自觉的言传身教，也是重要的因素。儿子看到的我，永远在工作，永远在思考，永远在进取。在这样的环境中成长的孩子，会选择其他的生活方式吗？

儿子虽然还没有选好未来要从事的专业，但他的理想已经很明确：读完博士，在大学当教授。这显然又是以我为榜样。他总说："我看你这样不错啊，讲完课，就在家里做自己喜欢的事。"

关于是否应该把生活中的丑陋、严酷、阴暗的一面给孩子看，教育者一直有争论。今天绝大多数父母做的，是要保持孩子纯洁的内心，给他们一个干净的世界。我从来不是这样，我一直主张给孩子真实的世界。所以，遇到丑陋的现象、不公正的事，我会更明确地告诉孩子，和他一起讨论。我想，这是孩子成长的重要一步。我们不要总想保护他们，不让他们经历风雨，那样，当风雨来的时候，他们可能真的经受不住，而我们并不能真的永远保护他们。

大约十年前，我要出版关于儿子的第一本书，书名叫《宠爱孩子》。当时一位著名的青少年教育专家说：孩子不能太宠爱，这样做未来结果不一定好。

幸运的是，我们宠爱儿子的结果是令我们满意的。当然，宠爱不是溺爱。宠爱是给他足够的爱，帮助他成长。

儿子读初中这3年，也是我在全国各地推广学校性教育的3年。就在儿子初三毕业这年，我提出了自己的性教育理论："赋权型性教育"。赋权，是要让受教育者成长，让受教育者有能力做出对自己人生负责任的选择。所以，赋权型教育者不会整天对孩子说"不"，说"你应该"，而是要给孩子足够的知识、信息，培养他们对生活的热爱，信任他们，让他们有能力！

儿子进入高中了，我知道，未来我将更加赋权给他。

15岁，对于人生来讲，还太稚嫩。未来仍然有可能出现各种改变人生的事件。但是，我总坚定地相信：儿子将会一直积极、健康、快乐、向上。而这，就是我对他的全部期望。

我欣慰的是，已经过去的15年的记忆，已经给作为父亲的我足够的温馨，给家长们太多的启示了。

爱我们的孩子，就给他们增能、赋权！

最理想的学校

北大附中开学前的家长会上,校长王铮和另一位老师孙玉磊,讲了几句话,我便有些兴奋地坐不住了。

王铮说:北大附中不是高考训练营,我们致力于培养人格全面发展的孩子;中学的重要任务是帮助孩子们发现自己。孙玉磊说:我们要把学生培养成善于思考、敢于质疑、具有批判精神的人。

这些不都是我心目中理想学校的标准吗?原本只是以为把儿子送进一所教学优异的学校,却没想到这正是我最理想的学校。

事实证明,这所学校真的不一样。

入学之前,便是训练。儿子被要求在网上熟悉学校的体系后,在网上向学校提3个问题,这3个问题是体系介绍中所没有的。教师通过学生的问题,便可以判断学生是否认真阅读了学校的体系介绍,如果问的问题是体系介绍中有的,会被立即打回。这还真有一些难度,学生必须想出已经非常完备的体系介绍以外的问题,而且还要与学校的生活有关。儿子填了四五次,才顺利通过。据说有的学生反反复复提交了十几遍才通过。原因很简单:不懂规则,游戏就没法玩。

儿子随后还参加了熟悉校园的活动,由即将升入高二的学生组成"学长团",学长团通过一系列活动引导新生熟悉校园，比如在不同的地点放置"藏品"，等待新生找出来。最有趣的一个活动应该是"猜情侣"，一男一女的学生做情侣状在校园散步，让新生猜：哪些是真情侣，哪些是假情侣。

中学生可以这样自然地呈现恋爱关系，让我很有些吃惊，直到不久后了解了校长王铮对学生恋爱的态度，我才明白了。

与传统高中相比，北大附中有着完全不同的一套游戏规则：没有班级、班主任，由各具风格的7个书院取而代之，实行导师制；4个学院分别开设导向不同的课程，学生按兴趣自主选课、安排自习，每年4个学段，有规定修满的学时，语文、英语撤去高中必修教材，老师开设专题选修课，学生甚至可以自己申请开课……

学校一再强调："培养个性鲜明，充满自信，敢于负责，具有思想力、领导力、创新力的杰出公民。他们无论身在何处，都能热忱服务社会，并在其中表现出对自然的尊重和对他人的关爱。"

"学生自治"，是最经常出现的词汇。

宿舍的管理制度，要学生们自己讨论制定，自己维护；大量的自习室，但自习室自由进出，来自习没人表扬你，不来自习也没人批评你，全靠自觉。甚至，宿舍晚上熄灯的时间，也一度让学生们自己讨论决定。

随着新鲜字眼而来的，是大量的选择和决定。孩子们必须自己做出决定。他们以往可能习惯于由父母决定，由老师决定，在这里，不行了。学生要自己为自己选择，自己对自己负责。

这还仅仅是刚开始。

儿子第一次上语文课时，拍来了教室的照片，所有同学围坐成一圈，像研究生的讨论课一般。而老师在黑板上写出了10多道题目，让学生自己选择一个，查资料、做分析、写报告。这10多道题目，全是思辨性的，让学生思考的。在我看来，几乎没有一个直接和语文有关，不知道这老师怎么和自己的课程结合。别的题目都忘记了，只有一个记忆深刻：一夫一妻制好，还是一夫多妻制好？

没错，这就是北大附中高中第一节语文课老师留给学生们的思考题。

学校的教学模式，反复强调着批判性思维。就冲这种探究式的教学，我就爱死这所学校了。

孙玉磊老师上课的时候，让学生读繁体竖版的古籍书，引导他们剖析韩非子论证观点的逻辑。学生们开始去反思一些平时看起来顺理成章的观点。

语文、英语的高中必修教材被王铮校长撤除，将它们全部改革成经典研读的专题性课程，如："鲁迅专题研读""《红楼梦》研读""英文版《简·爱》研读"……

这样的管理模式，对学生自觉性的要求便很高了。儿子回来说：有的学生在自习室玩游戏，有的在宿舍睡觉，有的同学完全无法完成作业；有的家长找到学校提抗议了：怎么可以这样不管学生？

家长们的抗议是有道理的。他们是为了让孩子考上名校才把孩子送进北大附中的。现在孩子自由了，不学习了，怎么办？老师们说："我们要培养学生自己安排生活、自己处理时间的能力。说实话，您孩子的问题只是更早被暴露了。自我管理能力不够的话，就算没在高中荒废，也会在大学堕落的。"

儿子升高中之前，妻子费尽周折，考察了很多所高中，最后才选择了北大附中的国际部——道尔顿学院。这是一个非常明智的选择。如果一个孩子能自己安排生活，能妥善处理自己的时间，对于他的将来，我们还有什么可担心的呢？

游戏不是洪水猛兽

孩子玩电脑游戏，所有父母都很焦虑，我们也曾一样。

儿子在小学高年级和初中时，常笑称自己的"人生理想"便是到森林里当护林员，每天都可以一个人关上门玩电脑游戏。不知道他怎么会有这印象的。但实际上他在生活中玩电脑游戏的时间并不多，玩也很有规律，比如周末玩半天。

到高一，他投入学习中，偶尔提及几年前的"人生理想"，会说：当年真傻！还时常感叹说：玩游戏浪费了多少时间呀！

但是，到了高二下学期，特别是高三，儿子却开始疯狂地玩电脑游戏了。周末回家，快快地写完作业，便打开电脑玩游戏。这时，他申请留学需要的资质基本都已经具备了，这可能是他放松的原因，但我们仍然难免焦虑，便会有各种温文尔雅的劝说，偶尔忍不住表述一下强烈的不满，但都毫无效果。

高二暑假时，儿子申请到两个免费参加的科学营。一个是澳洲国际科学营，全世界20个国家，每个国家选5个中学生参加，他入选了。另一个是亚洲科学营，由几位诺贝尔奖得主创建，中国有20个名额，他又入选了。高兴之余，我们也希望他利用这个机会能够告别游戏。他出行前，我给他写了一封邮件：

儿子：

我隐约感到，澳洲科学营是一个帮你改变的机会。所以考虑良久给你写信。你耐心地认真看完，好吗？

知道你不愿听我说这些，所以试着写给你，希望你可以看完。

从初中每天回家玩电脑游戏，到读高中后完全不再玩，你走过了两三年的时间。

当你说，觉得自己玩游戏很傻的时候，当你不再玩游戏的时候，我和你妈妈都感到非常幸福，觉得你长大了，有理想去追求了，能够控制自己不适当的欲望了。

但是，从高一不再玩，到高二下学期再开始玩，你只用了一年半的时间。

我和你妈妈深知：你有时压力大，有时太累了，有时心情不好……所以，我们没有敢多说，尽可能控制自己不说出来，但我们的内心是不安的。因为我们的人生经验教育我们：玩物丧志。

想一想：你进取的动力是否减弱？你对未来人生梦想的追求是否减弱？你对知识的渴求热情是否降温？

培养一个好习惯非常难，放弃一个好习惯、培养一个坏习惯非常容易。

给人生带来最具有幸福感的东西，便是理想和梦想。

永远不要让心中的梦想之火熄灭，永远要胸怀最远大的理想。你的人生便会越走越宽广，越来越快乐，越来越幸福。

否则，快乐与幸福便是短暂的。

澳洲科学营，爸爸估计时间会排得很满，你可能没有时间玩电脑游戏了。回来后休息两天，还有作业要做，然后去美国；再回来，就是准备托福考试……

就此完成一次调整和转变，回来不再玩游戏，或者：最多，一个星期玩一次？

爸爸知道：克制自己不良的欲望，是一件很难的事。但是，你因此得到的成就感，会让你感到幸福与骄傲的！

你会得到成倍的回报的！

爸爸爱你，相信你可以做到。好吗？

2015 年 6 月 27 日

但是，这信仍然没有效果。此后一年间，儿子还是利用一切空余时间玩游戏。看着他大把大把的青春时光被荒废，我们的心情非常不好。但是，我们也清楚地知道：不能说太多，青春期的孩子在叛逆，多说无益，反而可能有害。

2016 年 6 月，我在太原有一期家长性教育课程。课程中，我也分享了我教育孩子的经历，其中也谈到了他近期痴迷于游戏的生活，表述了我的不安。

下课后，一位学员送给我一本童话书。她说：老师您看了这本书就会懂得，每个人像有权支配自己的身体一样，也有权利支配自己的时间。

她这一句话，让我内心一颤。我似乎悟到了什么。

当天晚上，从太原回北京的火车上，我一口气看完了那本书。

这本童话讲的是，一个城市中的人们原本生活得很快乐，但有一个时间大盗，让每个人都抓紧每一分钟工作，大家反而丧失了日常生活的快乐。

这是对时间与生命的意义的不同理解。我不接受这种生活方式，但是，儿子是否也有选择他的生活方式的权利呢？而且，回想我自己在他这个年龄，对时间的利用是远远不如他现在的。人在不同年龄，对时间、工作、生命的感受是不一样的。年轻的时候，也许确实需要通过"娱乐"来了解世界，走近自己？

我和妻子聊天的时候，会觉得游戏夺走了儿子太多的时间，妻子常说的话是"大把大把的时间呀"，用这些时间可以再学一门外语；即使读英文小说也有助于更好地融入美国社会；可以预习几门功课，可以读几本开学后必读的参考书，减轻留学第一年的压力……

但是，这毕竟是我们这个年龄的想法。这样的想法，是在生命中逐渐形成的。

儿子曾说："你不能让我也选择你的生活方式。"

是的。情感上，我们希望孩子选择我们认为"好"的生活。但是，理智上，我们不是应该尊重孩子自己选择生活方式的权利吗？毕竟，那是他的人生，不是我们的。

我又回想起他读小学的时候，我们鼓励他过快乐的生活，而不是学习和考试的机器。为什么现在我们却做不到了呢？因为我们觉得他长大了，应该"负责"了？但每个人对责任的理解是不一样的，他的学业已经很优秀，他有权利享受空暇的时光。

虽然还是有些惋惜，但我决定接受儿子的状态，不再为他玩游戏的事情纠结了。我通过一个问题告别了对儿子玩游戏的纠结，我问他："你还有当科学家的理想吗？"他说：有。于是，我便放心了。我一直认为，只要心中有理想，便不会偏离太远。

于是，去美国读书之前的整个暑假，我们都没有因为他玩游戏的事再责怪他。那时他主要是玩桌游了，每周两天，到一个茶室去，很多人一起。我们只是不断嘱咐他早些回家。他也比较自律，通常晚上 12 点之前就到家，只是周五要求晚点回，有时会夜里二点左右回来。虽然我们不放心，但也只表示对他健康和安全的担心，并不反对他去玩游戏。

有一天他告诉我们，因为他们那些人玩桌游很出色，有网络电视台每周两次直播他们的游戏过程，那两天他们去那桌游场地是全免费的。听到游戏玩到这种地步，我们内心还是挺为他骄傲的。

到美国读书的第一个月，他便参加了首届美国狼人杀（即那种桌游）大赛，得了他所在的那个城市的第一名，去伯克利参加了决赛。我们很高兴地将他获胜的网上报道转发朋友圈。

道尔顿里"显得很成功"的孩子

儿子读高中后，非常勤奋。他向我们叙述有人在自习室玩游戏，有声响，他感到很烦，影响了学习，所以提意见让人家不要玩了。

周末接他回家的路上，一上车便会兴奋地和我们交流这一周的学习情况，对于一些课程或作业，他津津乐道。他的导师是一位教生物的老师，把他当弟弟和朋友，这可能也影响了他对生物的兴趣。导师后来对妻子说：Frank（儿子自己起的英文名字）拿着一袋红萝卜，追着我和另一个老师，要测含水量，把我们忙的呀……

他明显地从学习中找到了乐趣。而回到家，除了吃饭，便一头扎到屋里看书、做题。

他说，在学校经常看书到晚上11：00才睡，第二天8：00上课，起不来，起床的闹铃由7：00改到7：30，再改到7：45，为了让自己多睡一会儿。

我们这时反而担心他的健康，一再劝他：休息一下吧，早点睡吧。

无论别的家长怎么想，我很欣慰我的孩子被送进了这样一所学校。他的自我管理能力超出我的预期。我将之理解为：心中有理想，就会每天去努力实现它。

最让我欣慰的是，他明显地成了"走在时间前面的人"。老师布置的任务，他会尽早完成，绝不拖延。这是非常好的治学习惯。

高一入学后,他便立即开始研究两年后的美国大学申请事宜,仔细分析评估最有利的申请指标,并且开始奔着这个目标努力。我对他这种早做规划的态度高度赞赏。他请我做一些单词卡片,他自己带在身上。在车站等公车的时候,在餐厅等餐的时候,他随时都会拿出来背上几个。

他非常在乎每一门课的成绩,事实是,高中三年,他所有的课程均是优,其中至少一半的课程是优+。

虽然如此,但高中一年没开家长会,妻子还是非常不放心。她已经习惯于小学和初中总开家长会的节奏了。

高一将结束时,终于开了一次家长会,所有老师众口一词地夸儿子,妻子总算放心了。

老师们的评价包括:非常热爱学习,同学关系好,有追求目标;未来几年,完全不用替他担心;理科非常非常好……

同时,我们也收到了儿子导师发来的评语:

Frank has adjusted well to life at Dalton. Initially I was concerned that his interest in science did not fit well with Dalton's strong focus on liberal arts, however, Dalton's style of instruction seems to fit him well and he is preforming at a superior level in all of his classes. Outside of the classroom he has been involved in the Dalton soccer team as well as the basketball team. He is able to study despite occasional high level of noise in the independent study room. He appears highly dedicated to his studies, which he finds increasingly interesting. Over all he is a confident young man who appears very able to succeed at Dalton.

翻译成中文便是:

弗兰克已经适应了道尔顿的生活。起初我担心他对科学的兴趣不符合道尔顿重视文科的特点,然而,道尔顿的教学风格似乎适合他,他在所有课程上都达到了高级水平的成绩。课程之外,他参与了道尔顿足球队和篮球队。在自习室里,即使在高噪声时候,他也能够专注地自学。他似乎高度专注于他的研究,他发现越来越有趣。总体来说他是个自信的年轻人,在道尔顿显得很成功。

儿子所做到的这些，全是凭他自己的自觉，不是靠我们的"督促"。激发孩子对知识的挚爱，对学习的兴趣，是他们成长中最重要的。家长无法陪伴孩子一生，但孩子的这种自我规划、自我安排的能力将陪伴他一生。

去支教——感受爱，给予爱

高一的时候，儿子参加过支教活动，到一所打工子弟小学给孩子们上课。没想到，高二忙着考托福、SAT 的时候，他又去支教了，每周花费半天时间。我们很担心他过于劳累，说："学会放弃吧，不要去了。"他说："一定要坚持一学期，不能伤害那些孩子……"

儿子介绍说："这次他是在一所打工子弟的辅导学校支教，这所学校里的学生，是周围居住的打工者的孩子，他们放学了，统一到这里来学习、写作业。"

儿子第一次去的时候，学校的老师便定位了他们的工作：你们的任务就是让他们感受到爱，不要幻想改变他们什么。

儿子颇不以为然，他认为自己就是要通过教育来帮助改变这些孩子。但几个星期下来，他深深地懂了老师的话。

一天，他看到一位家长，在教室里训斥、辱骂自己的孩子，指责孩子太笨，什么也学不会。孩子委屈地哭了。我的儿子看着非常难受，对我说："我当时都受不了了。"他劝走了这位家长，然后去找学校的老师投诉。那老师叹了一口气，告诉他：这是普遍现象，改变不了什么，我们能做的只是让孩子们感受到更多的爱。

此时，我的儿子真正懂了这句话。

所以，他更温柔、细心地对待班里的每一个孩子，因为不想让他们脆弱的童心再受一点伤；他更多地鼓励、赞美每一个孩子，因为相信肯定与赞美的力量可以让孩子们真正优秀起来；他从来不敢迟到、早退，即使身体不舒服也要坚持按时去支教，因为不想让班里的孩子因为看不到他，而感觉被抛弃了……这一切，都是为了让孩子感受到多一些的爱。

他去支教是每周三的下午，一点多离开学校，坐地铁，转几趟车，才能到目的地——城市边缘一个荒芜的社区。累了一下午，晚上再坐车回到学校，已经八点多了。但是，他说，看到孩子们喜欢他的样子，同他开心交流的样子，他会感到很快乐。

我对儿子说："你做的对，再忙再累，也要坚持支教。"

我知道，这是儿子感受爱，也学习给予爱的过程。即使只有一个孩子因为他的努力，在内心唤醒自尊与自信的种子，他的付出都是值得的。也许，儿子自己将是收获最大的人，他从这些孩子身上更懂得珍爱自己拥有的生活，也更懂得未来如何做一名家长。在给予这些孩子爱与影响的过程中，他也在迅速长大。还有什么比这更重要的呢？

这样恋爱是可以的

偶然的机会我看见2010年第36期北附日报对北大附中王铮校长的访谈,其中谈到他对学生谈恋爱是持赞成态度。他说:"学生谈恋爱是谈恋爱,学习是学习,我觉得这之间如果把握好,是没有影响的。就像是吃饭对睡觉有影响吗?"

进一步,王铮认为谈恋爱还可能对学生有好处,他说:"现在学生谈恋爱其实也是对恋爱经验的一种帮助,是一个非常宝贵的人生经验,同时也是学生成长的一部分,教会学生懂得如何认识他人,理解他人。"他还说:"恋爱不是一件坏事,是一个美好的目标,如果想谈固然要往美好的方向发展,我个人认为恋爱是一个很不错的人生经历。"

这段话,会令今天绝大多数的中学校长和教师闻之色变,更不用说多数家长了。

我却无法不为王校长喝彩!

王校长的这番论述,是符合我所倡导的赋权型性教育理念的。他解构了流行的观点:学生谈恋爱,一定影响学习。不仅如此,当强调"恋爱是学生成长的一部分"时,他的关注点十分明确地不是在于学习成绩,而是在于人的成长。

赋权型性教育将性教育作为人格成长的一部分,目标在于促进学生的全面成长。当我们只盯着学习成绩时，孩子们的成绩未必理想；当我们把孩子的成长置于首位，帮助孩子真正做到对自己和他人负责时，他们在学习上会积极进取，而家长们对"恋爱影响学习""恋爱导致过早的性及怀孕堕胎"等问题的担心，就显得太小儿科了。

赋权型性教育，不是传统上理解的单纯性生理的教育，而是人格全面成长的教育。赋权型性教育不是把决定权简单地扔给学生，而是强调学校应该通过性教育，让学生具备做出对自己和他人负责任的选择的能力。以恋爱为例，赋权型教育不是反对学生恋爱，也不是支持学生恋爱，而是帮助学生针对爱情与亲密关系的事宜做出自己的决定，并且这个决定有助于他们的成长。

意识到儿子恋爱了，是高一寒假和他一起去看望在海南度假的奶奶的时候。在机场等行李，他的手机响了，他瞬间挂断了手机，紧张地扫了我一眼。我便全明白了。

我说："同学来电话了？你可以到旁边给她回电，挂断不礼貌。"

他便离开我十几米远，去打电话，表情有点小羞涩，还不时偷偷地瞟我一眼。于是，我便更确定了。

对于孩子的恋爱，我从来没有反对过，甚至，没有过多问过。我目睹孩子对学习非常投入，我相信这恋爱不会影响到他的学习。更重要的是，我相信他自己能够处理好这件事。

事实是，恋爱从来不是我们回避的话题。我写作《电影性教育读本》时，针对中小学生的部分，经常会征求他的意见，我相信，这既是他给我意见，也是他通过电影了解我传达的理念的过程。因为我一直秉持赋权型教育观念，也一直在潜移默化影响儿子。后来我出版《中学性教育教案库》，第一本赠书也是送给他的。我相信这些对他是有启发的。

我们去参加学校的家长接待日活动，看到学生们的互动栏上竟然有人写着儿子和另一个女生的名字，祝他们幸福。于是，我们知道了儿子女友的姓名。

那之后，全家外出旅游的时候，我和妻子都会提醒儿子：给你女朋友买个礼物……

但这并不等于完全放任，我也会利用非常自然的机会，和儿子交流爱情与学习的关系。他汇报自己的学习成绩之后，我们便会问他：你女朋友的成绩如何？当知道她成绩不好时，我便说：你要带着她一起好好学习呀，不然人家学习耽误了，将来没有考上好大学，醒悟过来之后该责怪你了。

有一天，儿子问妻子："这个周末，女友可以来咱家一起学习吗？"我们的回答当然是"可以"。那之后，儿子的女友便经常在周末时来我们家，和儿子一起学习，当然，这过程也是"谈恋爱"，一举多得。

据说，儿子也经常去女友家，好在她的父母和我们的态度是一致的。有一次，儿子女友生病半个月没有上学，每天放学后，儿子便去给她讲解当天的功课。

我们相信，对孩子越是尊重，孩子便越可能做出负责任的行为。

病中感受浓浓亲情

2014年2月21日至28日儿子因病住院8天。出院的时候，我感觉他内心有某种不舍。

儿子后来说，放寒假时他就预感到自己要生病，一直没病，临开学却病了，还是大病。

一

儿子是累病的。

春节去海口陪母亲，儿子每天起早贪黑地背托福单词。一本《无老师七天背单词》，他真的几乎就用了七天便背了一遍。我帮他剪出卡片，他自己筛选不会的单词，抄上来，按着"遗忘曲线"一遍遍地背。背的时候，床上、桌上，都铺满了卡片，关在屋里，专注投入，让他出来休息一会儿都困难。每天不仅背200个左右新的，还复习前一天旧的。常常是早晨母亲还没有起床，他已经起床在那里背了；晚上母亲睡觉了，他还在那里背。母亲一个劲感叹："出国就这么难吗？"我说，不是出国难，是学习好，确实要付出很多。

终于如愿以偿，在大年初二之前，整本单词都背完了。休息一天，大年初四，儿子就要去上托福强化班了。

从初四开始连续8天，前4天每天下午1：30~5：30，后4天1：30~8：30，儿子同许多大学生在一起准备托福考试。他说，可能因为这个校区附近都是大学，所以大学生很多。

每天我去接他放学，回家路上他都很兴奋，讲这一天收获很大，老师讲的非常好，学到很多。

每天早晨儿子8：00起床，便开始学托福，直到我们起床，做好早餐，他出来匆匆地吃一口，便又回去继续看书。午饭后去学校，晚上回来，又立即关上门复习。老师布置的一些复习，第二天让做过的同学举手，竟然寥寥无几。当然，儿子总是那个举手的。儿子回来说：大学生是些什么人，我算是知道了！

托福一开课，我就担心他生病。一下午课，已经很累了，他回来还要看书到晚上11：00左右，早晨还要起来接着看，我真的很担心。

果然，病了，发烧。

二

一开始以为是普通发烧，也没有重视，他自己也忙得没时间去医院，就按以往的经验吃了些感冒药、退烧药。

病情继续加重，眼睛肿、嗓子疼、腮肿大、腰疼。这时托福课也上完了，妻子让他去医院，他还不去，因为看书太忙。我和他商量：要么去北林校医院看看？他同意了。我带他去，医生一听症状，便说：可能是"传单"，查查血吧。查完血，立即说：很可能是"传单"，快去北医三院吧。

到北医三院，医生看了北林校医院的化验单，立即让我们住院，吓了全家一跳。

传单，传染性单核细胞增多症。

进院后便全天输液，夜里也高烧不退。晚上妻子陪伴，白天我陪伴。

儿子住院的第一天晚上，我在家里辗转反侧，睡着后又几次醒来，吓得不轻。当时满脑子想的是：千万不要有生命危险呀。不断在网上查询关于这病的信息。虽然没有说病本身有危险，但导致的肝、脾坏损，也是有生命危险的。我不断对自己说：不要这样想，这样想都不吉利，怎么可以这样想呢！但是，还是忍不住这样想，把自己吓得不轻。

出院后，妻子和我说，前几天她也有这样的担心，但立即克制着自己不这样想，更不敢和我说。

住院当天，母亲就来短信了，问孩子好吗？我回复说好。她又问："没生病吧。"我说："没生病。"原来，作为奶奶的她竟然有预感了！

　　第二天，我想隐瞒不是办法，还是实情相告吧。我特意选了母亲午睡醒后的时间给她打电话，轻描淡写。但母亲过了一会儿还是发来短信："告诉我实话：有危险吗？还明白事吗？"吓得我立即让她与儿子直接通话，才让老人家放了心，不然恐怕她几天睡不好觉呢。

　　我、妻子、母亲，在儿子住院后不约而同地想到了"危险"，我忽然明白，因为儿子是我们最看重的亲人，我们时时刻刻都关心着他的安全，我们非常害怕失去他，所以，才会在即使是并不严重的病出现时也立即想到"危险"。我没有办法克制自己不想，即使这样想"不吉利"，但对儿子的担心永远在那里。

　　住院两天，病情好转，确信不会有"危险"了，我们也就不再胡思乱想了。

三

　　人在病中，便非常脆弱，儿子对我们依赖的样子，仿佛一下子又回到了童年。

　　我白天在病床旁陪着儿子，我们也有了更多"闲暇"时间相处。他会让我讲故事，我就将刚刚读完的小说转述给他。我总是在自己生病的时候读小说，这次又在陪病中的儿子的时候读小说。但只要儿子说需要我，我就会立即把书放在一边，陪他说话。所以一天看不了两三个小时。通常是他睡觉或读书的时候才看。

　　儿子会拉着我的手，让我把手放在他的脸下枕着，体验着一种安全与温暖。

　　因为输液与大量饮水的关系，儿子最少半小时便要上一次厕所，我陪着他，高高地举起输液瓶。即使在不输液的时候，他也拉着我陪他去厕所。我知道这是一份依恋。

　　总之那几天，我们白天有说有笑，过得非常开心。每天相处这么长时间，这样的时候已经非常少了。

　　儿子很开心，甚至说："住院挺好的，你们都陪着我。"

我说:"平时也不是我们不陪你呀,是你自己太忙,没有时间和我们一起说话和玩呀。"

每天输完液,我还给儿子洗脸,打热水泡脚,帮他搓脚,再换一盆热水再泡脚。

一天,儿子说:"你说我有什么不是和你学的?你这个人对我很重要呀。"我很感动。

最后一天,输完液,我给他洗了澡。因为他的手被扎了几天针管,还是不能活动自如。我已经记不清有多少年没有给他洗澡了。我说:"我希望这是最后一次,因为我给你洗澡,一定是你病了。我也希望你永远不用给我洗澡,因为我不想让自己有一天老病到那样的程度。"

儿子从这次生病吸取了两个教训:有病就要看医生,不要不以为然,不要小病扛着,不要以为没关系;不要太累,他自己也说:"一累了,什么奇怪的病都找到你了。"

他有了这两个经验,两年后独自去美国,我们就放心了。

我进入马年,诸事不顺,几个原本以为十拿九稳的大项目一直没有消息,有些烦躁。他说:"太好了,你休息一下吧。"这么懂事,让我感动。

儿子显然也非常"享受"这八天的住院。

四

儿子出院上学,第一周的周末,回家后非常黏人,基本延续着住院期间的感觉。叫我到他房间,和他躺着一起看书;他拿书到我的房间里,我坐在电脑前工作,他躺在我的床上看书;我出去见人,他故作不满地责怪我:"你放下我自己出去?"其实是因为原计划周日下午他去上托福,我才安排了活动,然后担心他身体太累,建议他把周末的托福取消了,改在暑假上。

他为托福的事还非常感谢我,拉着我的手说:"你怎么这么好呢!"

这个周末,还随时随地过来找我说话,房间门也一直敞着。

住一次院,儿子的亲情感陡增,我感到特别温暖。

上学第二周,周末回来,就完全恢复以往上学时回家的感觉了。忙着看手机,回短信;关上门看书,我们进去问候或送水果都嫌打扰到他;我问他是否愿意我在他床上看书陪他,他说:"不!"

周六早晨带他去医院复查，穿过街道，走进医院门的时候，那些住院期间每次来看他，以及出来给他买了吃的再回去时的感觉，我都想起来了，竟然还有一丝怀念与失落。

无论如何，健康就好，不黏糊我们就不黏糊吧。

我想：身为父母，必须为孩子的这种"离去"感到高兴。想到有的孩子，因为智力，或某种原因，三十几岁了还一直和父母住在一起，没有自己的生活，父母其实是很痛苦的。

孩子在不断成长，总有一天会远离父母，也不再和父母有儿时的那种亲昵感，这是一种必然。我们要接受。

妻子在这方面的适应性，远比我好。

难忘的亲子互动活动

学校办了两天的全员心智活动,属于心理成长的团辅性质。第三天的上午,家长参加,亲子互动。

我和妻子都去了。

一

家长报到时,接待的学生会给每位家长一个信封,上面写着自己孩子的名字,是他们写给父母的信。

坐在大厅里,等待亲子活动开始,我展开了信。几乎是从看到第一行字开始,我的眼泪就要夺眶而出。身边全是家长,我尽量克制着自己,不让眼泪流出来……

亲爱的爸爸、妈妈:

我非常爱你们。谢谢你们这么多年对我的关心、照顾、帮助,种种的种种我都非常感动。感谢你们这么多年来给了我一个完整的家,给了我这么多无私的关怀,给了我这么多爱,这么多快乐。

无论在外面我如何失败,学习不好、上课爱说话、老师说我,回到家中你们还是一如既往地爱我,支持我、鼓励我。我记得以前上美术课,你们每次都会送我去。妈妈以前还会帮我削笔,帮我问老师建议。我很不懂事,会经常嫌你们烦,觉得家长在丢人。其实你们一直都默默地在我身边，无论我怎么说，你们都会一直帮我。

还记得初一的时候，放学时爸爸妈妈会开车到校门口接我回家。有时我爱玩，会在学校打篮球，你们总是在校门外等我，大夏天一个人坐在车里一两个小时，肯定非常难受。可你们还是会一直等我，也不催我，想让我开心。

还记得初三的时候，考试紧张，可我周末有时还玩游戏。你们会来劝我，让我别玩了。我记得有一次把我鼠标弄坏了，我和你们特别大声地吵。其实都是我不懂事，你们最后反而来安慰我。你们给我的温暖，我一直铭记在心的。

其实我老和你们大声吵闹，十分不应该。每次都是把爸爸气走，妈妈还安慰我，让我找爸爸道歉。其实每次都是爸爸主动和我和好，不论我做得有多不对，多不应该。特别感谢你们，真的。

这周三，妈妈晚上来学校帮我送东西，想要一个箱子，可我因为当时正在处理作业，不想被打断，所以没有给。我觉得我非常不对。还有周五爸爸给我送衣服来，我本来让他帮我拷些文件在U盘里带来，可他忘带了。我能看出他当时的慌张，然后他回家立即就通过邮件把文件发给我了，可见他多么怕耽误我的学习。

总之你们对我实在是太好了，十分俗也十分真诚地感谢你们对我的爱，给了我一个完整的家。

你们给我的，我真的无法报答，但是我想我能做的就是以后还能经常看你们，住在一起，稍微做一些可以做的吧。

今天老师发了三条蓝丝带，让我们给最重要的三个人。同学都给了在场的人，我也收到了四条。但是我的三条都留了下来。我觉得对我最重要的人肯定是亲人，其中两条给你们，一条给我奶奶。十分感谢这么多年对我这么多的爱……

爱你们的儿子
2014 年 5 月 23 日

PS：我知道看到一半爸爸肯定会说：你语文没学好呀，怎么这么多错别字,字还这么难看……因为我现在情绪比较激动,所以会很乱……

我摘掉眼镜,偷偷地擦拭不受控制涌出的眼泪。戴上眼镜,偷偷环顾四周,我看到好几个看信的父母都在擦拭眼泪。

也有的家长很平静,孩子写给他们的信,有的只是短短几行的大字,远远就可以看到纸上空空的。

一句"我非常爱你们",已经好几年没有从儿子的嘴里听到了。小时候,这是他经常挂在嘴边的话。长大了,不再说了,原来不是心中无爱,而是羞于说出口。

这信,让我看到了,他真的懂很多,懂感恩,懂父母的心。真的长大了。我的眼泪,都是幸福的眼泪。

孩子很心细,有些属于妈妈或爸爸一方的事,他也会用"你们",不厚此薄彼。

但看的过程中,我也在想:我们有许多做得不好的地方,我们原本可以做得更好……

略微有些意外的是,儿子的信中竟然两次感谢"给了我一个完整的家",而这个议题是我们家庭中从来没有涉及过的……

二

到了亲子活动的时间,所有家长鱼贯走进大厅,孩子们分立两侧,留出一条细长的过道,为家长们鼓掌。忽然,有人叫我,扭头看是儿子,他主动伸出手,与我击掌!

在学校,他一向是很害羞的,都不好意思和我们在一起多说话,这次在这么多人面前主动和我击掌,让我有些意外。

家长和孩子对坐,活动的组织者引导我们。

孩子将眼睛闭上,家长凝视着你的孩子,你已经多久没有这样凝视他了?孩子已经长大了……

许多煽情的话。我便明白,这三天中关于亲情的教育内容不少,儿子公然和我击掌,应该与此有关。

组织者发给每位家长一个眼罩,我将双眼紧紧地蒙住,眼前一片漆黑,一点光亮都没有。

组织者问："各位家长，无论发生什么事情，你都永远信任自己孩子的，请举手。"

我在瞬间高举起自己的手。

组织者让孩子牵着蒙上双眼的家长的手，走一段路。在这个过程中，任何人不许说话，当然家长也不许摘掉眼罩。如果是父母都来的，孩子就要一手牵一个。

儿子的手紧紧地拉着我，我感觉到他牵着我从椅子上站起来，在大厅里走，走出大厅门，走到楼梯旁，儿子跺了一下脚，我懂这是提示我有楼梯的意思，那之后，每逢他跺脚的时候，我便知道要上或下楼梯了……

我就这样一直被他牵着，我知道他也同样牵着妈妈，我们从五楼一级级台阶走下来，感觉到走到操场上了，风儿拂面，空气清新。

我又感觉被他这样一直牵着，走进教学楼，一步步上台阶……

直到最后，我们回到大厅，他扶着我的肩膀，调整我的位置，示意我坐下。

整个过程我感到非常放松、轻松、享受，我们可以把自己放心地交给我的儿子了，而他会全身心地关注着我们的安全，让我们平安、快乐……

这仿佛是一个人类学所讲的过渡仪式，由父母牵着孩子的手走，变成了孩子牵着父母的手走，在这个仪式之后，我们可以更加信任孩子，相信他是一个负责任、有爱心的"大人"。

眼罩摘掉了，我看到现场的许多家长都在抹眼泪。

儿子将珍藏的蓝丝带，给我和他妈妈分别系上一条。

我说："别人都给你，你不给别人，人家多难受呀。"

他说："没事。"

但我完全可以想象到，前一天，当场内同学互系蓝丝带，并且有四个同学也给儿子系上蓝丝带的时候，他却将丝带庄严地放在自己的口袋中，那是有一种同伴压力的，甚至会是非常尴尬的。但是，儿子做到了。

三

活动结束后，我们一起出去吃饭。

儿子告诉我们，他一手牵一个，后退着走，带我们下楼。既怕碰到别人，又因为我们两人步调不一致，需要不断照顾两人的不同进程，所以很紧张。

他说："你们从这带路的活动中想到了什么？我想到，我小时候什么都不懂，不知道对或错，不知道哪里有危险，你们就这样带着我，一步步走，带我走正确的路。以后还要再带我走。"

我内心再次充满了幸福感。儿子实在是太懂事了！

儿子告诉我们，他所在的小组八个同学，交流的时候，竟然有四个同学是父母离异的，一个同学还是丧父的，也就是说，五个同学来自单亲家庭。大家会讲述家庭带给他们的种种伤害，儿子非常受触动。我因此也懂了，为什么儿子会在信中两次提到"完整的家"。

我能够感觉到，这次活动之后，儿子再也不会对我们大吼大叫了。

很长时间以来，我有一种对年老后的忧虑。现在，我充分相信了：儿子不会让我感到孤独的，他一定会足够爱我们、关心我们，让我们老年无忧的。

其实，这样的孝，是小孝。大孝他已经给我们了。这就是有爱心、有责任，对自己和他人有负责任的精神，好学向上，有人生理想……

想到儿子，我就感到无比幸福。

近日，微博上还有一位粉丝问我：16岁女孩，父母离婚，一直和妈妈在一起生活，妈妈从小给她灌输男人不好的观念，不让她和男生接触，也不给她穿裙子，平时也不允许和同学出去玩，结果现在这个孩子打扮像男孩一样，也不和异性接触，跟妈妈说自己是同性恋，现在妈妈意识到了自己的错误，该怎么挽回呢？我想问，会是这样吗？我的回复是：妈妈一直的灌输显然是非常有害的，但和同性恋并没有必然的联系。现在能做的，就是尊重孩子自己的选择和成长。别总当"妈"了。我实在想不明白，为什么父母不从小就培养孩子成长、赋权、自决，而总是要"管"着孩子，你们怎么就那么自信地认为自己是对的呢？

我也和儿子讨论那五个单亲家庭的孩子，我说，他们内心的伤，与其说是来自父母离异，不如说，是来自父母不能很好地爱他们。离异的父母也可以很好地爱孩子，使他感觉不到创伤。

儿子的态度是：生一个孩子，就要对他负责，他那么小，怎么可以不对他负责呢？

儿子现在的理念可能是：对孩子负责，父母就不能离婚。虽然这观点可能有些偏激，但是，他对于责任的强调，让我非常欣慰和感动。懂得对自己和别人负责，这是多么重要的品格呀！

四

当时在亲子活动环节，组织者让家长也给自己的孩子写一封回信。

我现场写的是：

儿子：好！

听起来有些俗套，却是绝对的真心话：我们为你骄傲！

如果说，你初中时，我们还看不清你的未来，进入高中，我已经能够清楚地看到你未来的人生了。十多年的操心、苦心，都得到了回报。你是如此出色，以至于我经常会怀疑自己何时积了大德，上天赐你给我，让我体验如此的幸福。

你知道，从小到大，我们一直没有把考试成绩看作最重要的。我希望你有理想、快乐、自由、有责任心，对人生负责。今天，我确信你都做到了这些。进一步，你也学业出众。这印证了我一直的理念：一个有责任心、对人生负责、有理想、不盲从的人，一定在各方面都很出众。

我们现在对你更操心的，反而是你的健康。希望你一样对健康负责。

儿子，虽然在过去的16年，我一直努力做一个好父亲，但直到今天，我仍时常会想起：我这里做的不好，那里做的也不对。如果可以重新来过，我会做得更好。但是，显然不会重新来过一次人生，但我想，以后几十年，我更努力做好父亲，便是对以前错误的弥补了。

虽然你不再每天在我身边，但我想起你时，心中都溢满了幸福，因而感觉你就在我身边，我十分满足！

未来的日子，相信我们会有更多幸福的记忆！

爱你！

方刚
2014年5月24日于北大附中

妻子写的是：

亲爱的儿子：

虽然你已经16周岁了，可妈妈依然不自觉地常以"宝贝儿"来称呼你。外人也许觉得矫情，但你在妈妈心中，仍然是需要呵护的宝贝儿，特别是你生病时，我的心痛无以言表。

如今你已经是一米八三的男子汉了，你时常帮我们拎重物上楼。可是我依然记得你第一次主动帮助我。那是你上小学五年级时，一个周末的中午，我们吃炸酱面。见我拌面时，你一把拉过碗，快速地拌好面，将碗推到我面前，说："吃吧！"像个大人似的。

还有上周去吃羊蝎子，你主动将盘碗锅摆好，将筷子摆好，然后才去看手机。这又是一个进步。你的成长就是这么点点滴滴地记录在妈妈心中。

你会长大！你会成功！我会看到的！

爱你的妈妈

有分歧时，父母可以这样做

儿子的出国目标，一直是美国。但高二开学不久，他忽然和我们商量：可否去澳洲。他提出的理由是：中国学生毕业后留在澳洲工作的概率更高；澳洲的自然环境与生活环境更好；澳洲的学费便宜；去澳洲留学不用考 SAT 了；等等。

在我们看来，这些都不是改变留学目的地的理由。从学术的发展而言，显然美国更适合。

我们猜测，儿子改变想法可能是受到女友的影响。两人想在一起。

他在新浪有微博，虽然很少发东西，但相互关注的"好友"中，有他的女朋友。我们上网一看，果然，他女友关注的微博中，很多都是澳洲出国旅游的。

我和妻子一度陷入焦虑中。因为这件事太重要了，我们不希望他走错路。但是，面对青春期的孩子，如果父母直接说出很多反对的意见，他不仅听不进去，反而影响彼此的交流，甚至可能坚定了他去澳洲的决心。该怎么做才最好呢？

我花了很多时间认真地上网查了很多美国留学与澳洲留学的对比资料，还认真地请教了熟悉国外教育，在美国和澳洲留学过的朋友。结果验证了我原来的想法：从学业的角度，还是去美国留学更好。

但我也不想把自己的想法强加给他。我将查到的资料发给他，这些资料通常分析了澳洲和美国留学各自的优缺点，但有一点是共同的：美国的高校和学术在全球具有不可争议的领先性，如果从学术研究的角度，选择美国的高校无疑是最理想的，等等。

我偷偷和儿子的姑姑通电话，讲儿子的想法。姑姑便在和他微信聊天时，似乎是不经意地问他："准备去哪里留学呀？"儿子回复："没想好呢，可能是澳洲，可能是美国。"于是姑姑便讲了一堆美国更好的道理。

那年春节去看望我的导师潘绥铭教授，我也特意带上儿子。席间，我请潘老师分析去美国和去澳洲各自的利弊。潘老师斩钉截铁地说："从学习的角度看，当然要去美国。"随后又有各种说明。潘老师在儿子心目中的地位很高，所以儿子当时虽然没有说什么，但我相信潘老师的话对他非常有影响。

火候差不多了。一天晚上，一家三口在校园的操场里散步，放松、融洽，我借机分享我的看法：出国留学，肯定是选择教育水平、科研水平最好的国家和学校，就业、生活环境等，可以先不考虑；学业上成绩好了，这些都不是问题。比如，如果能够在澳洲的大学毕业留在澳洲工作，同样可以在美国的大学毕业后到澳洲工作，等等。

不久之后，儿子和我们说："我想好了，还是去美国。"

这件事让我得意很久。

选择留学目的地，是一个非常重大的抉择，会影响他的一生。我希望他自己深思熟虑后做出正确的选择，而不是靠父母代为决定或强行命令。于是，我收集澳洲、美国留学各自的正负面信息，并且通过权威人士传达治学更应该去美国这样的专业信息。让我欣慰的是，儿子最终做出了正确的选择。

我相信他做这个选择的过程中，进行过认真的思考，甚至也与别人进行过讨论。这就是成长的过程，也是学习决策的过程。而他最终的选择基于治学利益最大化，这也证明他有能力做出对自己人生负责任的选择。这让我非常欣慰，甚至感到幸福。

我是如此开心，以至于有一天我将如何影响他选择美国留学的全过程都告诉了他。他笑着评价我："老奸巨猾！"父母和青春期的孩子交流，确实需要多用一点心思。

确定了去美国后不久，儿子又陷入了对"考大U，还是考学院"的选择中。

他了解到的信息是：学院的本科生通常是小班面对老师，与老师互动的机会更多；而大U，本科生可能很难与老师单独互动，有时一个教室会有几百人上课。儿子已经习惯了北大附中的参与式教学，深受其益，觉得自己更适合学院的教学模式。道尔顿的每位学生都有指定的外籍教师做升学顾问，儿子的升学顾问也说学院的教学质量好。

儿子的目标是读完博士，进大学当老师，所以我觉得大U是最好的选择。我仍然如法炮制，收集正反面信息，询问在美国读书的专业人士，然后提供给儿子，供他自己选择。我相信他可以做出正确的选择。果然，他最终选择读大U。

这个选择，也是我们帮助他分析得失之后，最终由他自己做出的。

一个人的成长，就是这样一次次炼成的。

在讨论读学院还是读大U的时候，我在QQ上咨询了一位正在美国留学的朋友，她回复得非常认真。事后我将聊天记录发给了儿子。收录于此，相信这对于其他面临同样选择的学生和他们的父母也是有启发的：

方刚：关于美国大学，我儿子的升学顾问建议申请COLLEGE，说是教学质量好，是这样吗？

朋友：您儿子是高三申本科是吗？他目前已经确定想学的专业了吗？有没有确定科研还是非科研的方向呢？

方刚：对，今年高二，下半年申请。他确定要学环境科学，原来想上加州大学的戴维斯分校，多年环境科学全球第一。肯定是科研方向，他未来想读博，做学者。所以还要考虑未来读研的事。他也拿不准，现在如果上了COLLEGE会不会影响申请读研和读博，以及未来的学术发展。

朋友：Liberal arts college跟综合性的university的教学方式和教育环境还是非常不一样的，很难说哪个更好，还得多方面考虑、取舍。

不同点有：

1. school size 与 diversity：我本身选择university是因为大型公立大学学

生的组成较为多元化，我很喜欢这一点。有很多穷人、少数种族、不同政见者，等等；liberal arts 的学生类型可能相对单一一些：家庭条件一般较好，种族类型不太多元，国际学生比例相对较少。

2. 教学方式和氛围：liberal arts 因为只有本科，所以肯定重点在本科的通识教育。而 university 的教育策略通常是为自己的 grad school 培养人才。以 UC Berkeley 为例，我们的教授不是为了通识教育而教授知识，很大程度上是为了培养本专业的研究人才而教。所以在通识教育方面，university 的教学程度要差一些。就专业课而言，university 因为教师多，涉及的本学科方向多，开课范围肯定更广泛，但相应地，每门课学生多，student-professor 比率要远远大于 liberal arts，从而导致学生个人受到的老师的关注少（individual attention）。Liberal arts 的专业课，通常是至多几十个人小班化教学，而大的 university 专业课可能也是几百个人。

3. 校园文化：liberal arts 更注重校园文化和传统，学生在这方面可能更有归属感一些。

4. 校外活动：liberal arts 的校园通常较偏僻或者较封闭，大多数学生不开车，大学四年全部住在校园。而 university 的宿舍很多在校外或者稍远的地方，学生大多不会整整四年都住在学校宿舍，接触外面的空间、活动的机会更多一些。

就专业而言，排名很可能不是本科此专业的排名。所以除了看排名，还要看这些本科本专业在这个学校所开课程，教学重点和教授是否教本科生。以我自己的经历为例，我很早就确定我想学心理学，但是入学之前没有对伯克利的心理学部门进行透彻的研究，入学之后才发现，伯克利的心理学非常偏神经科学这一分支，而我感兴趣的却是不太受重视的社会心理学这一分支。所以仔细查看一下这个学校的专业教学重点还是非常重要的。

方刚：谢谢分享得这么仔细。这样看来，如果想在专业上发展，还是 U 比较好？

朋友：我自己觉得走科研、学术这条路，本科读 U 还是不错的，就算你的教授们不是特别大牌，你也有很多机会跟本专业的大牛教授们 make connections，connections 对之后申请 grad school 是非常非常重要的。因为申请 grad school 的时候，往往就是这样，若这个专业其中一个老师愿意带你，你就被录取了；没有任何一个老师愿意带你，你就被拒了。而且做科研，越早进 lab 做 RA 越好，在大的综合性学校，lab 的种类和数量都要多，也能接触到很多本专业的研究生、博士生。在 U 唯一的问题就是，你会觉得自己是 a small fish in a big pond，有些十八岁刚刚到美国的孩子可能确实不适合这种放养式的教育。我觉得最后还是要看您的孩子是不是需要 individua attention，想要在一个归属感很强的学校里，如果是那样，liberal arts 更合适。最后再补充下，如果可以，尽量不要去中国留学生太多的学校或者地区，因为中国留学生特别特别容易扎堆，一开始对适应环境可能比较有帮助，但越往后会发现如果中国学生扎堆，对语言和文化的融入都有很大阻碍。

方刚：说的这些都太好了。谢谢你。我会发给他，让他考虑和决定。

朋友：嘿嘿，不用谢。我也是走过些弯路，才不想后面的小朋友们再走弯路。

不断地增能与赋权

高中，儿子几乎所有的事情都是自己决定，自己处理；遇到重大的事情，也是自己先有一些想法，然后再主动和我们商量，征询我们的意见。比如像专业选择之类的。他提出自己由对生物学的喜爱，发展到对环境科学的喜爱，所以考虑报考环境科学方面。我们立即支持了他的这个选择。在我们看来，这是非常有前景的领域。

事实上，我们很少干涉他的决定。只是像诸如应该去美国还是去澳洲留学之类的选择，我们才会慎重地发表意见。

一些"小事"，儿子都自己处理了。

比如要去中国香港和新加坡参加 SAT 考试，他自己报名，自己订机票、订酒店。

当然这过程中也难免出现一些不足。比如，2014 年年底他要去香港考试的时候，和几个同学同行。他们定了一个周五早晨六点多的飞机，想早些到香港先玩一天，然后周六参加考试。我们和他分析：六点多的飞机，就需要四点起床去机场，到香港玩一天，也会影响第二天的考试。

儿子想了想，也觉得这样安排不合理，便换了机票，还主动承担了同行的那位同学的退票费。

我们没有强烈要求他一定要这样做，只是说出自己的看法和担心，他自己考虑后做出了这个决定，我们真的特别高兴。我晚上做梦都笑醒了。

我给他写了邮件表扬他："我知道让那同学改票，是很让你为难的一件事。但你还是面对了。我从这件事看到的是：你善于倾听、理性思维、勇于纠错、乐于承担责任、善于沟通。为你骄傲！"

高二第一学期，儿子便开始筹划一次服装设计比赛。不知道他是怎么有这个创意的，也许与他的妈妈在服装报纸做记者有关？

他做这事并没有和我们说，可能是怕我们担心影响学习而反对吧？直到经过了策划、拉赞助、鼓励同学参与设计、完成专业评奖等多个环节，即将颁奖前的一个周末回家时，才告诉我们。我们听了很开心。事后，我给他写了一封邮件：

亲爱的儿子：

星期天你回学校之后，我和妈妈开心了很久。谈论你，荡漾着幸福感。

为什么呢？

因为你和我们分享了你做"服装比赛"的故事，让我们看到：你的成熟，你的干练，你的能力，你的负责精神，你在学习之外的这些成长。

这让我们感到欣慰，感到幸福。妈妈甚至忍不住发微信给二姨妈，讲你做的这件事，很好地炫耀了一番。第二天预计你颁奖的时候，妈妈还说：这时儿子应该在颁奖呢……

说这些，是想告诉你：爸妈会因为知道你的成长，而感到幸福。和爸妈讲讲你的事，让爸妈开心、快乐，便是一种非常非常好的"孝心"。

你应该认识到了吧：爸妈不是保守僵化的父母，我们从来就没有把学习看成唯一重要的，遇事也总是征求你的意见，尊重你的选择。

所以，今后无论什么，都可以放心地和爸妈分享，不用担心我们的反对或"絮叨"。

回忆起周日晚上的餐厅里，我们家这桌一直笑语连天，这是多么幸福和温暖的时光呀。再次感谢你和我们分享你的生活，带给我们这么多快乐。

谢谢你。

2014 年 12 月 10 日

我对儿子的教育方针，一直是"增能"与"赋权"。

增能：增加能力，一言概之，即增加对自己和他人负责的能力，包括思考的能力，对事物做出分析的能力，准确判断什么对自己有利的能力，回避那些对自己有害的事物的能力。

赋权：增能的目的，是为了赋权，即将决定某件事情的权利交给孩子自己。我们清楚：父母不可能永远替孩子决定，孩子也不会喜欢父母替他决定。一定要把决定权给孩子，但为了让孩子的决定是对他自己有利的、负责任的，就要"增能"。

我觉得儿子的"增能"是挺成功的，所以一直充分"赋权"给他。

做父母要学会放手

一位朋友的孩子在读大学，朋友和我聊教育的时候，说："他们虽然年龄上成年，可和小孩子没什么两样，什么都不懂的！"

我内心很困惑。

他的孩子比我的儿子大四五岁，已经读大学了，他还感觉"和小孩子没什么两样"，而我的儿子读高一时，我便感觉"和成年人没什么两样"了。

真的是孩子间差距很大吗？

如果你把孩子当作成年人对待，他便也会以成年人的标准自我要求，并且以成年人的姿态和你相处；如果你总把他当成永远长不大的孩子，他便真的可能永远长不大，永远依赖你，永远以幼儿的姿态与你相处。

儿子读高中之后，我已经完全把他当成人对待了。无论在事情的处理上，还是观点、判断等方面，儿子都让我不自觉地就把他当成人对待了。他表现出来的成熟，许多时候真的在我之上。

父母是否可以做到信任孩子、支持孩子独立和成长？这和孩子没有关系，和父母的教养理念有很大的关系。

所有的父母，都害怕孩子摔倒，害怕孩子受伤。但是，避免孩子摔倒和受伤的策略则有很大不同。有的父母是紧紧抱着孩子，牵着孩子，不许他们自己多走一步，以免他们摔倒和受伤；有的父母则是告诉孩子：你可能摔倒，可能受伤，所以你必须格外小心。然后，他们就放开手，让孩子自己去勇敢地向前走，自己在不远的后面用目光呵护着他们，必要的时候冲过去扶一把，保护他们……

我喜欢做后一种父母。

记忆中，早在儿子读幼儿园、小学时，我们便会就家庭事务征询他的意见。他作为家庭一员，平等地参与讨论。甚至我自己的事情，拿不准的时候，也会和他念叨，让他发表看法。他的看法，有时会成为我非常好的借鉴。所谓"大人的事"，从来都不是回避他的理由，恰是他成长的机会。儿子参与讨论的过程，便是他走向成人的过程。

儿子自己的事情，更鼓励他自己做主。他的决定只要没有原则性错误，我们都尽量按他的决定办；当他的决定存在明显的原则性错误之时，我们则引导他自己发现这一点，并且修正错误。

不要怕孩子犯错误。永远在襁褓中，就永远不会摔倒，不会受伤，但也永远不会走路。

高二第一学期，儿子要去香港参加SAT考试。从报名，到订酒店、订机票，全是他自己办的。其他同学，几乎全是家长负责报名和安排的。有的学生参加了旅行社专门组织的考试团，有老师带队；还有的学生是由家长陪同前往的。儿子只身前往香港，我们完全没有过问。

考试那天上午，本应在考场考试的他，突然打来电话，把我们吓坏了。接了电话，儿子已是哭腔：自己报名时，写错了名字，应该写中文拼音名的地方，写了英文名。所以，没让进考场。为考试准备了很久，功夫白费了，香港也白去了，一个人被关在考场外的心情可想而知！难怪儿子会在电话里哭呢，我都想不起他上次哭是什么时候了。

我们立即安慰他：生活中总会有各种意外，人生总会有挫折，你遇到的这件事是非常非常小的事，什么也不会影响；几个月后还可以再考，完全不用挂在心上；快去迪士尼玩一玩，散散心吧！

坦白说，我们内心也有一些沮丧，但对于处于更大沮丧中的孩子，一定要这样鼓励，而不能责怪他。

我甚至心中窃喜：儿子的粗心我是知道的，提醒过他，未被重视，这次吃了亏，受了伤，感到痛了，哭了，是好事。因为这件事上的损失可以弥补，伤害也不是致命的。相信有了这次的教训，以后他应该会更细心，就可以更好地避免致命性的疏忽了。

这就是我的教育理念：把孩子当大人，告知风险，然后放手让他走，不怕他跌倒摔伤，伤痛中他也可以成长。受伤了，安慰他、呵护他，帮助他站起来更稳健地向前走。

爱孩子，就要让他学会走路。

一封申请书助梦想起飞

申请美国学校，多数学校需要一个通用的申请文书，要求体现出个性、能力、特点，给招生官足够的理由录取你。

儿子学校的指导老师给出一些文书写作的建议，包括：要写一个故事，尽量简短描述事件，大部分一句带过，剩下的细节描述让人感动，剩下的一半都要议论；要写出你自己的思考、对自己的认识、自己通过这个事情的改变（改变是什么）、自己事后怎么看待这个事情、反思；等等。

虽然只有几百字，儿子却反复琢磨了一个多月，数易其稿。期间，我也给他很多建议。这便是他最后的定稿，他也靠着这个定稿成功地申请到了几乎所有报名的学校。

高二时我选修了一个研究课程，我选择"消失的老北京叫卖声"作为我研究的题目。

很难找到这么久远的事情的参考资料。经过一个多星期的大海淘针，我在一个英文的学术资源库中找到一篇针对一本1923年出版的研究老北京叫卖声的英文书的评论。当我最终在国家图书馆的旧资料库里淘到了原书的时候，我体验到寻宝者最终挖到一座宝藏的感觉。

寻找和访问尚健在的当年北京街头叫卖的老人，工作量非常大，我找到一位同学合作。我们说服政府的户籍管理员，拿到几位近百岁老人的地址。为了让老人们支持我的研究，我们察言观色，针对每个老人的不同个性，采取不同的沟通策略。

别的同学写3000字的报告，我们这篇写了7000字，并且得了A。

虽然一开始我就想找一个有挑战性的研究题目锻炼自己，但经历的艰辛与曲折远超出我的想象。在这个过程中，我从来没有想过放弃。我为自己的意志力感到骄傲。当我最终完成它时，那份快乐的体验足以回报前面付出的所有艰辛。

这项研究强迫我走出校园，与政府官员、百岁老人沟通，争取他们的帮助，这些都非常困难，但我都做到了。良好的人际交往能力是一个人走向成功所必需的。

我与同学的合作也非常成功，事实上，全班只有我们是二人合作完成的论文。中国人被认为是不擅于与人合作的。中国有句古话：一个中国人是一条龙，三个中国人是一只虫。合作会多很多麻烦，需要彼此照顾，相互妥协。但我相信与人合作的能力对于人生和学业非常重要。

有人质疑：为什么选择这个貌似"无用"的研究对象。但在我看来，对好奇心的满足，对世界包括历史的探索，这本身就是美的。我们追求知识不应该都是为了"实用"。

通过这次学术活动，我得到了全面成长，包括毅力、沟通能力、合作精神，我相信这些是快乐人生所必需的。

申请加州大学，额外还需要另一篇申请文字，要求体现你能对这所学校贡献什么，你的包容性等。指导语中还包括：描述你来自的世界，比如说你的精神世界，也可以是家庭、社区，或者学校，并且告诉我们你的世界是怎样塑造你的梦想和你的志向的。

下面便是儿子最终定稿的申请文字，他靠这篇文字成功地进入了他梦想的加州大学戴维斯分校，学习自己梦想的环境科学专业。

我既接受着西方的教育，也深受中国传统文化的影响。

高一时，唯一的中文课上，老师引领我们阅读了大量中国古籍。包括

3000年前的诗经、孔子、孟子。我对儒家思想非常有兴趣，课余还读了好多本研究孔子的学术著作。高二时，我选修了北京大学本科生的课程"中国古代文化"，参观孔庙、国子监（中国古代的大学遗址）；我还研究了茶文化，在课堂上做了茶文化的介绍；我用完全的古法，仿做了一本中国古代的线装书。

这些经历中，我深深体会到中国文化强调中庸、优雅、从容，这教导我不要患得患失，多存平常之心；儒家文化的礼义廉耻，启发我懂得应该先做人、后立业，人品远远比金钱和功名重要。这些都是我未来人生中做人做事的原则。

高二时，我做了一个独立研究项目，研究100年前北京街头小贩的叫卖声。我从100年前的叫卖声中，听到了儒家倡导的诚信、仁厚、儒雅、重义轻利等这些在今天商业交往中已经很难寻觅的美德。虽然我不可能从商，但这些美德，我认为是我人生中必须一直坚持的。

从高一到高三，我一直学习柔道。许多人以为柔道是日本的国术，其实它起源于中国古代的柔术。最重要的是，它是中国儒家思想的体现。比如，其他运动关注对抗，柔道关注礼仪，尊重对手，自他共荣，共同进步；柔道培养运动员温和谦逊、尊师重道的精神。柔道的意义在于坚持，即使一次次被摔倒在地上，也绝不放弃。将近三年的训练，我意识到人生就像柔道一样，无论被打倒多少次，也应该坚持，不放弃。柔道培养了我强大的心理力量，锻炼了我的勇敢精神。

另一方面，在完全西化的学校里，高中三年，我使用的是英文的原版教材，面对的几乎全部是讲英语的教师，三年必修的人文课，我们阅读了苏格拉底、柏拉图的原著，也了解了波伏娃和麦金农等人的女权主义主张。教师努力培养我们批判性的思维，鼓励分享观点的思考。这些使我深深接受了西方的人权、民主、平等、多元、自由的思想。

我汲取的西方文化，可以使我更好地融入美国的大学中；我的中国文化基础，是我可以奉献给校园的多元文化贡献。

如果有机会，我希望未来在学校成立一个中国儒家文化的传播小组，或者一个柔道俱乐部。我希望未来的大学，成就我的学术理想的同时，也可以使我在人格上得到充分成长。

引导孩子做出负责任的选择

2015年7月至2016年6月,儿子完成了他高中最后一年的学业与生活,成为一名满18岁的成人,即将开始大学生活。

儿子终于离我们远去了,在过去18年间,我们期盼着这一天,也惧怕着这一天,当这一天真的到来之时,更多的是幸福。

我不再觉得自己有任何继续引导他的能力,他在几乎所有方面都表现得那么出色。对比同龄时的我,我只能感到羞愧。

申报学校的时候,儿子一口气填报了9个。2016年2月开始,录取通知一个接一个地下来了。这时,又面临一次选择。

自从高一受生物课的影响,决定学习环境科学之后,儿子心目中理想的学校便一直是加州大学戴维斯分校。那里拥有全世界最强的环境科学专业团队,在有些排名标准上,它多年是全球第一;在另外一些排名标准上,它也从来没有下过前三名。

儿子对这所学校的环境科学专业深入研究过,具体到知道哪几位教师是中国去的本科留学生,一直读到博士毕业,留在那里任教的。

但是,戴维斯的全球综合排名只是30多名。而此时录取儿子的另一所大学全球综合排名是第 11 名，环境科学的全球排名是 20 多名。

虽然我认为应该选择专业排名靠前的，但对于青春期的孩子，父亲的建议是没有权威性的。不专门和你作对就不错了，还指望对你言听计从？

于是，又重复了高二时的路径，我继续收集各类"专业、权威"人士的看法，反馈给儿子。我询问了三个人的意见。一位是在纽约一所大学执教的马来西亚华人欧阳文风牧师，另一位是我的同事、美国留学回来的訾非教授，还有一位仍是我的导师潘绥铭教授。幸好，他们三人和我的看法都是一样的：如果想本科毕业后回国工作，就读综合排名靠前的，因为中国人信这个；如果想继续读研、读博，做学术，就一定要选专业排名靠前的。

我又把这些信息反馈给儿子，但是他迟迟没有给我们明确回复。我和妻子的心便一直悬着。

焦虑中，和朋友讨论这件事。朋友说："必要的时候，就只能用经济手段了，如果他一定要去你们不认可的学校，不给他出学费就是了。"我说："这招儿可是绝对不敢用的，这样就太伤害孩子了。"

很多父母在和孩子出现争议的时候，会说："如果不听我的，我们就不给你钱！"这样的话也曾在我的嘴边差点儿冒出来过，但幸好被我及时、冷静、理智地压制住了。在我看来，如果这样的话说出来，孩子和父母间的感情就会出现裂痕了。父母为孩子提供经济支持，基于义务，基于爱，不能把金钱变成一种权力关系。

而且，强制是没有任何意义的，如果他被迫去了自己不想去的学校，读了自己不想读的专业，他的学习热情不会高，学习效果也会受影响的。

我们继续等待孩子的决定。但是，孩子一直没有明确告诉我们他的决定。直到有一天，儿子又去参加戴维斯分校在北京召开的新生见面会，我们便略放心了；又有一天，通知我们汇学费了，我们查了一下，收款人是加州大学戴维斯分校，便放心了。

这一次很特别，儿子自始至终没有像以前那样明确地将最后的决定告诉我们。我忍不住问他：这个选择，是否你有一些不甘心？否则为什么一直没有明确告诉我们呢？我不希望你太勉强地选择。他说：没有呀！我觉得我告诉过你们了。

好吧，也许是彼此的理解出现了偏差。儿子最终又一次自己选择了正确的方向，我们还是很欣慰的。

父母并不一定比孩子更有智慧，但父母通常比未成年的孩子拥有更丰富的人生阅历。所以许多时候，父母希望孩子做出他们认为正确的人生选择，如果孩子选择其他路，父母便恨不能拉他们回来，不忍心看他们付出代价。但是，强拉硬拖显然不是办法，唯一的办法是鼓励孩子做出负责任的正确选择。而且，无论孩子最终做出什么样的选择，都一定要尊重他的选择。

有人会说，如果明知道孩子的选择是错的，也要尊重吗？如果父母已经尽力引导了，孩子仍然做出在父母看来是一定会付出代价的错误选择，那也只能让孩子来承受这个代价了。父母还可以做的，是准备好当孩子遇到挫折与创伤时给予支持。

在我们家，围坐餐桌吃饭的时间，是重要的交流时间。同儿子很多重要的谈话，都是在餐桌边进行的。

儿子读高三的时候，媒体上很热烈地报道和讨论过一个大学男生，得了一种怪病，在武警二院倾尽家产就医。但其实是被承包医院的"浦田系"医生骗了。有网友帮他查到，"浦田系"给他用的那种治疗方法，在国际上早就被证明是无益甚至有害的了，而美国正在使用另外一种有效的治疗方法……但是已经来不及了，他最终死亡。这位男生留下的视频中有一段话特别打动我，他说："我才21岁，我想拥有完整的人生……"

我们又抓住机会在餐桌上和儿子分享这个案例。我对儿子说："遇事一定要小心，你也应该拥有完整的人生……"儿子评论说："他笨，本来就不应该对医生偏听偏信，遇到这样的疑难杂症，一定要自己查清楚。"

虽然这段话对逝者有些不敬，但我还是舒了一口气。类似的事件，儿子懂得该怎么做了。

我自己在遇到类似不公正的时候，通常的做法是被激怒了，立即强烈地反弹。为此，我没少吃亏。所以，到了儿子这里，我不希望他再走我的路。然而，真的能够靠这样的"说教"达到效果吗？日常生活中的观察、模仿，甚至传说中的"基因"因素，是否更多地影响他呢？正因为有这些担心，所以这类"必要时认软服输"的明哲保身的教育，我们没少给他灌输。

像上述一些事件的报道出现时，我经常感叹：活着很艰难，需要格外小心。人能够平安地活着，是一件很侥幸的事情。

我执教学校的一个大四学生，被称为"学霸"，但却没拿到本科毕业文凭，因为他拒绝上体育课，拒绝参加军训。我曾关心这个学生，问他何以如此。他微信回复我："我的目的不是混学分和毕业，我只要学到知识就很满足了，不去体育课和军训也是因为不喜欢身体被分数化，我觉得我有权保持一个我所期望的身体，不想被制度所规定……"

我完全理解这个孩子说的，也觉得他有这个权利。但总觉得，为了一个理想去牺牲掉本科的毕业文凭，有些不值。我还是觉得，人在必要时需要低头，顺从自己反对的制度，这是为了更好地追求自己的理想。

我把这事和儿子分享，儿子认可我关于必要时需要向制度低头的态度，但他说：你不懂他，他其实说得非常清楚，他不在乎那个毕业证，没有那个毕业证他也可以有非常好的生活，那个毕业证对他没有意义。比如说，他要去经商，这毕业证就没用；他爸爸是亿万富豪，这毕业证也没用。他已经评估过了，他自己不在意，你们何必在意呢？

这一点，我倒没有想到。我们通常会假设说，这毕业证对所有人都很重要。但儿子给了我另外一个思维视角。重要的是，我还看到，儿子认为每个人做出一个重要决定都是基于慎重评估，而不是基于冲动和盲目。那个男生是否如此，我不知道，但儿子的这种态度，让我又一次放心了。

父母不可能陪伴孩子一生，也不可能永远"保护"自己的孩子，所以，让他们"安全"的最好办法，就是让他们具备自我保护、自我负责的能力。

毕业礼与成人礼

2015年6月19日，儿子的学校举办毕业典礼和成人典礼。

早在几个月前，太原的一家机构便和我约定在6月18~19日这两天去办"家庭性教育工作坊"。但儿子的双典礼通知在6月初才发下来。太原那面，也已经完成招生。我陷入了纠结中。一方面，非常想参加儿子的两个典礼，另一方面，太原的课程如果要改变，对主办方和学员的影响还是很大的。

我和妻子商量。妻子说："一定要想办法参加儿子的典礼，他这样的重要生命时刻不应该错过；以前不懂这些事的重要，错过了没有办法；现在懂了，这是非常有价值的时光，就要尽全力参加。"

我便硬着头皮和主办方商量，一再道歉。幸好，主办方和学员们，都是关心孩子教育的，同样作为家长，他们特别能够理解。

最终，两天的课程改为18日一天，18日原本6小时，改为7个半小时。退回学员一半的学费。

我在18日讲了一天课后，当天晚上赶回北京。

儿子双典礼的邀请信中特别注明，因为座位限制，只有一个家长能够进入举办典礼的礼堂，另一位家长要坐在食堂看视频直播。

妻子说我抓拍照片好，便让我进入典礼的礼堂，她去看视频直播。

礼堂中，学校安排家长坐在孩子的后面。活动中有一个环节，让孩子们转身拥抱、感谢自己的父母，儿子转身和我紧紧地拥抱。

儿子上台领毕业证书后，站在台上，朝远处遥望我在的方向，他知道我正在给他拍照。

我们请人帮忙拍了一家三口的合影，并立即在校园内的打印机上打了出来，给孩子带在身边做纪念……

那天，儿子很开心，我们也很开心。太多可以回忆的细节，足以让我们一想起来就感觉幸福。

给儿子的告别信

亲爱的儿子：

我们知道儿女不喜欢父母的絮叨。但父母又管不了自己的絮叨。因为父母永远无法放下对儿女的牵挂，所以就会不断絮叨。

我也从你这个年龄经历过，也曾很烦我妈妈的絮叨。但如今快50岁，深刻意识到如果听了她当年的许多絮叨，我的人生会更顺利，比如奶奶便一直让我学习英文。

父母的絮叨，都是父母人生的弯路、错路积累的经验，和孩子一遍遍地说，是希望孩子可以少走弯路、错路，更多康庄大道。

爸爸也知道：很多事情，其他人说再多也没有用，必须亲身经历了，才知道利益最大化的选择是什么。虽然，这时通常已经付出代价了。

因此，父母们的希望通常是：不断地絮叨，万一就被孩子听进去了呢？

最重要的是，你出国后，我们看不到你的生活了。你怎么样，我们不知道。以你一向"报喜不报忧"的个性，我们恐怕也无从给你建议了。

所以，在临别之前，说些最核心的吧！

一、生命，怎么爱它都不为过

当你熬夜的时候，愿你想起这句话。

当你生病了，懒得去看医生的时候，愿你想起这句话。

当你和别人起冲突，气愤与冲动的时候，愿你想起这句话。

当你准备冒险，或被别人忽悠要冒险的时候，愿你想起这句话。

当你陷入人生低谷、开始怀疑生命意义的时候，愿你想起这句话。

……

父母希望你事业有成，但更看重你快乐、健康地活着。与快乐、健康地活着相比，其他一切都不重要。

所以，自从有一天你说"学生写论文通宵不睡很正常"之后，我们便一直担心你会这样……

清楚地记得，你四岁的时候，爸爸便和你谈论死亡。爸爸谈论这个多数人认为"少儿不宜"的话题，是太渴望你能够更加热爱生命。

生命只有一次，无论怎样爱它都不为过。

二、有梦想的人生才幸福

永远要胸怀梦想！

有梦想的人才是快乐的，有梦想的人生才幸福！

青春是用来做梦的！永远不要因为你志存高远而羞涩！

通向梦想的路，就在你现在的脚下。

知道你一直记得爸爸与你分享的三句人生格言，这些都太重要了，都可以永远用来激励你不断前进，所以再重复一遍：

"一步走在前面，一生走在前面"；

"我们没有办法无限地延长生命的长度，却可以无限地扩展生命的宽度和广度"；

"一个人追求的目标越高，达到的境界也就越高"。

你付出的，都会给你回报。你今天付出一成，未来的回报便是三成、七成、十成。

爸爸一直鼓励你选择自己喜欢的专业，做自己喜欢的事情。如果做到这一点，就不会觉得学习是一件辛苦的事，而是一件充满乐趣的事。希望你每天享受这份快乐。

爸爸快 50 岁了，仍然在自己的专业领域不断开拓，每天享受着学习与创造的快乐。

对于你的学业，我本无太大操心，但还是最后提醒一句："学习如逆水行舟，不进则退。"一日未读书，便退了一日。

三、人有各种欲望，但不能被欲望控制

人生中，你将面对很多欲望的诱惑。你不可能，也不需要总是拒绝欲望，但你不能让它控制你，而要控制它。

喜欢玩电脑游戏，就是一种欲望。你也可以评估一下：你是把它当作学习紧张后的放松，还是把学习当作游戏玩累时的工作？

但是，你仍然要警惕：有时质的变化，是在不知不觉中发生的。

当你玩游戏占用的时间逐渐增多时，即量的变化累积到一定程度时，可能有一天就会发生质的变化。那个变化可能完全不是你最初想要的，你甚至可能一开始很反对这样的变化，但当它发生时，你可能已经无力回天了。

爸爸十五六岁的时候，爱好收藏，花费了很多精力。当时有人对爸爸讲了一句话，爸爸在那瞬间被彻底震撼了，他说："收藏虽然是好的爱好，但是要警惕'玩物丧志'呀！"

你知道，后来爸爸就彻底告别了收藏，因为藏品在那里会让我经常走神，为了彻底与内心的欲望决裂，我把所有藏品都送人了。

我无数次地和你提到过那些藏品，想象如果它们仍然在，该多好。但是，爸爸并不后悔那次决然的放弃。因为不那样决然，我感觉自己真的就会由量变到质变，真的会"玩物丧志"。

爸爸曾问你："当你意识到要停下来的时候，你能停下来吗？"你说"能"。爸爸听了很欣慰，如释重负。

是的，人都有各种各样的欲望，包括放松的欲望，游戏的欲望，放纵自己的欲望，等等。但是，重要的是，人不能丧失自制力。

爸爸早就不怀疑你知道什么是正确的。但爸爸知道有些事情是会"成瘾"的。而成瘾之后，想克服非常困难。

你现在还有自制的能力，可以在关键的时候对自己说"停下来"，那么

就不要丧失这种能力。

电脑游戏是供人娱乐的，人是应该控制它的，而不应该被它控制。

在你未来面临很多诱惑的时候，都需要这种对正确选择的判断力，以及坚持选择正确道路的自制力。

游戏只是一种休闲，其他的休闲也是一样。对于休闲，你可以有两种不同的看法。一种是：工作是休闲间隙做的事情；另一种是：休闲是工作间隙做的事情。

选择第一种，你眼下的生活会更轻松，但你人生的成绩就会很少，未来的生活也未必会一直轻松；选择第二种，至少在别人看来你很累，很辛苦，但你的人生成绩会很高。

爸爸不强行给你建议，我希望你选择自己想要的生活。但爸爸想告诉你：无论选择哪种，你都要知道这种选择意味着什么，并且做好承担后果的准备。

四、恋爱就是寻找那个影响你此后人生的人

你和爸爸妈妈一起生活了18年，恋爱就是去寻找一个人未来和你一起生活18年、28年、38年……

不要想：我们只是恋爱，离谈婚论嫁还远着呢，不必考虑太多。事实是：许多恋人就是在恋爱中一步步走入了婚姻，虽然他们明明发现两个人有太多不适合的地方，但彼此在交往中已经形成依赖，分不开了。

所以，每次恋爱，都要认真选，选对人！

你恋爱的那个人，对你未来人生的影响要比作为父母的我们对你的影响大几十倍。她可以提升你的人生，也可以极大损毁你的人生。

善良、有爱心、爱你、爱父母、有道德感……这些都不是我要给你的择偶标准。因为，这些都是一个合格的社会成员所应该具备的最基本的素质。我知道你有这样的判断力。

我要给你的是另外的一些择偶建议：

那个人，一定、一定要有理想，有追求。虽然爸爸认为"志同道合"是非常美丽的爱情，但这还不是关键。关键的是：如果你的恋人或伴侣是一个没有理想、没有梦想、没有追求的人，你一定会受其影响。不可能不受影响。两个人在一起就是相互影响的。有人说，两人在一起时间长了，连相貌都会接近。这是有道理的，因为在一起时间长了，处理事物的态度会接近，思想就会接近，气质会变得接近，外貌也就跟着有变化。所以这其实是一种气质的变化。

一个没有理想的人，日常关注的问题就会庸俗；一个没有梦想的人，每天谈论的就是身边那些事。他的气质、修养、谈吐不可能高贵。而和他在一起的恋人或伴侣，也必然潜移默化地被影响。试想一下，你和一个人每天谈论世界，和另一个人每天谈论化妆、美容、吃喝，能一样吗？

与这样的人长期相处，你的梦想和理想也将被消磨掉。她会消磨你的斗志，使你变得平庸。

还有很重要的一点：你们未来的孩子在这样的父母的影响下，也将没有梦想、没有追求……

从你一出生，爸爸就致力于将你培养成一个有理想的人。你自己也胸怀梦想。千万要警惕：不要在爱情的迷雾中，迷失了方向。

要找一个相互能够接纳对方全部的人，要欣赏对方的全部。这不是说要求对方"十全十美"，而是说，如果在恋爱阶段，你就对对方有许多不满意，而交往一段时间之后，仍然不能用欣赏的眼光接纳这些"不满意"，未来你的不满意就会更多。这时及时中止关系，不仅是对自己负责，也是对对方负责。

英文中有一句谚语：Lover is blind。讲的是处于热恋中会迷失方向。爸爸想告诉你的是：一定、一定、一定要在最热恋的时候，也保持清醒。

评估一下：这份感情对你的人生有哪些促进？是否使你变得更加快乐、开心？是否因为这份爱情你更加热爱生活，更加有力量？这份感情给了你多少正能量？又给了你多少负能量？当你做加权去权的评估时，你和这个人谈恋爱本身的身心愉悦不应该作为考虑的因素。因为这是所有真正的恋爱关系中都会有的。

我特别希望：当你准备深入发展一份恋爱关系之前，可以带上女朋友，和爸妈一起去旅行。相信爸妈的人生历练与"专业视角"，可以帮助你们少走很多弯路。

儿子，你将远行。这之后的人生中，我们注定聚少离多。

你的生活是什么样子，我们看不到；能给你的建议，也将越来越少。

心理学家弗洛姆说："父母对孩子的爱是最艰难的爱，因为所有的爱都是想把爱的人留在身边，唯独父母之爱是要让孩子快些成长，离自己远去……"

我们余下的生命时空，将远远地看着你。你有任何困扰与挫折的时候，都要想到：父母是你永远的安全港湾。你永远可以"回家"！

爱你！

爸爸写，同时代表妈妈
2016 年 6 月 12 日

开心时刻

* * *

儿子拉着我陪他，把他的胳膊和我的胳膊纠缠起来，不让我走。

妻子说："快松开吧，他要是一挣脱，你多疼呀。"

儿子说："他不会。我疼了，他就心疼了。"

* * *

儿子在听评书，我告诉他一个好消息，改天要带他出去玩，吃海鲜自助。

儿子表现得很冷静，先轻轻摇头，然后默默认可。

我走后，他告诉妈妈："你知道我为什么表现得很冷静吗？如果我表现得很高兴，他就要让我去背单词了。"

* * *

我们常在晚上给儿子洗眼镜。一天晚上，儿子让我给他洗眼镜，我说："你自己也可以洗呀。"

儿子说："我让你洗，并不是因为你洗得干净，而是因为你给我洗的时候，你幸福。"

我笑了，问："那我给你洗眼镜，你幸福吗？"

儿子说:"你幸福,我能不幸福吗?"

* * *

儿子晚饭吃得少,躺在床上觉得饿了,睡不着。妻子见儿子没睡着,便说:"你数羊吧。"

儿子说:"我数羊肉片呢,一片,两片,三片……"

* * *

一天晚上散步,我讲到我自己初一时学习成绩也非常好,但是从初二开始学习下滑。我的意图,在于教育儿子不要走我的老路。

儿子问我为什么学习下滑。我说:"恋爱了呗,准确地说,是单恋,喜欢上一个女同学,但是不敢说出来,整天写日记,写怎么喜欢她,整天想这事,可耽误事呢。"

儿子说:"你应该明白,恋爱不影响学习,暗恋才最影响学习。"

* * *

儿子初二结束前,我们全家搬到校内居住。

原来的房子,是复式的,160多平方米。现在的房子是小三居,平层,110平方米。空间明显变狭窄了。

我感叹住的不如原来宽敞了,儿子却说:"现在多好呀,一眼就可以看到全家人。"他的意思是,原来住复式时,有人在楼上,有人在楼下,有时说话还要靠喊。

那一刻我感到无比的温馨和幸福。儿子所关注的,不是面积的大小,而是能够"一眼就看到全家人"。这是一种"一家人在一起"的幸福。

想到一句话:无论我们住多大的房子,我们睡觉时也只占那么一张小小的床。

但是,家人在一起的温馨,却是可以无限放大的。

孩子说出那句话之后,我忽然对很多事情都释然了。物质的追求永无止境,就让我们像儿子一样,满足于家人在一起的幸福吧!

谢谢儿子。

* * *

儿子高一的时候选了柔道课程,来学校教他们的教练是国家柔道队的运动员,得过国际比赛金牌的。

儿子回家会分享：柔道的精神在于以柔克刚；柔道不是为了打败别人，而是为了健身……我觉得这柔道课上出了哲学课的感觉，很以为豪。

儿子很快达到了黄带的级别，真拿了一条黄带子回家。我开玩笑地说：一定要把你的"黄带子"藏好，现在正"扫黄打非"呢。

高二时，儿子的级别由黄带升为绿带了。我和他说："以后我就靠你罩着了！"

儿子说："绿带子也太丢人，到黑带时才值得炫耀……"

* * *

不知道个人信息是如何外泄的，儿子高中三年，我不断收到各种推销高考补习课程、留学课程咨询的电话。

儿子的学校确定之后，我仍然经常收到这类电话或短信。每次，我都转发给他。他很困惑，问："转给我干什么？"

我说："我只是想告诉你，这些咱们都不需要参加。"

* * *

为了到美国后省下剪发的钱（一次 20 美元呢），儿子早一年便买来了剃发工具，在家中对着镜子给自己剃发，当然也拿我练习。我一开始不敢让他练，被他强按到椅子上剃了第一次后，就不想再让别人剃了。他剃得又快，又圆，我夸他："你又多了一项求生技能。"

大学一年级他去美国 3 个月，我只剃了一次发，等着他回来再给我剃呢……

儿子的节俭让我们欣慰，这同样是负责任的表现。